中浦院书系·**大讲堂**系列

总主编 冯 俊

经济全球化与对外开放

张泽慧 周 望 编

人民出版社

《中浦院书系》**总序**

　　中国浦东干部学院（简称中浦院，英文名称为 China Executive Leadership Academy, Pudong, 缩写为 CELAP）是一所国家级干部教育院校，是由中共中央组织部管理的中央直属事业单位，地处上海市浦东新区。2003 年开始创建，2005 年 3 月正式开学，上海市委、市政府对于学院的建设和发展给予了大力支持。学院按照胡锦涛总书记提出的"努力把学院建设成为进行革命传统教育和基本国情教育的基地、提高领导干部素质和本领的熔炉以及开展国际培训交流合作的窗口"、"联系实际创新路、加强培训求实效"的办学要求，紧紧围绕党和国家的工作大局，依托长三角地区丰富的革命传统资源和现代化建设实践资源，把党性修养与能力培养、理论培训和实践体验相结合，紧扣改革开放的时代精神、经济社会发展的重大问题和干部工作的实际需要，着力推进自主选学制、课程更新制、案例教学制、社会师资制建设，着力提高培训质量，增强培训的针对性和实效性，走出了一条具有自身特色和优势的培训新路，从而在国家级干部教育培训格局中发挥着不可替代的独特作用，得到广大干部的好评和社会的广泛认可。

《中浦院书系》是基于学院办学特点而逐步形成的，也是过去几年教学成果的积累。为适应干部教育培训改革创新的要求，学院在培训理念、教学布局、课程设计、教学方式方法等方面进行了一系列的新探索，提出并构建了"忠诚教育、能力培养、行为训练"的教学布局。忠诚教育，就是要对干部进行党的理想信念教育和世界观、人生观、事业观教育，教育干部忠诚于党的事业，忠诚于国家和人民的利益，忠诚于领导者的使命和岗位职责，围绕马克思主义中国化的最新成果开展基本理论教育。能力培养，就是要着力培养干部领导现代化建设的本领。建院以来，学院着力加强领导干部推动科学发展、促进社会和谐能力的培训，尤其在改革创新能力、公共服务能力、社会管理能力、国际交往能力、群众工作能力、应急管理能力、媒体应对能力等方面形成了独具特色的系列课程。行为训练，就是通过必要的角色规范和行为方式训练，对领导干部进行岗位技能、行为品格、意志品质和心理素质的训练，比如时间管理技巧、情绪控制方法、媒体应对技术等，通过采取近似实战特点的行为训练，提高学员的工作技巧和岗位技能。学院在办学实践中逐步构建起课堂讲授、互动研讨、现场教学三位一体，案例教学、研究式教学、情景模拟式教学等相得益彰的培训特点。

《中浦院书系》包括了学院在教学科研过程中形成的如下几个系列。

"大讲堂系列"。对学院开设的讲座课程进行专题整理，形成了《改革开放实践与中国特色社会主义理论体系》、《干部教育培训的改革与创新》、《经济全球化与对外开放》、《资源节约型、环境友好型社会建设》等专题。学院特别强调开放式办学，坚持"专兼结合、以兼为主"的原则，从国内外选聘具有丰富领导经验的官员、具有较高学术造诣的专家学者以及具有丰富管理经验的企业家作为学院的兼职教师，尤其注重聘请那些干过事情、干好事情的人来培训正在干事情的人。目前，学院已形成500余人的相对稳定、不断优化的兼职教师队伍，成为培训的主力军。大讲堂系列所选入的专题讲座，只是部分专、兼职教师的精彩演讲，这些讲座内容不仅对广大领导干部的学习具有参考价值，而且对那些热衷于思考当代中国社会热点问题的人也有启发作用。

"案例系列"。案例教材是开展案例教学的基本条件。为促进案例教学，学院立足于构建有中浦院特色的案例教学模式和干部教育的案例库。目前已经完成了包括《领导决策案例》、《高效执行案例》、《领导沟通案例》、《组织文化案例》、《组织变革案例》、《危机管理案例》、《教育培训案例》、《领导者心理调适案例》八本案例集。建院五年来，学院非常重视开发、利用和积累鲜活的和富有中国特色的案例，把案例开发和教学紧密结合起来，初步形成了案例开发与应用的新机制。学院通过公开招标，设立了十多个教学案例研究开发课题，并将案例及时运用到教学中去，"危机决策流程模拟"等一批案例教学课程受到学员普遍欢迎。2009 年，学院设立了"改革开放经典案例研究"专题项目，"基层党建优秀案例征集与评奖活动"，采取与社会各方面力量合作的方式，进一步丰富了学院教学案例库。

"论坛系列"。学员在干部培训中的主体地位越来越受到重视，在各专题班次上我们组织学员围绕主题展开讨论，变学员为教员，成为中浦院课堂的主角，形成了具有中浦院品牌特色的"学员论坛"。比如，省部级干部"应对金融危机、保持经济平稳较快增长"专题研究班，"建设社会主义新农村"专题班，"现代城市领导者"专题培训班，还有西部开发、东部振兴、中部崛起等区域经济社会发展专题研究班，面向中央直属机关机要人员、档案局长的密码工作、档案工作专题培训班，等等。参加这些特色专题班的学员，熟悉其所在领域的工作，对问题有独到的见解，他们走上讲坛，作出精彩的演讲，既活跃了学院培训工作的氛围，也为学院今后的相关培训提供了鲜活的素材。

"研究报告系列"。学院提出"科研支撑和服务教学"的发展战略，鼓励教师积极参与科研工作，组织了系列研究报告的编撰工作。如：《中国领导学研究（2006—2008）》、《中国干部教育培训发展报告·2009》、《公共危机管理典型案例·2009》等，这些研究报告是我们追踪学术前沿，进行理论探索的结晶。

在我们未来的发展中，也许还会增加国外学术成果的翻译系列和当代中国研究的英文系列，待成熟之后逐步推出。

总之，《中浦院书系》是一个开放式的为干部教育培训服务的丛书系列，是体现中国浦东干部学院特色的学术成果集。参与书系编写工作的不仅仅是中浦院的教研人员，而且包括社会各界关心中浦院发展的领导、学者和实践者。当然，还有学院的学员、兼职老师以及很多关心支持中浦院工作的人士，他们为书系的出版也做了大量工作，不能一一列举，在此一并致谢。这项工程得到了人民出版社领导、编辑的大力支持，他们为书系出版付出了辛勤的劳动，在此表示衷心的感谢。

中国浦东干部学院常务副院长

冯 俊

2010 年 1 月

《中浦院书系·大讲堂系列》**序**

　　站在中浦院大讲堂上的，是一批从国内外选聘的具有丰富领导经验的政府官员、具有较高学术造诣的专家学者、具有丰富管理经验的知名企业家以及为我国经济社会发展作出突出贡献的先进模范人物。目前学院已形成了 500 余人的相对稳定、不断优化的兼职教师队伍，90% 的讲座课程由兼职教师担任。正是这些专家型的领导和领导型的专家，在中国浦东干部学院这个创新型干部教育培训院校的大讲台上，展现了他们对推动科学发展和构建和谐社会的高度关注、深度思考、积极探索和深入实践，其中部分精彩演讲汇辑成了这套《中浦院书系·大讲堂系列》丛书。

　　《中浦院书系·大讲堂系列》丛书围绕改革开放进程中的重大理论与现实问题，集中反映了我国经济社会发展的新理论、新知识和新实践。丛书涉及中国特色社会主义理论、科学发展的问题与实践、国企改革与发展、金融改革与风险防范、自主创新政策与实践、循环经济与低碳经济、城市规划与城市建设、政府职能转变与社会发展、依法治国的理论与实践、党建改革与创新、区域协调发展政策与实践、城乡一体化与新农村建设、社会主义文化发展与繁荣、产业经济发展与创新、国际形势与国家安全、经济全球化与对外开放、干部教育培训的改革与创新、领导力提升与建设等多个专题，既是对我国改革开放和各项事业发展实践的梳理和经验总结，又是对我国经济社会发展重点、难点、焦点问题的理论探索和理性分析，对今后改革开放的实践活动具有一定的指导和借鉴意义，同时也为干部教育培训提供了非常宝贵和重要的辅助教材。

《中浦院书系·大讲堂系列》中的每一个专题和每一篇文稿，都是根据演讲人的现场录音整理出来的，因此具有较强的可读性。阅读其中的段落和文字，就如同坐在中浦院的教室里，倾听大师、领导、专家和先进模范人物们娓娓道来，聆听他们的真知灼见，体会他们的真情实感，感受他们的深度思考，学习他们的实践经验。

感谢曾经站在中浦大讲堂上的每一位领导、专家和战斗在一线的实践者，感谢他们为我国干部教育培训事业作出的贡献。特别要感谢人民出版社为出版本系列丛书作出了大量的卓有成效的努力。

丛书中如有不当之处，敬请批评指正。

中国浦东干部学院常务副院长

冯　俊

2010 年 1 月

后危机时期的世界和中国经济

王梦奎

演讲时间： 2009 年 10 月

作者简历： 王梦奎（1938— ），1956 年加入中国共产党。经济学家。1964 年北京大学经济系毕业
后先后供职于《红旗》杂志编辑部和第一机械工业部。1979 年 2 月至 1987 年 9 月，在
中共中央办公厅研究室、中共中央书记处研究室工作，任研究员、经济组副组长。1987
年 9 月至 1990 年 7 月任国家计划委员会专职委员、经济研究中心常务副主任。1990 年
7 月任国务院研究室副主任。1991 年受聘兼任北京大学教授，1993 年任博士生导师。
1995 年至 1998 年 4 月任国务院研究室主任。1998 年 3 月至 2007 年 6 月任国务院发展
研究中心主任。2003 年 3 月，被任命为第十届全国人大财政经济委员会副主任委员。中
共第十四届中央候补委员，第十五届中央委员。

长期从事经济理论和经济政策的研究，参加过党和国家一些重要文件的起草工作。主
要著作有：《论反对官僚主义》（1980 年，合著）、《我国经济建设中的若干原则问题》
（1982 年，合著）、《农村经济概说》（1982 年，合著）、《两大部类对比关系研究》
（1983 年）、《我国社会主义建设道路的探索》（1984 年）、《论厂长负责制》（1986 年）、
《王梦奎选集》（1987 年）、《社会主义初级阶段的经济》（1988 年）、《通货膨胀的成
因和对策》（1989 年）、《谈书说文》（1992 年）、《中国经济的回顾和展望》（1983 年）、
《世纪之交的中国经济》（1997 年）、《翠微居杂笔》（1997 年）等。编辑出版有《获奖
经济学文选》（1986 年）和《怎样写文章》（1997 年）等。

内容提要： 中国由经济大国变为经济强国，必须有强大的国际化的金融体系。

这次全球性金融危机深远影响，在经济上，会促进世界经济格局的变化，发展中国家在
全球经济和贸易中的比重会进一步提高，发达国家的比重会进一步下降；在政治上，会
促进世界多极化发展，使美国霸权地位受到削弱。进而整个世界经济处在大变化之中，
出现了许多值得注意的发展趋势。虽然本次金融危机将引起国际经济金融秩序的调整，
近期不会全面推翻"洗牌"，但我国已经加入国际经济贸易体系，在"后危机时期"，
要有国际货币和经济格局大变化的战略准备，国内发展必须放在国际大背景下规划。

我认为，现在鲜明地提出后危机时期世界和中国经济的问题，对这个问题给予更大的关注，是必要的，对于当前经济发展，对制定"十二五"规划乃至长远规划，都有重要意义。我提一些问题，做些基本判断，供大家讨论参考。

一 总的判断：最坏的时期已经过去，但复苏之路并不平坦

这次世界金融和经济危机，如果从2007年8月9日，法国巴黎银行冻结其下属的三家在美国次贷市场面临亏损的基金算起，现在已经进入第三个年头。2009年上半年以前，各大国际机构，包括世行和国际货币基金组织，不断调低对世界经济增长的预测值，全世界人心惶惶。下半年乐观信息增多，经济增长预期调高，世界经济复苏时间早于原来的预期。这次所以能避免1929年至1933年那样大的危机，主要是因为国际和平环境，经济全球化增加了国际协调的必要和可能，以及世界主要经济体国家宏观调控能力的增加。

现在最坏时期已经过去，但并不是稳定增长，更不是强劲增长的开始，经济复苏过程很可能是缓慢和不稳定的。引发危机的深层次问题并没有解决。

关于世界金融危机的原因，概括起来说，一是体制性原因，即一国主权货币作为国际储备货币，不能保障世界经济健康发展，这就是著名的"特里芬难题"：储备货币发行国无法在为世界提供流动性的同时保持币值稳定，因为一国主权货币和国际储备货币的功能往往是矛盾的；二是管理方面的原因，即金融过度膨胀而又缺乏必要的监管，包括对主管人员的监督；三是结构性原因，即世界范围的生产过剩和有效需求不足，以及不同经济体之间生产和消费的失衡。这些根本性的问题都没有解决，顶多不过是稍有缓解而已。这也潜藏着以后再次发生危机的可能性。

危机有经济周期的影响，世界经济经过多年快速增长而进入调整期；也有用长周期理论即康德拉耶夫周期解释的。克服危机往往要经过破坏，才能恢复失去的平衡。例如，克服金融危机的过程，也就是"去杠杆化"的过程，据国际货币基金组织统计，全球为应对金融危机已经耗资近 12 万亿美元，但泡沫远没有挤去，有的甚至基本没有触动。据哈佛大学教授弗格森 2009 年 9 月 21 日在美国《新闻周刊》发表的文章说，1990 年至 2008 年，美国银行从 1.5 万多家减少到 8000 家左右，但最大的 10 家金融机构掌握的金融资产比例却从 10% 增至 50%；虽然像雷曼兄弟这样的大公司破产了，但金融机构"太大而不能破产"的问题并没有解决。

危机也有政策性因素，美国奉行宽松的货币政策催生了金融和经济泡沫。现在治理危机，不仅是美国，全世界许多国家都面临着两难选择：刺激经济要实行宽松的货币政策，但宽松的货币政策有可能增加流动性过剩，助长金融和经济泡沫；刺激经济要增加政府财政投入，但财政赤字扩大有可能导致政府债务危机。流动性过剩和财政赤字的增长，造成新的经济不平衡，刺激经济增长和造成新的泡沫往往只有一步之差。宽松的货币政策和扩张性的财政政策何时"退出"以及如何"退出"，是各国面临的普遍性问题。如果时机和力度把握不好，通胀、通缩和滞胀的风险都是存在的。

一般估计，2010 年世界经济会继续好转。也有些经济学家认为，今后两三年都是调整期，经济会低速徘徊。现在有些经济指标在好转，雪崩止住了，但有些方面并没有多大缓解，世界经济还有很大的不稳定和不确定性。很多金融机构的坏账还没有清算，"有毒资产"还没有处理，向未经改革的金融机构注资有可能催生更大的泡沫。据国际货币基金组织 2009 年 10 月 1 日报告，仅金融体系内部的损失就将达到 2.8 万亿美元，迄今为止全球银行只确认了其中的 1.3 万亿美元的损失。报告说，美国境内银行只确认了预期资产减记规模的 60%，而欧元区和英国境内银行只确认了 40%。修复遭受危机重创的金融体系不是一件容易的事，涉及制度创新更要有一个探索和实践的过程。另一个大问题，是失业率居高不下，国际劳工组织的报告说，2009 年全球失业人数将增加 5000 万，达到 2.3 亿人，美国、欧洲和日本失业率都已达到 9% 以上。危机是多年来形成的全球经济严重失衡和深层次矛盾的反映，涉及全球范围金融、贸易和产业领域的重大调整，需要比较长的时间才能完全走出困境。

二 | 危机对世界经济政治格局的影响

这次金融和经济危机，是一场世界性的大震荡，对国际格局会产生重要影响。

世界经济版图正在发生重大变化。1990 年至 2008 年，发展中国家占世界 GDP 的比重从 15.9% 提高到 28.7%，对全球经济增长的贡献率达到 30% 以上。世行按购买力平价计算，2005 年发展中国家 GDP 已经占世界 40%。2000 年至 2007 年，美国占世界 GDP 的比重从 30.6% 下降到 25.4%，占世界出口贸易的比重从 12.3% 下降到 8.4%，占世界进口贸易的比重从 19.2% 下降到 14.3%。美国在世界经济中的比重和重要性今后还会持续下降。

由美国引发的这次国际金融和经济危机，对美国的国际地位造成重大打击。美国的权威和感召力在下降，对美国的不满和反对声在增加，美国发号施令的空间在缩小。可以说，由美国主导的单极世界正在结束，美国把自己定的规则强加给全世界的时代也将随之终结。同时也要看到，美国并不是病入膏肓，这次世界金融和经济危机不会从根本上动摇美国的国际地位。美国 GDP 占世界的比重二战结束后达到 40% 以上，现在仍然占 1/4 左右，在未来很长时间里还是世界第一大经济体。还要看到，美国有强大的科技力量，资源禀赋好，又有人口结构的优势，政治、文化和外交方面的优势；更不用说在军事方面，美国 2008 年军费开支 6070 亿美元，占世界 40%，超过开支居世界第二位到第十位国家的国防开支的总和。美国会从这次危机中恢复元气，今后很长时间内还会是世界上最强大的国家。

大国的兴起或者衰落，世界大格局的根本性改变，往往要经历比较长的过程。英国霸权地位的衰落经历很长时间，美国从崛起到二战结束霸权地位确立，经历半个多世纪。苏联解体使美国的霸权地位达到顶峰，同时也开始盛极而衰。对美国一超独霸地位的挑战，"9·11"是一个标志性事件。这次由美国引发的世界金融和经济危机，使美国在经济上和政治上受到重大挫折。半年时间举行两次20国首脑峰会，成为世界经济合作的主要论坛，反映了国际格局的变化，说明美国和其他几个发达国家不能像过去那样简单地靠七国集团主宰世界经济，不得不坐下来和发展中国家讨论全球性紧迫问题。经过这次危机，全世界更强烈地感觉到，世界正在向多极化方向发展。七国集团，即美、德、英、法、意、日加上加拿大，占世界GDP比重从1989年的68%下降到现在的56%，20年下降12个百分点；法国总统萨科齐主张明年终结G7，还提出建立"14国集团"，即八国集团（G7+俄罗斯）加中国、印度、巴西、南非、墨西哥、埃及六个发展中国家。日本担心由1/7或1/8降为1/20，失去亚洲国家唯一参与国的资格，有强烈失落感。美国在七国财长会议上提出以G4（美、欧、日、中）代替G7。"金砖四国"（中国、印度、俄罗斯、巴西）已经正式举行会晤磋商；四国GDP占世界15%，有预测说，到2040年至2050年将相当于七国集团所占份额，也有预测说时间会更早。G20占世界人口的64%，GDP的85%，包括了各种不同类型的国家，具有代表性，但过于庞大，而且缺乏统一的利益目标。20国峰会只有宣言，没有章程和条约，没有具体措施和制裁办法，实践效果会打折扣，长远的象征性意义大于当前的实际意义。此外还有由发展中国家组成的"77国集团"。关于国际治理框架和机制，有许多提议和讨论，虽然不一定都能付之实施，但足以说明，国际格局正处于大变化之中。今后也可能是G20、G14、G77和越来越模糊的G7或G8，以及围绕中美关系而展开的复杂的国际关系，各种多边和双边关系相互交错，结果将是一种合力，力的平行四边形。

这次全球性危机的深远影响，概括起来说：在经济上，会促进世界经济格局的变化，发展中国家在全球经济和贸易中的比重会进一步提高，发达国家的比重会进一步下降；在政治上，会促进世界多极化发展，使美国霸权地位受到削弱。美国国家情报委员会2008年11月发表的《2025年全球趋势：一个改变了的世界》的研究报告，也承认未来是多极世界，说："到 2025 年，第二次世界大战后构建的国际体系将几乎无法辨认"。"多极化的国际体系……是前所未有的"。"'新秩序'的最显著的特点将是从美国主宰的单极世界转变为由旧的大国和崛起中的国家组成的一个相对无等级的结构，以及力量从国家到非国家行为主体的扩散"。世界金融和经济危机促进了这种多极化的进程。需要警惕的是，世界旧的均衡的破坏和新的均衡的建立，往往伴随着激烈的矛盾和冲突。美国是现在世界经济体制和政治格局的最大既得利益者，世界经济和政治格局变化，意味着美国地位的相对衰落。拥有最强大军事和经济力量的美国如何应对自己国际地位的下降，是国际形势演变中的重要因素，是值得关注的大问题。

看不到美国地位衰落的趋势是短视的，对这种趋势做过分夸张的评估也是不符合实际的。俄国外交学院一位教授，预言 2010 年美国会像苏联一样解体，因为州政府财政困难。恐怕没有人相信这种预言。不论国际经济和政治格局如何演变，即使在将来，美国丧失像现在这样的绝对优势，失去唯一超级大国的地位，在相当长的时间内还会是世界最强大的国家，在可预见的未来至少是最强大国家"之一"，现在更是我国对外关系中的主要对手。这一点我们要清醒。

三　危机对国际货币体系的影响

这次全球性危机的直接后果之一，是美元地位的削弱。

美国是全世界最大的债务国。美国的债务总额，包括联邦债、州与地方政府债务、国际债务、私人债务的总和，相当于 GDP 的 3.5 倍，有 46 万亿美元以上，全国人均 10 多万美元。按 5% 利息率，每年利息 2 万多亿美元，是 GDP 增量的几倍（美国 GDP 不到 15 万亿美元，在比较好的情况下年均增长 3%—4%，增量不过 5000 亿美元左右；目前美国单是国

债就高达 12 万亿美元, 每年利息超过 5000 亿美元)。美国经济的大问题,
一是"去工业化", 虚拟经济过分膨胀; 二是"寅吃卯粮"的过度消费;
三是庞大的债务。这样高的负债倘若放在其他国家, 早就破产了。美国社
会经济能够在债台高筑的状态下运行, 根本的奥秘在于, 美国利用其经济
实力, 特别是美元在国际货币体系中的特殊地位, 用金融手段(大量发行
美元、美元贬值和提供金融衍生产品, 等等)把负担和风险转嫁给其他国
家。美国可以用本国货币支付国际贸易和债务, 其他国家要用美元作为国
际贸易结算货币, 还要储备美元。第二次世界大战后建立的"布雷顿货币
体系", 是以美元为中心的世界货币体系, 这是当时国际经济和政治格局
的产物。当时美国 GDP 占世界 40% 以上, 黄金储备占世界 50% 以上, 是
最大的债权国, 美元与黄金挂钩, 1 盎斯黄金(28.3496 克)35 美元, 其
他国家的货币通过与美元挂钩间接与黄金挂钩。这种金本位制维护了美元
和国际货币体系的稳定。上世纪 60 年代末美国从债权国变为债务国, 美
元和黄金挂钩的体制难以维持, 于 70 年代初宣布废除金本位, 美元与
黄金脱钩。从那时到现在, 美元对黄金已经贬值 90% 以上, 按黄金衡量
1 美元已经贬为 3 美分。石油价格从 70 年代开始大幅度上涨, 也有美元
贬值的因素。美国巨额的财政赤字和贸易赤字靠发行国债和利用外国资
本来解决, 最终是靠印钞票、美元贬值弥补, 实际上成了世界的中央银
行。美元作为世界储备货币, 意味着美国在世界经济中的主导地位。尼
克松时期的美国财政部长康纳利坦白地说:"美元是我们的货币, 却是
你们的问题。"

1971 年 8 月 15 日美国宣布美元和黄金脱钩, 停止外国用美元向美国
兑换黄金, 可以看做是美元霸权地位结束的开始和主要标志。这次世界金
融危机对美元造成沉重打击, 是美元地位削弱的又一个重要的标志性事
件。国际货币格局变化的基础, 是世界经济格局的变化, 即美国经济地位
的相对衰落和世界经济的多极化。路透社 2009 年年初的一篇评论说:"就
全球货币体系而言, 2007 年夏季爆发的金融危机是场剧变, 事实将证明
其重要性丝毫不亚于第一次世界大战爆发(一战预告着英镑作为储备货币
时代的终结), 也不亚于 1971 年的金本位制的废止(标志着黄金货币地位

的终结）。这场危机标志着一个时代的落幕，危机之前美元是全球用以国际结算和储存财富时毫无争议的储备货币。美元不会完全失去储备货币地位，但其特殊性必将逐渐减弱。"这个评论是中肯的。

世界金融危机将引起国际金融秩序的调整，但近期不大可能全面推翻"洗牌"。毫无疑问，现在以美元为主导的国际货币体系是不合理的，不能反映世界经济格局的变化，是不能持久的。金融危机同时也酝酿着国际金融体系的变革，"去美元化"是大趋势。美元地位作为问题被提出来讨论，本身就是美元地位削弱的表现，正如人们不会讨论健康人住院治疗或者死亡的问题。但是，全球金融体系的重建是比较长的量变到质变的积累过程，近期还不会有根本性的改变。现在世界贸易 80% 以美元定价；在世界各国的外汇储备中，美元从 1999 年的 70.9% 下降到 2009 年 6 月的 62.8%，同期欧元从 17.9% 上升到 27.5%，日元和英镑加在一起不到 10%。美元作为国际储备货币 20 年下降 7 个百分点，地位明显削弱，但目前还占绝对优势，欧元和其他货币都还难以取代美元的地位。

我们要着眼于"后危机时期"，有国际货币和经济格局大变化的战略准备。中国由经济大国变为经济强国，必须有强大的国际化的金融体系。实现人民币国际化，让人民币成为世界贸易结算和储备货币，是我们的战略目标。这次世界金融危机是推进人民币国际化的有利时机。第一步是推进区域内贸易用人民币结算，现在已经采取了一些措施，但规模都不大，只是推进人民币国际化的开端。人民币国际化的基础是中国经济要足够强大，人民币币值稳定，有比较发达和健全的资本市场，能够满足持有者投资和规避风险的需要。也要付出代价，就是货币政策的独立性要受到限制，受国际投机资本冲击的风险要增加。中国虽然经济总量增长很快，外汇储备世界第一，是最大的债权国，但还是一个发展中国家，人民币还没有实现自由兑换，国际化还处于起步阶段，成为金融强国需要有一个发展过程。我希望，随着中国经济的迅速发展，到 2020 年，人民币能够成为重要国际储备货币中的一员，并且更早一些能够在亚洲地区取得比较大的进展。

现在改革国际货币体系的呼声很高，都是针对美国金融霸权地位的。欧洲想和美国平起平坐，发展中国家希望改善在国际金融体系中的不利地位，区域性的货币合作在发展。这些都反映了"去美元化"的趋势，但近期还不足以根本动摇美元的地位。重要的是，需要找到逐步摆脱美元独大的过渡形式，以适应世界经济格局的变化。

货币多元化是必然趋势。不少经济学家认为，未来美元、欧元、人民币会成为世界三种主要货币；还有关于"亚元"的构想。还可以设想，建立包括几种主要货币的"一揽子货币"，但并不容易。最理想的办法，当然是建立超越国家主权的没有"国籍"的"世界货币"，这更不容易，很难摆脱强国控制，而且要解决许多技术性的难题。20国峰会达成的共识，例如为国际货币基金组织增资，增加发展中国家的份额，都只是改良性的，而不是推翻现存货币金融体系，现在也很难推翻。现在可能争取的，一是提高透明度，加强国际性的监管；二是根据国际经济格局变化，增强发展中国家的话语权。就是说，在现有基础上做些调整和改良，对发达国家特别是对美国有所制约。国际货币体系的改革有复杂的斗争：发达国家与发展国家之间，发达国家之间，甚至在发展中国家之间。我们要力争在这种国际金融和经济格局的调整中谋取应有的权益。国际金融问题，人民币国际化问题，都是摆在我们面前的重大课题。

讨论美元地位问题自然会想到我国的外汇储备。我国外汇储备已经超过2万亿美元，这是对国内经济和对外经贸关系有重要影响的大事。我国外汇储备60%以上是美元，其中美国国债约占40%，截至2009年9月末有7989亿美元（日本7515亿美元，英国2493亿美元）。现在中国是美国最大债权国，占外国持有美国国债总量的20%（"10+3"占70%以上）；另外还有机构债券几千亿美元。我们一方面高利引进外资，同时用这种方式低利大量对外投资，这种经济结构并不合理。美国2009年财政赤字1.8万亿美元，占GDP的13%，是历史最高纪录。为应对金融危机，未来4年美国政府将发行3.8万亿美元的国债，未来10年国债将增加9万亿美元；为刺激经济势必实行低利率政策，加上大量贸易赤字，势必要印刷更多的钞票，都会增加通货膨胀和美元贬值的风险。《纽约时报》9月15日发表文章承认："目前存在着深刻的忧虑：华盛顿无法在政策上回收注入美国经济的货币和财政刺激，以阻止通胀激增和美元贬值。"我国美元储备大量增加是由我国的经济结构和在世界经济格局中的位置决定的，减少外汇储备和实现外汇储备多元化，是经济结构调整的过程，和国际经济格局也有密切关系。

外汇储备究竟多少为合理？并没有确切的数量规定。改革开放初期讨论过这个问题，那时是为了增加外汇储备；现在讨论是为了减少一些外汇储备。不论怎么说，外汇储备2万多亿美元，对于一个发展中国家来说是过多了，说明经济结构不合理，资源没有充分利用。这几年国家一直在研究如何用好外汇储备，减少一些外汇储备，包括扩大进口、减少资源性和高耗能产品出口以减少贸易顺差，以及增加海外投资。大量抛售美元对我国也不利（萨默斯所谓中美之间"金融恐怖平衡"）。国际金融投资风险很大，我们缺乏经验，不清楚水有多深。非金融类国际投资（购买资源和建立企业）增长很快，我国在世界跨境投资中所占比重只有2%左右，发展余地很大，但也有不少艰难。

在金融危机中，黄金的重要性增加。有人主张恢复金本位，看来不大可能。全世界将近3万吨黄金储备，按目前市场价格约值1万亿美元，恢复金本位会造成全球通货紧缩，大国也不会同意。从我国说，如果货币发行都与黄金挂钩，或者需要在国际市场高价购买黄金，并不利。全世界所有国家2009年5月末总共大约有6.8万亿美元的外汇储备，中国占将近1/3，亚洲国家总共占50%以上。美国不需要美元储备，但有世界最多的8100多吨黄金储备，世界黄金储备2.98多万吨，美国占1/4，在这么大的危机中一点儿没有抛售。德国和国际货币基金组织黄金储备各有3000多吨，法国和意大利各有2000多吨。我国黄金储备1054吨，占世界3.5%；2003年是600吨，绝对量明显增加，但在外汇储备中的比重是下降的。增加黄金储备可以作为一项国家战略，对推进人民币国际化也是有利的。

经济全球化与对外开放

四　危机对经济体制和政策理念的影响

这次金融和经济危机，在世界范围内，引起对于经济体制和政策理念的广泛讨论。

西方国家这些年来奉行所谓"里根—撒切尔主义"，主张完全自由放任，也要求发展中国家特别是要求中国实行"经济自由化"，放弃国家干预。现在为了应对危机，各国都加强干预，政府采取许多刺激经济措施。西方报刊调侃说，"布什同志在搞社会主义"，奥巴马的某些政策在竞选中也被戴上"社会主义"的帽子；还讽刺法国总统萨科齐，说他"早上醒来时是自由主义者，到了晚上就转变成共产主义者了"。危机初期这种带有讽刺意味的关于姓"社"和姓"资"的讨论，近来少多了。其实，为应对危机而采取的这些干预措施，只是政策上的调整，和资本主义与社会主义的基本制度没有多大关系。自从资本主义产生300年来，一直是自由放任政策和干预政策两手，根据实际需要，有时强调自由放任，有时强调政府干预。从亚当·斯密时代以来长期强调"看不见的手"，1929年至1933年大危机后凯恩斯主义盛行，强调国家干预。上世纪70年代以来自由放任主义盛行，被称之为"市场原教旨主义"，走到极端，现在又回到凯恩斯主义。当然，自由主义不是简单回到亚当·斯密，国家干预也不是简单回到凯恩斯。经过这次金融危机，资本主义制度会进行一些调整。这种调整，实质上还是市场经济制度的一个老问题，就是在自由市场和政府干预之间寻求某种平衡。现在各国所

名词解释

"里根—撒切尔主义"

"里根—撒切尔主义"，或者说"撒切尔—里根主义"是里根与撒切尔夫人执政期间政策主张和立场的总称。两人同为新保守主义的代言人，并大量借鉴自由主义的分析工具。政治上反共，甚至不惜增加军事开支，迫使对手进行军备竞赛；经济上，倡导自由市场，减少税收，放松政府管制、减少国家对经济和社会生活的干预，降低公共开支和福利支出、增强企业竞争自由与贸易自由，同时对工会采取强硬政策。

采取的应对危机的措施，有些可能具有长远意义，例如金融的监管，会逐渐定型为体制和制度；有些只具有暂时性，例如国家买入的银行和公司股份，危机过后可能会出卖而成为私有。市场经济的具体体制和政策会有变化，但在可以预见的未来，资本主义制度不会根本改变，市场经济制度也不会根本改变。

金融危机使完全自由放任的美国模式，特别是其金融体系和运行模式受到质疑，人们甚至在重新思考资本主义所固有的矛盾。危机必然引发变革。世界潮流或许会多少向欧洲式的、比较注重公平和监督的资本主义模式靠拢。资本主义的这种调整或改革，还可能会涉及社会分配，对大资本的某些限制，以及更关注中低收入人群，等等。社会主义没有固定模式，资本主义也没有固定模式。危机给资本主义的调整或改革提供了机会，经过这场危机，资本主义市场经济制度会得到改良。这次能走多远还很难说，看来也许不会走得很远。戈尔巴乔夫2009年6月7日在《华盛顿邮报》发表文章：《我们过去搞过改革，现在是你们改革的时候了》，说："美国是当前世界经济模式的主要缔造者和受益者。这个模式已经垮台……美国现在所面临的挑战和对新思想的需求与当时的苏联是相似的。"这话说过头了。美国的基本经济制度和政治制度在可以预见的未来不会根本改变，美国不是苏联，奥巴马也不是戈尔巴乔夫。

在完全自由放任受到质疑的同时，用西方标准对中国指手画脚明显减少，肯定性的评论增多，中国发展道路和"中国模式"的影响在扩大。这对中国和其他发展中国家，都是有利的。英国《金融时报》2009年11月9日刊登该报首席经济评论员马丁·沃尔夫一篇题为《新动向》的文章，说："金融危机的直接影响是扭转了此前几十年的许多趋势，它似乎必定会带来一些永久性的变化。"其中一个大变化是，"在没有一种霸主模式的情况下，各国将选择适合自身目标与传统的金融制度。这种多样化有诸多优点：它将制造许多天然的试验。"世界是多样化的，不能用西方发达国家的标准要求发展中国家。各个国家自主选择适合自己的制度和发展道路，是有利于世界进步与和谐发展的。

五 | 在世界经济格局中规划中国经济发展

这次全球经济危机，是中国自 1979 年改革开放以来第一次面临西方主要经济体同时陷入衰退，也是中国加入全球化之后遇到的重大挑战。

世界经济危机通过贸易渠道和金融渠道传导到中国，使中国经济遇到很大困难。当然，现在中国的问题，不能都归于外部影响。国内本来就有经济结构不合理、发展不平衡和不少行业产能过剩的问题，即使没有国际金融危机，也需要调整，增长速度也会下降；世界经济危机中出口下降，更加剧了生产过剩。国内经济下行周期和外部需求缩减叠加，对中国经济构成双重制约。

危机以来，国家采取扩张性的财政政策和宽松的货币政策，积极扩大内需，刺激经济增长，在世界经济危机中有突出表现，彰显了中国在世界经济中的地位和影响。美国《外交》杂志 2009 年年初有一篇文章，题目是：《2008 大崩溃——西方地缘政治的挫折》，文章说："在今后的一年里，没有哪个国家会从这次金融危机当中获取经济上的好处，但少数几个国家——尤其是中国——将获得更为强势的全球地位"。"尽管中国也受到危机的破坏，但相对于西方而言，该国的经济和金融实力反而有所加强。中国的全球影响力将因此而扩大，北京将具备承担政治和经济任务、从而进一步扩大影响力的能力。" 2009 年 9 月 15 日《纽约时报》一篇题为《危机让中国富裕》的文章说："和一年前相比，中国在世界舞台上的腰杆更直了。"这次危机，确实是中国增强实力和扩大影响，走向世界强国过程中一次难得的机遇。历史事件的意义往往要从长时期观察，再过 5 年或者 10 年，回过头来看这一次世界金融危机以及中国在危机中的表现，会更清楚地看出它在客观上给中国带来的机遇。当然我们非常清楚，中国现在是、未来比较长的时间仍然是发展中国家，经济和社会发展中还存在许多亟待解决的矛盾和问题，实现现代化还要经过几十年的艰苦奋斗。在赞扬之声不绝于耳的今天，更需要保持清醒的头脑。

世界经济处在大变化之中。除了前面所说的金融体系的变革外，后危机时期还有许多值得注意的发展趋势，都是我们在谋划当前经济发展，制定"十二五"规划乃至长远规划要注意的。例如：

第一，在世界经济的再平衡中，美国的过度消费倾向会有所扭转。和危机前的2007年相比，现在美国的储蓄率已经由危机前的-1.7%上升到7%，有可能达到10%；贸易赤字占GDP的比重，由8%降到3%。这对国际贸易增长速度和贸易格局都有长期的和重要的影响。在国际贸易萎缩的条件下，其他发达国家乃至发展中国家也会更注重其国内市场，我们外部需求不足将不是很短期的问题。事实上，我国前几年出口贸易那样的高速增长，在经济上和政治上也是不可持续的。我们必须更加注重扩大内需，以减少外需不足的影响。我国正处于工业化和城市快速推进的发展阶段，有非常广阔的国内市场，扩大内需潜力很大。2009年出口是负增长，8%以上的增长率全是靠扩大内需实现的。

第二，全球虚拟经济远超过实体经济发展的需要，泡沫破灭后，美国等发达国家会更加注重实体经济的发展。虽然现在我国和发达国家产业结构不同，发达国家已经转移出去的低端产品不大可能在国内恢复生产，对我国产业结构升级和高端产品出口也会产生不利影响，使我国在国际市场面临更激烈的竞争。我国必须更加注重提高出口产品的国际竞争能力。

第三，贸易保护主义抬头。危机爆发以来各国所采取的贸易保护主义措施明显增多，有相当多是针对中国的。我们必须学会用世贸组织规则保护自己的利益，争取更多的国际市场份额。保护主义会造成商品总成本的上升，从发展趋势看，全球化不会根本

名词解释

虚拟经济

虚拟经济（Fictitious Economy）指与虚拟资本以金融系统为主要依托的循环运动有关的经济活动的总和。

实体经济

实体经济（Real Economy）指各种物质的、精神的产品和服务的生产和流通等经济活动，包括农业、工业、交通通信业、商业服务业、建筑业等物质生产和服务部门，也包括教育、文化、知识、信息、艺术、体育等精神产品的生产和服务部门，是人类社会赖以生存和发展的基础。

经济全球化与对外开放

逆转，因为全球化带来总成本的节约。

第四，通过技术革命寻找新的经济增长点。世界上许多国家，特别是发达国家，正积极增加投资，力求在应对气候变化，以及生物技术、能源技术、环境保护和新材料等方面实现新的突破，为经济增长注入新的活力。我们必须更加注重技术创新，提升产业结构。这是转变经济增长方式和提高竞争能力的根本大计。

第五，气候变化和环境问题将受到更大重视，我国发展的制约增加。我国单位产出的资源消耗和污染物排放是下降的，但由于经济规模急剧扩大，资源消耗和污染物排放总量持续增加，面临着越来越大的内外压力。对应之策，是大力推进结构调整和发展方式转变，在节能减排方面做更大的努力；在国际斗争中维护我国的正当权益，在谈判中建立自己的话语权。减少资源消耗和污染物排放是我国实现可持续发展和提高人民生活质量的迫切需要，必须做最大的努力，但不能做超过发展阶段和能力的承诺。

我国已经加入国际经济贸易体系，国内发展必须放在国际大背景下规划。关于国际经济形势的发展变化，需要做跟踪研究。

（根据讲课录音整理，有删节。）

经济全球化背景下的国家话语权与信息安全

鲁 炜

演讲时间： 2009 年 4 月

作者简历： 鲁炜（1960—　　）高级记者，中共党员。新华社副社长，党组成员。广西大学新闻系研究生毕业，享受国务院特殊津贴。曾任教师、工厂宣传干事、法官、《广西法制报》总编辑助理、新华社桂林支社社长，1994 年任新华社广西分社副社长、党组成员，1997 年任新华社广西分社社长、党组书记，2001 年起，历任新华社党组成员、副秘书长、秘书长、副社长。出版的主要作品有：《十五年风雨路》、摄影作品集《泰国印象》、《新华08 汉英金融词典》等。

内容提要： 维护国家话语权、保障信息安全，关乎一个国家的生死存亡。在经济全球化的大背景下，特别是随着加入世界贸易组织过渡期的结束，我国的话语权与信息安全正面临严峻的威胁。具体表现在我国经济话语权缺失，传不出去，传出去的被歪曲；采不进来，采进来的靠不住。信息安全没保障，缺乏核心技术，缺乏掌控能力。维护国家话语权、保障信息安全，是一项庞大的系统工程，仅靠某一方面的力量远远不够，需要社会各有关方面携起手来，共同推动这项战略工程。

应中国浦东干部学院的邀请，我今天给各位大使讲的主题是《经济全球化背景下的国家话语权与信息安全》。经济全球化这个词，实际上是从上一个世纪 90 年代提出来的，它指的是生产要素在全世界范围内自由的流动。要素自由的流动靠什么？靠人流、物流、资金流、信息流。在经济全球化的背景下，信息流已不仅仅是简单的资讯传播，它引导着资本，左右着市场，决定着交易。谁家的资讯，就指引生产要素按照谁家的价值观流动。如果没有有效的话语权，信息的流动就会失去方向，就不能正确地引导人流、物流、资金流。谁掌握话语权和信息安全，谁就掌握核心竞争力，掌握主动权。这已是经济软实力乃至国家软实力的重要标志。这是我在讲话前需要说的，也算是一个导语。

随着金融危机的不断蔓延，近来西方国家纷纷把目光投向了中国、印度等新兴发展中国家，期望这些国家能够在全球金融风暴中起到"稳定器"的作用。在应对席卷全球的金融危机中，中国也的确起到了"稳定器"的作用。如 2008 年 11 月 14 日至 16 日，胡锦涛主席赴华盛顿出席 20 国集团领导人峰会。在会上他指出我们的立场是坚决维护中国的根本利益，同时从外交大局出发，不渲染，不扛旗，不挑头。建立公平、公正、包容、有序的国际金融体系，增加发展中国家的发言权和代表性，加强国际金融监管，加强对主要储备货币发行国宏观经济政策的监督。

2008 年 10 月 24 日，温家宝总理在北京举行的第七届亚欧首脑会议上提出中国政府将采取灵活、审慎的宏观经济政策，坚决维护经济稳定、金融稳定和资本市场稳定，促进经济平稳较快增长。这就是中国应对这场危机最重要、最有效的手段，也是对世界最大的贡献。温总理还提出要加强金融监管方面的作用，提升新兴国家及发展中国家的知情权、话语权和规

经济全球化与对外开放

则制定权。

党和国家领导同志都非常重视话语权和信息安全问题，因为这关乎一个国家的生死存亡。国际金融危机爆发后，发达国家利用强势话语权向其他国家转嫁风险，发展中国家因缺乏话语权只能被动承受。金融危机引发了世界范围的话语权之争，发达国家对金融秩序的主导权展开战略争夺，发展中国家为增强在国际金融体系中的话语权进行着不懈的努力。

在一次国际金融论坛上，金融家云集。金融大鳄们纷纷从不同角度分析金融危机产生的原因。有的认为是金融衍生品的过度开发；有的认为是美国金融家的贪婪无度；有的认为是虚拟经济和实体经济的严重分离；有的认为是房地产市场的泡沫；有的认为是高消费高负债的增长模式；有的认为是货币政策的失当；有的认为是金融监管的缺位等等。我发言的时候说，还有一个重要的原因，那就是信息传播的不对称和不透明，信息传播秩序的不公正和不合理。采集权被垄断，传播权被控制，风险被隐瞒，真相被掩盖，在金融市场传播的信息只代表了部分集团的利益，一个错误的信息流蒙蔽着投资者，把资金带向深渊。

我的发言随即被境外媒体广泛报道。一家知名的西方媒体播发文章，称我"正在批评西方媒体隐瞒风险、包庇谎言、保护强权和掩盖真相。"事实上，我的讲话通篇都没有提及西方媒体，因为信息传播不客观不仅仅是媒体的原因，但还是引起了激烈反弹。可见，在当前国际金融市场格局下，话语权和信息安全已经成为敏感话题。

> **名词解释**
>
> **金融衍生品**
>
> 金融衍生品（Derivative），指其价值取决于一种或几种标的资产价值的金融工具，常见的标的资产包括股票、债券、商品、货币、利率和指数等。主要的衍生工具类型有期货、远期、期权、互换等。衍生工具常用于对冲风险，也可用于投机目的。

> **名词解释**
>
> **货币政策**
>
> 货币政策（Monetary Policy）指中央银行为实现既定的经济目标，运用各种工具调节货币供给和利率水平所采取的方法和措施。

一 | 关于国家话语权与信息安全

国家话语权是什么？我认为就是一个国家在世界上"说话"的影响力。话语权可分为政治话语权、经济话语权、文化话语权、军事话语权、外交话语权和舆论话语权等。经济全球化背景下，经济话语权决定了一个国家的影响力，它以金融话语权为核心，包括传播力和采集力。所谓传播力是指一国的声音能不能根据国家利益在全世界实时发布，特别是能否在金融机构和资本要素市场中传播。传播力越强，影响力越广，话语权就越大。采集力是指能不能根据国家需要实时采集全球各领域信息，特别是金融市场的信息，提供给国家经济发展所需要的市场、部门和机构。采集得越及时、越全面，采集力越强，话语权也就越大。

采集力决定传播力，因为采集力是源头、是原料，采集不来，就什么都没有；传播力决定影响力，有了内容还必须有先进、安全的技术和渠道做支撑，否则再好的内容传不出去，特别是传不进金融机构和资本要素市场的交易系统里；影响力决定软实力，真实的内容通过安全的传播，进入金融和资本要素市场，逐步发挥引导资本的作用，影响力自然增强，有了影响力，才有话语权，才有软实力。

信息安全是什么？我认为就是信息发布、存储和使用过程中的安全性。信息安全也分政治信息安全、经济信息安全、文化信息安全、军事信息安全、外交信息安全和舆论信息安全等。经济全球化背景下，经济信息安全被摆在突出位置，它以金融市场信息安全为核心，也包含两层含义：一是内容安全，一是技术安全。技术层面的安全提得比较多，在高度网络化的社会里，网络漏洞以及黑客、病毒的存在，可能使大量信息和财富瞬间化为乌有，国家之间的冲突也有可能以攻击网络从而破坏经济甚至军事的特殊形式出现。我这里要特别强调的是，更应首先重视信息内容安全。没有内容安全，技术安全没有意义。在资本市场，大规模的交易和资金流动都通过交易平台以网络化的形式实现，信息的准确可靠是前提，片面、虚假、歪曲的信息，会误导资本、破坏市场、扰乱经济。没有信息安全，就没有交易安全，就没有金融安全和经济安全，也就没有完全意义上的国家安全。

国家话语权和信息安全密不可分。缺少信息安全，就谈不上话语权；强大的话语权，必定有强大的信息安全做保障。国家对信息内容和技术安全的掌控程度，一定意义上决定了话语权的大小。

当今，专业信息机构的传播渠道主要有两个。一是媒体渠道，包括通讯社、报刊、广播、电视、互联网等大众传媒；二是非媒体渠道，主要指直接面向政府机构、企事业单位、金融机构等媒体之外的传播途径，我们姑且称之为"第二渠道"，它不为大众所熟知却非常重要，因为它直接影响决策层。对于市场而言，媒体传播的效力如果比作"吃药"，发挥作用需要一个过程；那第二渠道的作用就如同"打点滴"，直接进入血液，迅速起效。金融市场中的资讯传播归为第二渠道，是这里要说的重点。

二 | 国家话语权和信息安全的现状

我接着要讲的问题是话语权和信息安全的现状。我去一家大型银行调研时，与外汇交易员有如下一段简短的对话。

> 问：你交易的权限和数额有多大？
>
> 交易员：一秒钟可以买卖超过 5000 万美元。
>
> 问：谁给你的指令，是行长还是局长？
>
> 交易员：都不是。
>
> 问：那是谁？
>
> 交易员：资讯。
>
> 问：谁家的资讯？

交易员：西方信息机构的资讯。

问：只是你们这家银行这样操作吗？

交易员：不是，全国乃至全世界的金融机构都是这样的。

已经很清楚了，西方信息机构的资讯正决定着中国乃至世界的金融交易。信息传播秩序不公平合理、信息安全被少数国家掌控。这就是世界格局中话语权和信息安全的现状。

一是信息资源配置不平衡。全世界 20% 的人口占有 80% 的信息资源，80% 的人口只享用到 20% 的信息资源，出现"二八分立"的格局。"信息富有国"和"信息贫穷国"的两极分化严重，"数字鸿沟"不但没有消除，反而在某些区域有加剧之势。

二是信息流通不对等。从发达国家流向发展中国家的信息量，比从发展中国家流向发达国家的多出百倍以上，众多发展中国家不能主动、有效地传播自己的信息和及时、充分地分享所需要的信息。

三是信息传播不客观、不公正。金融信息发布主要掌握在少数信息机构手中，他们代表少数集团的利益，垄断着信息采集、加工、发布、传播的全过程。

改革开放三十多年来，我国经济持续快速发展，是全球 GDP 增长最快的国家。与经济"硬实力"发展相比，"软实力"的提高仍显滞后。经济软实力是影响经济发展的隐性实力，包括生态、科技、品牌、人才、服务、信息等。其中，信息软实力的根本就是话语权和信息安全。我把现状概括为两句话：话语权缺失，传不出去，传出去的被歪曲；采不进来，采进来的靠不住。信息安全没保障，缺乏核心技术，缺乏掌控能力。

关于信息传播方面，我给大家举个例子。我到华尔街去，在一家很大的交易所看到一个资讯平台，不停地滚动着资讯。有关中国的消息只有一条，而且反复滚动："中国接连发生矿难"。难道中国当天值得传播的资讯只有这一条吗？这样的资讯传播是客观、公正、全面的吗？不是我们没有资讯，仅新华社每天就播发客观反映中国的资讯数十万条，而是我们的资讯传不进要素市场；也不是我们没有发布，而是因为我们没有自己的金融信息平台，发布了也没有影响力。自己没有，又必须要，只能靠别人。靠别人，只能由着别人按照别人的价值观有选择地传播。有一年"两会"期间，西方一家知名信息机构误读采访对象的话，发布资讯称"中国将在政府工作报告中宣布一系列经济刺激计划"。消息在市场上迅速传开，引发全球金融市场强烈的连锁反应。由别人主导传播的信息，当然不会有利于我们的资本流动。

在信息采集方面，没有完善的海外信息采集体系，就不能充分掌握海外市场的一手信息。我们过去在海外金融机构及资本要素市场连一个驻点都没有，所有需要的金融信息几乎都要依靠西方信息机构获得。国际金融危机爆发后，次级贷到底是什么，雷曼兄弟到底是怎么破产的，美国政府及其金融机构到底扮演了什么角色，华尔街的金融市场到底发生了怎样的波动等等，这些信息，特别是基础数据，我们没有自采能力，只能人云亦云，连自己的分析也都是建立在别人的数据之上的。没有一手的，只能当二传手，别人说错了，只能跟着错。开始说金融危机百年不遇，后来又说几十年不遇，接着又说三百年不遇，我们都跟着说。美国有一本畅销书，中文译名是《一个经济杀手的自白》。作者以亲身经历揭露了他们炮制虚假信息的内幕。一些所谓的经济学家、银行家、国际金融顾问受雇于西方政府和跨国公司，蓄意制造和发布错误的经济信息、分析报告和投资建议，预设经济陷阱，帮助利益集团挤垮竞争对手，帮助政府获得其他国家的经济控制权。此书一出就引起舆论哗然，出版的头五个星期居然再版了五次。

名词解释

次级贷

又称次级抵押贷款，次级抵押贷款指金融机构为信用级别较低的客户所提供的住房按揭贷款。由于这类按揭的违约风险较高，其收取的按揭利率也较高。

相关链接

雷曼兄弟

雷曼兄弟控股公司（Lehman Brothers Holdings Inc.）于 1850 年创办，是一家国际性金融机构及投资银行，也是美国第四大投资银行。总部设于美国纽约市，受到次级房贷风暴连锁效应波及，于 2008 年 9 月 15 日宣布申请破产保护。

在核心技术方面，当今世界金融信息平台的核心技术主要掌握在西方信息机构手中，包括中国在内的发展中国家都对其深度依赖。上世纪七八十年代，中国刚刚打开国门，资本市场开始起步，西方一些机构就打着提供金融信息服务的旗号，主动把服务终端送给我国的金融机构。由于国门初开，我们不识其中利害，还不断感谢别人"大方"。孰不知，在接受终端的同时，也把安全拱手相送。长期以来，国内金融机构只能在国外的终端上了解资讯，进行交易，何言安全！并且要支付高额的服务费，甚至屈辱地接受"霸王条款"。国内金融机构负责人对我说，他们明知不公平，但不得不接受，因为中国没有。

在掌控方面，住在别人家的房子里，钥匙被别人拿着，寄人篱下，何谈掌控能力。好比打牌，对手看着你的牌打，你却看不到对方的牌，结果必然是百打百输。据《纽约时报》报道，"9·11"事件后不久，美国政府以反恐为名，秘密通过设在比利时的环球银行金融电讯协会，对成千上万名世界各国人士的金融交易信息进行跟踪调查。环球银行金融电讯协会掌握着全球200多个国家和地区，约8000家商业金融机构的国际交易信息。这一秘密项目由美国财政部主管，由中央情报局操作。《纽约时报》的报道立刻引起了美国《洛杉矶时报》、《华尔街日报》、英国广播公司、德国《明镜》周刊等西方媒体的跟踪报道。布什在白宫的新闻发布会上强烈批评美国新闻界，并指出这一项目"是在法律范围内进行的，得到了国会的授权"。

美国以反恐为由，就可以调查其他国家的金融交易信息，可以说把法律用到了极致。这一事实说明依托外国的交易系统哪里有保密可言。我去新加坡考察时，专门到新交所和中航油（新加坡）公司。我问他们中航油事件的原因，为什么中航油做空，国际油价就单边上扬；中航油斩仓出局的第二天，国际油价就大幅下跌。而且国际对手和商家都非常"适时"地提出追加保证金的要求，使中航油最终走投无路，宣布破产保护。他们给我分析了很多因素，其中一个重要原因就是交易过程中存在交易数据的泄露，中国操盘手遭到国际交易对手的联合狙击。这和 2006 年的国储铜事件有相似之处。交易员以国储局的名义在伦敦期货交易所建立期货空头合约，并连续加码。结果消息被西方媒体爆出，国际铜价屡创新高，国储局在与国际对冲基金的对赌中损失惨重。这张铜价 k 线图很能说明问题。国际炒家看我们看得清楚，而我们却看不清国际资金的流动情况。

相关链接

国储铜事件

2005 年 7 月到 8 月，中国国家物资储备局（国储）交易员刘其兵及其上司违反国家相关规定，将资金用于境外非套期保值的期货交易，在伦敦期货市场连续抛售储备铜，做空 20 万吨，损失上亿美元。

名词解释

对冲基金

金融市场中同时进行买卖两个方向操作的大规模投机基金，通常投资于期货、期权或其他高风险金融衍生品进行套利，目的是获得高收益。这种投资的杠杆比例通常非常高。

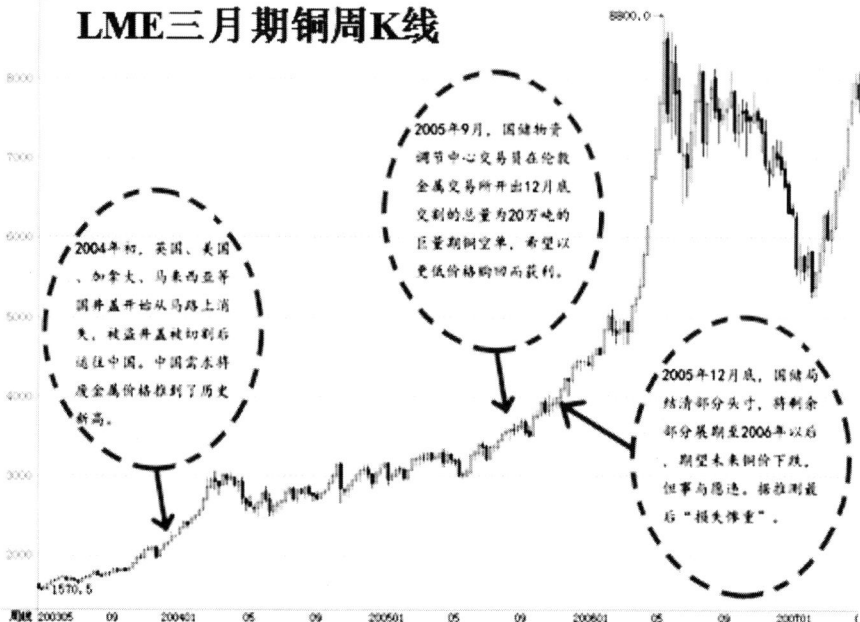

LME三月期铜周K线

三 关于资本市场调研

　　这里我给大家提一本书：《伟大的博弈》。它的作者约翰·戈登说了一句话："在过去二十年里，中国经济取得了举世瞩目的卓越的成绩，而在中国经济的未来发展中，没有什么比资本市场更为重要了。"我觉得这个话是很有道理的。

　　为了建设金融信息平台新华08，我们开始了对资本市场的深入调研。从北京到上海，从纽约到芝加哥，从华盛顿到多伦多，从东京到新加坡，进行了一场资本市场的体验之旅、发现之旅、学习之旅。对资本市场的调研，我可以用一句话形容：我像一块干涸的海绵，突然掉进了浩瀚的资本大海，疯狂地吸吮着水分和营养。资本市场，这是个魔方的世界，充满着魅力和神奇。

　　最近我在北京参加金融衍生品大会，一个中国资本市场老总云集的场合。主办方证监会邀请我去发言，当时我脱口说了一句话：环顾左右，唯我另类。我作为一个另类，一个看起来远离资本市场但又如此疯狂走进资本市场的另类，完全是因为我在履行着一种职责。

关于国内资本市场调研

　　国内资本市场调研到了北京、上海、广州、大连等地，重点说说上海。到上海调研的第一站是上海的联合产权交易所，总裁蔡敏勇跟我说了一个例子：在中国浦东干部学院学习的某地级市市长，到联交所现场教学，了解到国有资产可以拿到产权交易所来上市。之前，该市煤气公司曾经在国内某一大报上刊登广告，进行产权转让，但半年多没有结果。该市长回去后做好前期工作，让煤气公司50%产权到上海联交所挂牌，不到一个月，就有六七家国内外实力机构前来竞标。通过上海联交所的大力推介和市场化运作，最后通过竞价方式转让，中国燃气集团以溢价22%的价格并购成功，与该市政府合资成立了公司。通过调研，我认为通过产权交易所挂牌交易国有资产至少有五大好处：第一，丰富和完善了资本市场；第二，阳光下操作，有利于党风廉政建设，保护干部；第三，有利于国有资产保值、增值，防止国有资产流失；第四，锻炼干部，适应市场经济；第五，规范了市场秩序。

我到上海黄金交易所调研，了解到日本、韩国、越南、印度等国家，个人持有的黄金量在20克以上，而我国人均持有黄金量三四克。如果中国平均每人增加持有1克黄金，总量就增加1300吨，相当于世界年产金量的一半。上海黄金交易所理事长沈祥荣说："以前购买的是国外信息机构的系统，信息也主要通过这些系统发布，总感觉受制于人，很不安全，今后黄金交易信息将通过新华08发布。"

我到上海证券交易所调研，时任总经理朱从玖说："新华社推出新华08系统，主攻金融信息服务，是抓到了中国经济发展最重要的命脉。"

我到上海期货交易所调研，总经理杨迈军拉着我的手，激动地唱起了中国人耳熟能详的京剧名段："早也盼，晚也盼，望穿双眼，自己的队伍来到面前"。

在上海期间，我到中国人民银行上海总部、中国金融期货交易所、中国外汇交易中心调研，感受颇多。在上海调研期间，我对韩正市长说，上海要建四个中心即经济中心、金融中心、贸易中心、航运中心，这四个中心的基础就是信息中心。没有一个信息中心，这四个中心都强大不了。韩正市长很赞成我的观点，他说："上海四个中心建设，信息中心是基础。新华08将有助于上海打造信息中心，推动国际金融中心建设。"他说上海市政府支持新华社来建信息中心，所以我们现在对上海看得特别重，就是这个道理。

✎ 关于北美资本市场调研

到北美资本市场调研，我去了纽约、华盛顿、芝加哥、多伦多等几个金融机构云集的地方。在纽约下飞机后，第一站就到华尔街。我在华尔街反复穿行，这条几百米的小街成就了美国；在芝加哥，我身临交易池里数百名交易员高声喊价的热烈氛围，交易所的总裁破例带我去交易池，进去以后，我非常激动，交易池里几千人在呼喊，我也挤进去向他们挥手。总裁说，"你麻烦了，这叫卖出"。

我在华尔街拍了一组照片。这是在纽约的时代广场的滚动快讯屏幕，是一种大街上走的快讯，西方大通讯社的资讯都在不停地滚动。现在我们也在搞新华社滚动快讯屏幕。这个实际上不难，我们很想从上海做起，上海金融中心没有这个滚动快讯屏幕也是不相称的。我们还去了纽交所、彭博总部、路透纽约总部、世界银行总部、芝加哥商业交易所、芝加哥期权交易所和多伦多证券交易所等学习调研。

纽约，滚动快讯

我发现，美国人对中国资本市场也有一种渴求。他们说对中国资本市场的情况也像干涸的海绵一样迫切想了解，但又知道不多。国外资本市场对中国期盼，而西方对我们又遏制，我们的信息进不去。这是一个强烈的反差和矛盾。

3 关于资本市场调研的思考

通过资本市场调研，我心里受到了一种震撼，我把它归纳为四个感受。

感受一： 中国正逐步融入世界资本市场，世界资本市场越来越离不开中国，这已经是不可逆转的趋势。2002 年我们的 GDP，排在世界第六位，2006 年已经排在第四位，2009 年又往前进了一步。进出口贸易总额稳居第三。现在中国的股市只要咳嗽一下，世界都要感冒了。最近，我们的股市曾下跌 9%，引发世界股市的波动，美国、日本、英国，连英国股指也下跌2%。据韩国贸易协会统计，各国在世界上占有率位居第一的商品品种中，中国商品的数量最多，达 958 种。中国已经融入了世界，世界也离不开中国。

感受二： 资本市场已经成为中国特色社会主义市场经济中不可分割的重要组成部分。在落实科学发展观、构建和谐社会中，资本市场将越来越发挥不可替代的作用，我们越来越迫切地需要完善健康的资本市场。

感受三： 信息全球化正不断推动着金融全球化、经济全球化，但信息的不对称依然是制约资本市场发展的一个重要瓶颈。信息全球化是金融全球化的基础，金融全球化是经济全球化的核心。信息不对称是资本市场风险形成的一大根源。

感受四： 新时期、现阶段，发展中的中国资本市场，多种矛盾交织。这表现为快速发展的中国经济与相对薄弱的资本市场基础的矛盾，大众高涨的投资热情与金融知识匮乏的矛盾等。快速发展的中国经济和相对薄弱的资本市场，这个矛盾非常大。好比是车开得很快，但是底盘是拖拉机的，两者不配套。现在的问题不仅是我们的资本基础很薄弱，而且人们的风险意识、监管体系、制度建设、人力资源都相对薄弱。

我从四个感受中体会到三个迫在眉睫：增强国家话语权迫在眉睫；维护国家信息安全迫在眉睫；普及金融知识迫在眉睫。

一是增强国家话语权迫在眉睫。国内各大交易所及金融机构老总在交谈中，对中国没有大宗商品定价权和金融市场主导权痛心疾首。我国铜消费量世界第一，但定价权在伦敦；石油消费量世界第二，但定价权在纽约；小麦的生产和消费都位居世界首位，但定价权在芝加哥……中国既是

经济全球化背景下的国家话语权与信息安全

大买家又是大卖家，却不是大赢家，"中国因素"屡屡被国际炒家投机利用，成为他们主导国际市场的手段。常常出现"中国因素"越大，越对中国自身不利的局面。西方媒体报道说，伦敦街头下水道的铜盖子被盗，到哪儿去了，都卖到中国去了，于是乎全球铜价大涨。中国只能被动地承担价格波动的风险，还被炒作成驱动全球价格上涨的替罪羊。

二是维护国家信息安全迫在眉睫。在调研中，国内金融机构、资本要素市场、监管部门对增强我国金融信息安全的要求十分迫切。国家发改委、央行、证监会、银监会、保监会；上交所、金交所、深交所、大交所等纷纷表示支持新华社建设新华08，并拿出一系列具体措施。大家都期盼拥有中国人自己的金融信息平台。

三是普及金融知识迫在眉睫。我们要全面贯彻落实科学发展观，实现中华民族的伟大复兴，必须要有一个结构合理、功能完善、高效安全的现代金融体系，要有一个可持续发展的、健康的资本市场，而这一切必须从普及金融知识做起，提高全社会对金融建设和资本市场重要性的认识，提高全民的金融素质。

向各级领导干部普及金融知识，这是重点。党的十七大报告要求，必须把提高领导水平和执政能力作为各级领导班子建设的核心内容抓紧抓好。《中共中央关于加强党的执政能力建设的决定》提出"五种执政能力"，第一种就是提高驾驭市场经济的能力，这是加强执政能力的首要任务。学习金融知识，研究金融问题是新时期新型领导干部的必备素质，是提高驾驭市场经济能力的迫切要求。为此，新华社与浦东干部学院合作共建新华08金融实验室，中共中央政治局委员、中组部部长李源潮两次视察实验室并给予充分肯定。李源潮要求，各级领导干部都要学习金融知识，新华08金融实验室的情景教学很好，希望在干部培训中发挥更大作用。

向大众普及金融知识，这是基础。2007年6月，我到上海证券交易所调研时，时任总经理朱从玖忧心忡忡地对我说，当年新开户的股民达8000多万，其中多数是工薪阶层和打工族。这一群体金融知识匮乏，以为炒股必挣钱，对风险认识不足，又经不起亏损。一旦股市波动，出现较大亏损，就有可能酿成社会问题。在上海黄金交易所门口，贴着一个告示：

经济全球化与对外开放

"各位顾客，本交易所不出售金戒指等黄金首饰。"交易所理事长沈祥荣解释说，很多老百姓不了解交易所的业务，一看到"黄金"两个字，就以为是卖金银首饰的。经常出现上班前门口已排成长龙的情况，交易所只好贴了这个条子。这两个事例，让我心情沉重。作为中国最大的新闻信息机构的负责人之一，深感向全民普及金融知识十分紧迫且责任重大。为此，新华08视频专门开设"金融讲堂"栏目，请金融界权威专家学者讲解知识、分析市场、预警风险、揭示机会。我们还出版了《新华08汉英金融词典》、《中国资本市场法律法规选》等适合中国市场的专业、实用的工具书。

对媒体从业人员普及金融知识，这是关键。前两个普及都基于这一个普及；媒体不普及，前两个层面很难真正普及。一个国家有什么样的媒体，就会建立什么样的价值观；媒体的整体水平，一定程度上反映了社会的整体素质。全中国媒体从业人员70多万，从事专业财经报道的不足千分之一。沈祥荣理事长感慨地对我说："你是中国新闻单位中第一个主动上门的领导。"他说，当初国家批准上海黄金交易所成立的时候，西方一些媒体几乎天天追着他，他很奇怪，中国的媒体都去哪了呢？我坦诚地对他说，我们不懂啊！媒体不懂，所以失语；媒体失语，全社会的金融知识普及就无从谈起。近年来，新华社着力加强财经报道力量，在中央新闻采访中心成立专门的财经报道机构，国内、国际、对内、对外等各类报道均加大了财经报道比重。中国经济信息社、经济信息编辑部已成为中国最大的经济信息发布机构。《经济参考报》、《中国证券报》、《上海证券报》已成为中国财经报刊的中坚力量。新华社还首次组建了经济分析师队伍，每年提供专业化的经济分析报告3000多篇，通过新华08等渠道播发，广受欢迎。

四 建设中国特色的金融信息平台新华08

胡锦涛主席说："信息安全是个大问题，必须把信息安全问题放到至关重要的位置，认真加以考虑和解决。"中共中央政治局常委李长春同志也强调，要加强新华社提供经济信息产品的能力，从根本上提高我们的国际竞争力。可见中央领导对经济信息安全高度重视。国家"十一五"文化发展纲要中明确提出："新华社要发挥国家通讯社和世界通讯社的作用，加快多媒体数据库和经济信息平台建设。"

通过深入研究和论证，中央决定由新华社建设我国自己的金融信息发布平台，弥补中国乃至亚洲在这一领域的空白，以维护国家话语权和信息安全。

为了新华08的成功运行，我们可谓千辛万苦，立志脱皮掉肉也要把新华08搞上去。我们发扬"两弹一星"精神来建设中国金融信息平台。新华08的运行经历了三部曲：第一部艰难起步，第二部比较优势，第三部形成特色。我们有五个优势即国家优势、本土化优势、人民币优势、跨市场交易优势、后发优势。2007年9月20日，新华08正式上线运行。

新华08是新华社采用先进的信息与通信技术，自主研发的金融信息平台。为金融机构和非金融企业参与全球证券、外汇与货币、固定收益、商品与能源等金融交易，提供较为全面、准确的金融资讯服务和交易支撑服务，从而掌握金融信息的采集权，增强金融信息的发布权，形成金融产品的定价权，提高金融领域的话语权，切实维护我国的金融安全和信息安全，打破西方通讯社的长期垄断，形成与我国经济发展水平相一致的金融信息服务体系，同时，作为人民币市场的重要支撑，成为人民币国际化进程的一个重要配套工程。

◢ 关于新华08的服务

新华08可为用户提供数十项服务，包括资讯、行情、数据、分析、模型、交易、咨询、发布、个性化服务等。

资讯。每日发稿突破1万条，内容涉及55个行业，5大市场，提供外汇与货币、债券、股票、商品与能源等市场的资讯，以及国际贸易、宏观经济、行业发展、企业动向等信息。

行情。新华08能够实时提供国内外主要交易所行情。将国内股票、债券、外汇、期货、黄金、产权等实时行情整合在一个平台上，并实现同一个界面展示。

数据。涵盖国民经济、固定资产投资、金融信息、居民收入、价格指数等 25 大类约 800 余个经济指标。

分析。新华 08 的人民币债券综合分析系统由债券基本资料数据库、债券综合信息展示系统、债券特色分析模型三大部分组成。按照新华 08 的发展规划，债券数据库和债券综合分析系统是人民币债券交易系统的重要组成部分，提供全面的基础数据展示和强大的投资分析功能，为债券交易平台的搭建奠定了基础。

模型。新华 08 可提供 17 个金融模型，主要有外汇远期定价、债券定价、原油期货定价和掉期期权定价等。模型精度可以达到小数点后 8 位。

咨询。例如全国农副产品和农资价格监测分析报告，是新华社为了更好地为大局服务、为市场服务，采用先进的信息技术，建立起来的农副产品和农资价格数据的采集、处理、分析和发布系统。

交易。新华 08 独家率先推出产权交易系统。目前，新华 08 已与上海联合产权交易所、北京产权交易所、天津产权交易中心、重庆产权交易所签署合作协议，在产权模块中提供实时报价、成交趋势、政策法规、产权交易动态、经典案例、理论探讨、交易指数等内容。

名词解释

期货 Futures

在商品交易中，所有将在未来交付的金融工具或实物商品买卖合同的总称，持有人承诺在未来某一时间以当前约定的价格买入（卖出或交付）金融工具或实物商品，除非在此之前将合同转让给他人。一些基金或大型机构通常利用期货交易来减少市场波动所带来的风险。

期权 Option

一种协议式合约，买方向卖方支付一定费用，来获得以特定价格在未来某一特定时间内购买或出售标的金融资产或商品的权利（而不是义务）。

互换／掉期 Swap

指交易双方约定在未来的某一时期相互交换某种资产的交易形式。

名词解释

产权交易

产权交易是企业财产所有者以产权为商品而进行的一种市场经营活动。内容上包括所有权转让和经营权转让两个层次，形式上有兼并、承包、租赁、拍卖、股份转让、资产转让等多种。

发布。为用户提供信息发布平台，用户可通过新华 08 实时发布企业动态、项目进展、重要成果等信息，把中国用户的声音广泛有效地传播到全球资本市场。

个性化服务。新华 08 针对政府、金融机构、企业、院校、研究机构等不同用户，提供分角色服务。内容及模块可结合上述机构中管理人员、业务人员、交易员、研究人员及其他职业角色特点，自由组合，灵活地进行个性化定制，最大限度地满足用户的个性化需求。

② 新华08增强了国家话语权和信息安全

新华 08 要把全世界的金融信息采集回来，让中国了解一个真实的世界资本市场；还要将客观全面的中国市场信息快速有效地传播出去，让世界了解一个真实的中国资本市场。

在采集力方面，新华社在一百多个国家和地区设有分支机构，拥有雄厚的专业信息采编实力，同时在纽约、芝加哥、伦敦、巴黎、法兰克福、苏黎世、香港、新加坡、东京、孟买等全球主要金融中心设有金融信息采集点，形成一个遍布全球的金融信息采集网。还在全国 350 多个地市、900 多个市场，以及香港、纽约等 23 个海外重点城市建立价格信息采集点。在华尔街纽交所，西方几大信息机构都在那里设有采集点，但我们没有，几经交涉未果。我在纽交所与其高层会晤时，强烈提出新华社要在那里设金融信息采集点的要求。我对他们说，离开中国，你们就称不上世界性的证券交易所；忽视中国市场，是你们最不明智的选择。只有让新华社进驻华尔街，进驻纽交所，才能让中国更多地了解华尔街，了解纽交所，才能吸引更多的中国企业到纽交所上市。2008 年 1 月 2 日，新华社金融信息采集点入驻华尔街。从此，中国市场有了中国人自己从华尔街采集的一手信息。

在传播力方面，新华 08 建立面向全球金融市场的多语种、多终端形式的服务网络，具备全天候信息传播能力。从中文版、英文版开始，逐步推出多语种版本，实现电脑终端、手机终端、视频终端、互联网、大屏幕等立体化发布。并通过提供人民币资产分析工具与定价模型、人民币资产交易支撑系统，提高人民币资产的定价权。随着人民币的国际化进程，适时推出人民币交易系统。

在信息安全方面，新华08是中国具有自主知识产权的高效、可靠、安全的系统。国际金融危机爆发后，新华08及时推出了我国自主研发的人民币债券系统，它是目前唯一能够提供人民币债券实时收益率曲线的分析系统，其多个分析模型具有独创性，被金融市场称为人民币国际化的重要基础工程。为进一步增强新华08核心技术的研发能力，新华社正在加强与高等院校等科研机构的战略合作。与中国科技大学、清华大学、北京大学、人民大学、中央财经大学等合作，集中国前沿科研成果建中国特色的金融信息平台。

> **名词解释**
>
> **人民币资产**
>
> 人民币资产就是以人民币计价、交易和结算的资产，包括金融资产和非金融资产。

> **名词解释**
>
> **人民币债券系统**
>
> 是由新华社牵头组织专家研制的，在新华社金融信息平台新华08中为固定收益市场分析人员和交易人员提供的专业级债券分析及交易决策支持工具，是国内债券交易系统的基础和重要组成部分。

3 新华08的外界反映

国家发改委、中国人民银行、证监会、银监会、保监会对新华08都高度重视，并给予积极支持。目前新华08已经国家发改委批准列入国家重点工程。

2008年9月12日，北京市委、市政府举行首都金融界中秋招待会，邀请"4+1"（即央行、银监会、证监会、保监会和新华08）主要负责人，听取奥运后首都经济建设和首都金融发展的意见。人民银行、银监会、证监会、保监会领导纷纷表示，希望与新华08一起构建"4+1"沟通联席机制，共同建设好新华08金融交易服务平台这项国家工程，打破西方垄断，增强我国的金融话语权和信息安全。

经济全球化背景下的国家话语权与信息安全

新华08建设从一开始就受到全世界广泛关注,反响是两个极端。发展中国家一直是一片叫好,企盼着尽早运行,提高发展中国家在世界资本市场的话语权,打破西方国家在金融资讯市场的垄断;西方发达国家则经历了一个从质疑、责问、批评,到寻求合作的过程。

2007年9月,在大连夏季达沃斯论坛世界媒体领袖峰会上,我本来是作为东道主致词欢迎的。没想到的是,我的发言刚刚开场,一些西方媒体的负责人就迫不及待地针对新华08频频发难。他们提出,"中国建金融信息平台,是不是有信息霸权的企图?""推出新华08,目的是不是把国外信息机构赶出中国市场?""既然国外有成熟的信息机构,为什么还要搞新华08?""新华08有中国自主知识产权吗?"……我不得不中断刚刚开始的欢迎词,就新华08和他们展开了一场"大讨论"。

我先给他们讲了一个北京簋街的故事。这是一条普通但很著名的小吃街。那里店家林立,人流穿梭,各色小吃,生意兴隆。虽店铺有大小,饭菜有贵贱,但各有各的特色,各有各的顾客。他们在协作中竞争,在竞争中促进市场繁荣,实现了多赢、共赢。如果只允许一两家店开门,这整条街都将不复存在。世界金融信息市场如同簋街。只有大家在合作中竞争,在竞争中合作,才能共同繁荣。我们建设金融信息平台,是从我们的国家利益出发的,但我们没有伤害别人,也不会伤害别人。如同你吃饭,我也要吃饭;不能因为你吃饭就不让我吃饭;我没有不让你吃饭,你也不能不让我吃饭。你们有金融信息平台,为什么不允许我们建金融信息平台!我们既是维护国家利益,也期望建立世界各国广泛参与的、公平和谐的全球化信息体系。

我还当场郑重宣布,新华08完全是中国人自主研发的,拥有自主知识产权,欢迎全世界监督。我问我身旁的路透集团总编辑史莱辛格,新华08有没有侵犯路透的知识产权?他当即肯定地回答没有,并站起来表示支持我的观点。

可见新华08的运行也不是一帆风顺的，但我们的努力等到了国内外的认可。我引用原中国证监会副主席、现任上海市委常委、副市长屠光绍的话："新华08的诞生是一个具有重要战略意义的大事。对于新华08，中国证监会一定全力支持。新华08一定会成为全球一流的金融资讯与交易平台。"亚太地区通讯社也表示：我们跟着新华社走。芝加哥商业交易所集团终身名誉主席利奥·梅拉梅德先生来信祝贺新华08正式运行一周年："在各方贺信纷至沓来之际，请允许我亦作为其中一员向新华08诞生一周年表示祝贺。显然，这是你们朝着世界一流通讯社的目标迈进的一大跨越。我非常高兴能够在实现这一宏伟目标的过程中提供帮助。"

中共中央政治局委员、中共上海市委书记俞正声在给新华社金融信息平台上海总部的揭牌仪式上的贺信中说："面向国内外的金融信息平台建设是上海国际金融中心建设的重要基础设施工程，是新华社积极发挥主流舆论阵地作用，强化金融信息建设，支持上海金融中心建设的重要举措。上海各有关单位要积极支持平台建设，进一步强化金融信息平台服务经济社会的作用，为上海建设'四个中心'，实现'四个率先'做出贡献！"

我认为中国、上海、浦东的金融信息将更全面、更及时、更准确、更权威、更有效地走向世界，全球金融市场和金融机构，也将会越来越多地听到来自中国、来自上海、来自浦东的声音。我相信新华08将对世界金融信息服务格局的变革，对增强中国在全球金融领域的话语权产生广泛而深刻的影响。

为了进一步把新华08搞好，我们还采取了六项措施：

措施一：把新华08作为中国金融信息的发布平台。这包括维护国家话语权、维护信息安全、普及金融知识。

措施二：整合资源形成合力。通过主流渠道增强国家话语权即整合信息来源、整合传播渠道、整合各自优势。

措施三：提高信息核心技术的掌控能力。即统一的准入制度、完整的监管体系。

措施四：提高信息核心技术的自主研发能力。归纳为十二个字：国家战略、加大投入、完善机制。

措施五：加强复合型人才队伍建设。要引进人才、培养人才、激励人才。

措施六：加强法制化建设。完善法制体制，把增强话语权和维护信息安全纳入法制化轨道。

五 | 新华社的历史——一部中国共产党的新闻史

最后，我想向大家介绍一下新华社。说起新华社，大家最熟悉的就是从报纸、广播、电视中看到、听到的"新华社消息"，但是很多人对新华社的历史和发展不一定了解，对新华社的具体业务和职能不一定能说清楚。新华社是我国的国家通讯社、"耳目"、"智库"、"信息总汇"和世界性通讯社。毛主席曾说新华社要把地球管起来，让全世界都听到我们的声音。实际上就是强调话语权。我今天主要介绍新华社的十个"最"。

第一，是我党历史最悠久的新闻宣传机构。新华社从瑞金起家，1931年11月7日，红中社在瑞金叶坪首次播发新闻。这里有个故事，当初我们从俘虏手里发现一部电台，不知道是干什么的，想砸开看看，结果砸不开。请来专家看，专家说这是电台，不能砸，但是已经砸坏一半。不久，又从敌人手里缴来一部电台，由于已经知道这是"宝贝"，所以没再砸了。就是凭着这"一部半"电台，新华社把中国共产党在江西瑞金召开中华苏维埃第一次代表大会的消息发到根据地之外乃至国外。1937年1月，根据中央决定，红中社在延安更名为新华通讯社。1940年12月30日，新华社创办了延安新华广播电台，即中央人民广播电台的前身。1949年10月新中国成立后，新华社逐步统一和调整了全国各地机构，成为集中统一的国家通讯社。70多年来，新华社不断发展壮大并跻身世界通讯社行列，与美联、路透、法新并称为"世界四大通讯社"。

第二，拥有中国最大的新闻信息采集和发布网络。总社在北京，在国内各省、自治区、直辖市设有 31 个分社、15 个支社。还设有解放军分社，在各大军区、各大兵种有支社；在境外一百多个国家和地区派驻有分社，在一些与我国没有建交的国家也派驻有记者站，设有亚太、欧洲、亚欧、拉美、非洲、中东、北美总分社。新华社是最权威的统一发布党和国家重大新闻的机构。根据党和国家的授权，统一发布重要文件、公告、法律法规和重大新闻；履行党和人民的"耳目"、"智库"职能，及时定向编发内部资料；通过各种渠道、多种形式向用户发布多形态新闻信息，拥有多媒体、多语种、多渠道的发布体系。每天 24 小时不间断用中文、英文、法文、俄文、西班牙文、阿拉伯文、葡萄牙文和日文 8 种文字播发文字产品，日均发稿 1 万余条；以中、英、俄、阿、法、西等六种文字播发图片、图表（漫画）1000 余张，全年发稿近 40 万张。

第三，拥有中国最大的新闻信息产品用户群和覆盖面。截至 2009 年底，我社新闻信息产品机构用户 2 万多家。其中国内地市级以上媒体（报纸、电台和电视台）100% 覆盖；在所有主权国家均有我社用户，其中海外主流媒体和主要机构占总数的 50% 以上。

第四，拥有中国最大的报刊群。新华社办有近 30 种报刊，期发行量在 800 万份以上。《参考消息》日发行量突破 330 万份，是中国发行量最大的日报；《半月谈》系列刊物期发行量突破 200 万份，是发行量最大的时政类期刊群；《新华每日电讯》作为"厚报时代的薄报精英"，发行量已突破 66 万份，正向百万大报突飞猛进；《瞭望》、《瞭望东方周刊》、《环球》三刊月发行总量突破 100 万份。新华社的报刊还有《中国证券报》、《上海证券报》、《现代快报》、《现代金报》、《中国记者》、《摄影世界》、《中国名牌》等等。

第五，拥有中国最大的互联网群。新华社建设运营的新华网在国内新闻网站中"一路领先"，日均更新量 1.2 万余条、点击次数 7.7 亿、页面访问量 1.6 亿。目前，新华网已在 31 个省（区、市）和新疆生产建设兵团建立 32 个地方频道，发展互联网群用户 1 万多家，其中，2007 年新发展

4500家。此外，中国政府网、中国文明网、中国平安网、中华新闻传媒网、振兴东北网等也都是由新华社承办的。

第六，拥有中国最完善的信息资讯服务体系。经过多年的探索和实践，新华社信息事业从无到有，从小到大，逐步实现了由动态信息、基础信息向实时专业化信息、高端分析信息的历史性转变，形成了具有新华社特色的四大信息产品与四大服务体系。四大产品体系包括：经济分析报告、专供信息、财经信息、高管信息，四大服务体系包括：数据库服务、个性化服务、终端服务、咨询服务。

第七，拥有中国覆盖面最广泛的、采集原生态数据的价格监测系统。2008年1月10日，新华社紧急启动价格监测系统建设工作。迅速建立起覆盖全国350多个地、市（自治州、盟），900个市场（超市）的监测点，并在香港、纽约、伦敦、巴黎等23个海外重点城市建立了价格信息采集点。

第八，拥有中国功能最强大的金融信息平台，也就是刚才介绍的新华08。

第九，拥有业态最全的媒体形式。新华社长期紧跟媒体发展趋势，不断创新业态，已形成包括传统通讯社业务（文字、图片）、报刊、音频、视频、新媒体（网络、手机、移动屏幕）和信息服务等在内的全业态媒体运营格局。目前，新华社正着力发展视频业务和新媒体业务，构建全媒体产业园，完善新闻信息服务产业链。与中国移动、中国联通、中国电信三大电信运营商全面合作，每天有1亿多手机用户接收我社新闻信息，是全球最大的手机媒体新闻信息内容提供商。

第十，拥有中国最大的"国"字头传媒企业群。中国图片社、中国新闻发展公司、中国经济信息社、中国广告联合总公司、中国环球公关公司。旗下还有一个上市公司——天音控股。

新华社发展目标：根据《新华社2008—2015年工作设想》，到2015年新华社在组织结构、多媒体业态、内容生产、传播方式、营销模式、技术构成、管理体制等方面基本完成战略性转型，建设成为中国特色社会主义世界性现代国家通讯社。

结　语

　　我借用《孙子兵法》一言："夫未战而庙算胜者，得算多也；未战而庙算不胜者，得算少也。多算胜，少算不胜，而况于无算乎！"在经济全球化和信息全球化的过程中，参与市场竞争的各个主体借助无形之手力求双赢或多赢，然而要做到这一点，须先将自己置于可能会赢的一方，"十则围之，五则攻之，倍则分之，敌则能战之，少则能逃之，不若则能避之"，否则必将在经济全球化和信息全球化的过程中输得精光，不仅毫无信息安全可言，更不用说国家话语权。

　　我们说增强国家话语权，不是搞国家霸权；维护信息安全，不是搞信息封闭。只有每个国家都有平等的话语权，才有全世界平等的话语格局；只有每个国家的信息安全都得到保障，全世界的信息流动才能高效顺畅。增强国家话语权和信息安全，在全球视野下，在世界格局中，就是要消除"信息歧视"，填平"信息鸿沟"，建立公平合理的国际金融信息传播新秩序。只有这样的新秩序，才能推动真正的信息全球化，才能使金融市场由封锁走向开放，由分割走向融合，才能引导资本合理流动，才能实现全球金融市场的健康、协调发展。

　　维护国家话语权、保障信息安全，是一项庞大的系统工程，仅靠某一方面的力量远远不够，需要社会各有关方面携起手来，共同推动这项战略工程。增进合作，公平竞争，建立合理的国际金融信息传播新秩序，也应该是全世界信息机构的共识。合作是世界发展的潮流和趋势。综观历史，没有一家或少数几家机构能够长久地垄断全世界的新闻信息资源。人类要进步，社会要发展，必须加强世界合作。合作的原则是互惠互利，合作的趋势是资源共享，合作的目标是共同发展。平等是人类社会一切合作的前提和基础，要摒弃"双重标准"，相互信任，相互尊重，平等协商，变以大欺小为以大助小，变以强凌弱为以强扶弱。尊重彼此选择的发展道路，相互借鉴，求同存异，共同担负起信息全球化的重任，有效推动和谐世界的构建。

新华社愿与世界各大金融信息服务机构、资本要素市场合作，加快新华08建设步伐，努力建设世界性现代化国际一流金融信息平台和人民币业务综合交易平台，传播中国声音，发布中国价格，成为增强国家话语权和信息安全的主流渠道，推动建立公平合理的国际金融信息传播新秩序，让全球资本更加理性地流动，让全球金融市场更加健康地发展，让发展中国家更多的人共享信息全球化的成果，最终实现人类社会的共同繁荣。

（根据鲁炜在"中国驻外使节专题培训班"讲课录音整理，有删节，并根据最新动态进行了必要的数据补充。）

当前**国际贸易发展**
的新特点及对我国的启示

高虎城

演讲时间： 2008 年 4 月 11 日

作者简历： 高虎城（1951—   ），山西朔县人。毕业于北京第二外国语学院法语专业，曾在扎伊尔国立大学文学院留学，1985 年在法国巴黎第七大学获社会学博士学位，高级经济师。

1968 年参加工作，1987 年加入中国共产党，曾在中国驻刚果大使馆工作，之后任中国机械进出口总公司驻法国公司副总经理、总公司财务处长，中国华润总公司副总经理兼党委书记。1994 年，调任对外贸易经济合作部计划财务司司长，之后被任命为对外贸易经济合作部部长助理、党组成员，2002 年调任广西壮族自治区政府副主席、党组成员，2003 年11 月被任命为副部长、党组成员，2009 年 4 月任商务部副部长、党组副书记。

内容提要： 在经济全球化背景下，国际贸易已经成为当今世界经济增长的发动机，主导着国际产业的重新布局和分工，国际贸易内涵发生巨变，跨国公司在国际贸易中的作用更加突出。国际贸易的扩大，贸易摩擦也随之增多，国际贸易全球的协调日益重要。

当前我国面临的形势是"机遇前所未有，挑战也前所未有，机遇大于挑战"。因此我们要正确看待不断增加的外贸顺差，积极转变贸易增长方式，使国际贸易服务于国民经济又好又快地发展。

我今天讲的题目是"当前国际贸易发展的新特点及对我国的启示"。报告主要包括三个方面内容：一是当前国际贸易发展的新特点；二是我国外贸发展和面临的新形势；三是国际贸易发展对我国的几点启示。

一 | 当前国际贸易发展的新特点

观察当前的国际贸易离不开世界经济大的背景——席卷世界的经济全球化。经济全球化的概念提出来已有很长时间，现在国际上的看法不尽相同，有人认为是二战后开始的，有人认为全球化的问题出现的更早。我个人认为还是上世纪六七十年代以后的事情。因为没有信息化作为支撑，没有全球的资本流动是谈不上经济全球化的，最多也只能是全球化的初级阶段。特别是计算机革命导致信息产业的发展，使全球化在技术层面上变得非常简单。

当今时代，经济全球化已经成为世界发展最重要的趋势，国际贸易是经济全球化重要的组成部分和重要推手，经济全球化就是从这个领域开始的。进入 21 世纪以来，经济全球化的加速发展给世界经济格局带来很多重大变化，这些变化都是传统的贸易理论、经济理论较难解释的。从战后的传统理论来看都是比较新的。

首先，经济格局在发生变化。一个明显的特点就是世界经济增长的动力更趋多元化，进入新世纪以来更为明显。新兴国家正在创造新的历史发展时期，发展中国家主动参与经济全球化，并获得新的发展机遇。上世纪 80 年代乌拉圭回合开始时，主要是发达国家的游戏，但是现在不仅仅是多哈回合，在许多重要国际谈判中，发展中国家参

名词解释

乌拉圭回合

指关税与贸易总协定 (GATT) 第八轮多边贸易谈判，1986 年 9 月至 1994 年 4 月在乌拉圭举行，107 个缔约国与非缔约国参加。乌拉圭回合卓有成效，达成一系列协议，其中决定于 1995 年 1 月 1 日成立正式的国际组织——世界贸易组织取代 GATT 协定。

经济全球化与对外开放

与程度越来越高。比如"金砖四国"（印度、中国、俄罗斯和巴西）的崛起，"金砖四国"的各自 GDP 总量都已经超过 1 万亿美元，全部晋升世界经济 12 强。中国则突破了 2 万亿美元，居世界第四，对世界经济增长的贡献率达到 25%。"新钻国家"经济都保持了 5% 以上的年均增幅，利用外资、出口和人均 GDP 也都有较大增长。高盛公司还预测，到 2025 年，墨西哥、印尼、土耳其、伊朗、等八国将跻身世界经济前 20 强。

> **名词解释**
>
> "新钻国家"是美国一家著名的投资公司高盛的提法，指新兴、后起的、发展比较快的国家。主要指越南、印尼、马来西亚、菲律宾、沙特、伊朗、土耳其、巴基斯坦、墨西哥、智利、阿根廷、委内瑞拉、哥伦比亚、哈萨克斯坦、乌兹别克斯坦、尼日利亚等国。

此外，还有一个新的概念——新欧洲，或者叫新欧洲掀起新经济浪潮，主要是指北欧和爱尔兰这一带。传统上西方民主社会主义体制和经济结构是率先在北欧建成的，过去叫福利性社会。新欧洲新一轮发展也是从这些国家开始。瑞典、挪威、冰岛、爱尔兰等北欧国家，在竞争力、创造力、信息化、投资环境上排名高居世界榜首。波罗的海三国、中欧和东南欧国家的经济持续强劲增长，2006 年新欧洲的 GDP 总量比 2003 年增加近 1 倍，增幅是老欧洲国家（主要指法国、德国、英国、意大利、西班牙）1 倍以上。

与此同时，美国经济地位出现相对下降，欧亚大陆经济地位上升。过去 7 年，美国年均增长率为 3.2%，经济仍然保持着强有力的竞争力，但占世界经济的比重在下降。2006 年美国 GDP 占全球的 27%，比 2000 年下降了 3 个百分点。欧亚大陆经济总量约占全球的 62%，累计财富总量是美国的 1 倍，大多数的金砖及新钻国家均集中在欧亚大陆。可以预见，欧亚大陆将继续是世界经济增长中最具活力的地区。

第二，国际产业转移加快。2003 年至 2006 年，国际直接投资年均增长达到 29.1%，远远高于同期世界 GDP3% 和货物出口 18.6% 的增幅。2007 年全球直接投资达到 1.47 万亿美元，超过 2000 年 1.4 万亿美元的历史记录。国际直接投资在大多数国家和地区固定资本形成中所占的比重从 1992 年 5.2% 上升到 2005 年的 9.4%。中国这一比例大概在 13%—15% 之间。高端制造业和服务业跨国直接投资的比重在进一步增大，跨国并购发展迅猛。全球直接投资当中将近70%是跨国并购。超大规模的并购案频发，涉及能源、金融、电信、原材料、大众传媒等诸多领域，跨国交易量大量产生，全球性的企业市场、产权市场基本形成。

第三，区域合作发展迅猛。在多哈回合受阻的情况下，区域经济合作成为经济全球化的重要选择。区域贸易安排数量激增，截至2008年2月底，以自由贸易区为主的区域贸易安排达到199个，80%以上是在10年之内出现的。绝大多数世贸组织成员参与了一个或多个区域贸易安排，据世行估计，平均每个发展中国家参与了5个区域贸易安排。其中墨西哥最多，据统计与墨西哥签署自贸协议的国家和地区的GDP占世界总量的70%。各大国都在带头发展自贸区，美国正在推动美洲自贸区。欧盟也在加快经济一体化，并且与欧盟外许多国家建立了自贸区。日本计划在2010年前，至少与10个国家或地区建立自由贸易区。在中国和东盟达成自贸区协定之后，日本在这方面进程非常快。

第四，经济民族主义抬头。这几年来，在经济全球化加快发展的同时，作为经济全球化的反面，一些主张保护国家利益，反对外来资本入侵的声音越来越高。这是一种反对经济全球化的思潮，而且从来都没有停止过，只是声音大小的问题。2006年对美欧民众的一项调查显示，超过50%的法国受访者、30%的美国受访者，不赞同贸易更加自由化。50%的德国受访者和70%的美国受访者认为贸易自由化会减少就业，希望保护本国公司免受外来公司的竞争。美国《纽约时报》评论说，"全球化经历曲折上升后正在走下巅峰"。

如何认识这种现象？简单地说，就是全球化利

名词解释

多哈回合贸易谈判又称多哈发展议程，是世界贸易组织于2001年11月在卡塔尔首都多哈举行的世界贸易组织第四次部长级会议中开始的新一轮多边贸易谈判。议程原定于2005年1月1日前全面结束谈判，但至2005年年底为止仍未能达成协议，最终于2006年7月22日世界贸易组织总理事会的批准下正式中止。

名词解释

经济民族主义类似于重商主义，指通过政府政策的形式对进口商品建立贸易壁垒，并施加各种各样的保护主义政策以保护其国内产业。它在某种程度上是民族国家取得政治独立后必然产生的结果，是全球化的孪生物。

益导致了全球贸易格局乃至经济利益格局的重新布局和分配，投资必然会导致分配当中各种矛盾的激化。贸易投资的自由化带来了竞争的平面化，不仅是国家之间，各国内部产业之间也因为竞争力不同在全球化的过程中获利不同。发达国家在全球化当中的获利，明显体现在公司利润，而不是工人的工资方面。包括对 G7 在内的发达国家获利的分析发现，公司的利润占国民收入的比重从原来的 10% 上升到了 16%。工人工资从当时的 56% 下降到了 53%，达到有史以来的最低点。国际上普遍认为经济民族主义泛滥会拖累全球的增长，但是不容否认的是，劳工阶层，特别是发达国家的工人阶层的获利在下降，这是一个事实。分析认为，过去 30 年来世界贸易的经济贡献率达到 20% 以上，但如果贸易保护主义持续蔓延，从 2011 年到 2020 年，世界 GDP 增长将降到 1%。

第五，能源和资源日益紧张。各国面临着经济全球化条件下维护经济安全的新课题。国家的经济安全主要包括能源和资源安全、粮食安全、金融安全和主要产业的安全等等。近年来国际大多数商品不断降价，能源及其相关领域成为全球经济领域竞争的焦点。2002 年至 2006 年间，国际原油价格上涨 160% 左右，到 2008 年已经远远不止这个价格。天然气上升了 130% 左右，煤炭上升 100%，金属上升了 130% 左右。这些数字如果按 2008 年的价格计算，大概再加 1 倍。铁矿石、锡、银、天然矿石等的价格居高不下。国际能源资源的争夺愈演愈烈，全球面临能源资源的需求扩大与供给不稳定的矛盾，而且还在扩大。

在经济全球化背景下，国际贸易正呈现出一些新的发展特点。

第一个特点是国际贸易已经成为当今世界经济增长的发动机。新世纪以来，国际贸易在高速增长，规模在急剧扩大，在各国经济发展中的作用越来越重要。2000 年至 2006 年世界货物贸易的年增长率达到 5.5%，两倍于同期世界产出的增长。2006 年国际货物贸易增长 8%，比同期世界 GDP 的增长高出 1 倍以上。在这一时期，世界服务贸易额也从 1.5 万亿美元增长到 2.7 万亿美元，年均增长 12.7%。国际货物贸易和服务贸易的出口在世界总产出的比重大幅上升，世界总出口额占世界 GDP 的比重，1980 年仅为 21.79%，2001 年上升到了 24.67%，2006 年达到了 31.68%。6 年内上升了 7 个百分点，是过去 20 多年来增幅的 2.4 倍多。2001 年至 2006 年世界贸易依存度从 48.4% 提高到了 60.8%，其中出口依存度从 24.1% 提高到了 30.6%，同期发达经济体的依存度从 46% 提高到了 56.5%。发展中国家由 57.6% 提高到了 73.4%。贸易依存度的大幅度上升表明各国市场开放程度的显著提高，也表明对外贸易在世界经济发展中的作用越来越重要。

第二个特点是国际贸易主导着国际产业的重新布局和分工。上个世纪 70 年代以前的国际分工模式是由发展中国家提供能源、资源和原材料，发达国家提供工业制成品，现在演变成一般发展中国家提供能源和资源，中等的新兴经济体提供大部分的工业制成品，而发达国家提供关键的技术、关键的零部件、高端产品和服务，当然也包括管理、资金市场等等的模式。

发达国家继续处于国际产业链的高端，也是整体产品利润链中最大、最高部分。全球 100 个大品牌几乎为发达国家所拥有，世界制成品占总出口的 70.1%，北美制成品出口比例超过 73.5%，欧洲的比例为 78.4%。在服务出口方面，欧盟 25 国合计占到世界份额的 52.4%。东亚依靠良好的配套条件，高素质的劳动力，成为制造业国际转移的明星，吸收外资占发展中国家的 55% 左右，亚洲制成品出口比例高达 81.9%。与此同时，中东、非洲和独联体国家 2/3 出口依靠燃料、油和矿产品。中南美洲农产品出口占到 24%，燃料和矿产品占到 42.4%。最不发达国家的 3/4 出口收入来源于初级产品。

另一方面，从进口结构看，发达国家仍然是主要的最终消费品市场，但是金砖四国等新兴经济体的重要性更加凸显。在国际贸易体系当中一个国家的进口能力而非出口能力决定了它的地位。这一点从我们和美国的贸易关系当中能够看出来，并不是谁出口多谁重要，而是看谁能够吸纳更多的进口产品。我们对美国的出口大概是 20% 左右，加上香港的转口贸易，估计在 28%—30% 之间。[①] 在世界进口额当中，美国占 15.8%，欧盟 25

---

① 据统计真正的数字我们 2007 年大概是 2600 亿美元，我估计至少要加上 800 亿—1000 亿美元的样子。这就和美国统计大体上差不多。如果有点分歧，就是香港港口统计口径比我们高，有一个加价的过程。所以，严格来说，欧盟是我们第一大出口地区，但是美国还不是根据我们统计的 1/5，是比 1/5 还要多。

国为 39.2%，日本为 4.8%，三者合计高达 60%，也就是全球所有的进口中 60% 是这三个经济体所吸纳的。世界贸易进出口的一半以上为 10 个发达国家所拥有，金砖四国的进口份额从 2001 年的 6.3% 上升到了 2006 年的 9.9%，尤其是中国的进口份额在 10 年内翻了一倍。

第三个特点是国际贸易内涵在发生质变。主要表现是：一是呈现出强劲的信息化趋势，信息技术的发展使得企业管理者运筹帷幄，决胜千里之外的梦想成为现实，极大地推动世界经济一体化的发展。举一个电话费的例子。1930 年至 1990 年，纽约到伦敦 3 分钟的电话费从每分钟 244 美元降到了 3 美元，目前恐怕是几美分。技术极大地促进了信息和交易的发展，使得很多东西变得非常及时，而且几乎是免费的。另外一个例子就是互联网和全球移动电话。国际电讯联盟预测，到 2008 年全球移动电话数量可以达到 20 亿部。

二是服务贸易比重日益上升。1990 年全球还只有 12% 的服务业进入国际贸易，而在 2000 年到 2006 年间，世界服务进出口年均增长 11%，2006 年世界服务出口额达到 2.76 万亿美元，服务进口额达到 2.6 万亿美元，分别比上年增长了 12% 和 11%，世界服务贸易结构发生了很大的变化。运输、旅游等传统部门的比重在下降，信息、金融、研发等新兴服务业的比重由 1990 的 37.5% 上升到了 2006 年的 50%，在服务业中，新兴行业发展非常快。

三是加工贸易成为当前国际贸易最重要的方式。加工贸易本来仅指原材料或原料，进口后经过加工再出口的贸易方式。我这里阐述的概念比这个要宽，实际上是全球配置资源，全球成本和利润找到最佳的安排方式的生产链。国际贸易发展的一个显著特征是零部件贸易得到了前所未有的发展，贸易额年均增长 14%，占全球制成品贸易的比重从 17% 增长到了 23%。全球生产体系的含义就是一个产品多国生产，零部件制作和加工分散在许多国家进行，表现在国际贸易当中就是加工贸易的不断增加。如波音 747 飞机的制造需要 4 万多个零部件，由 65 个国家的 1500 多个大型企业和 1.5 万多个中小型企业提供。

第四个特点是跨国公司在国际贸易中的作用更加突出。2003 年，跨国公司有 6.1 万家，子公司达到 90 万家，占全球生产的 40%，直接投资的 90%，贸易的 60%，技术交易的 80% 和高新技术研发的 95%。跨国公司内部贸易影响也越来越大，根据联合国贸发会议的估计，目前公司内部贸易大约占世界贸易的 1/3。

国际贸易带动了与贸易相关产业的快速发展。一是国际航业的高速发展。我们班里可能有从事这方面工作的学员。船买的越来越大，货单越来越多，运费还越来越高。当然，这里有油价的原因，但是更重要的是市场的需求。二是会展业的迅速兴起。三是金融服务业的发展。全球国际结算业务量、贸易融资量，本外币的保函、保理业务等均取得了巨大成绩。在贸易全球化的趋势下，整个产业结构正在发生急剧的变化，行业的分工越来越细致。

第五个特点是国际贸易摩擦也随着贸易发展日益增多。1997 年亚洲金融危机以来，一方面发达国家经常项目逆差不断地扩大；另一方面新兴市场和发展中国家的顺差在不断地增加。逆差方面，从 1995 年到 2006 年，全球逆差分布高度集中化，2006 年美国经常项目逆差占全球的 60% 以上，逆差最多的 5 个国家，逆差占到全球的 80.2%。顺差方面，也在迅速地集中到少数几个国家。1995 年经常项目顺差最多的是日本，占到全球总顺差的 40%，顺差最多的 5 个国家顺差之和占全球的 70%。2006 年中国取代日本成为最大的经常项目的顺差国，占全球贸易顺差的 17.3%、日本占 11%，其次是德国、沙特和俄罗斯。由于贸易失衡，导致贸易保护主义抬头，主要表现在：

一是反倾销的滥用。据世贸组织统计，1995 年到 2007 年的上半年，世贸组织成员反倾销立案累计达到 3097 起，最终采取反倾销措施的累计达到 1997 起。其中，有相当多的案件属于反倾销的滥用，导致国际贸易的摩擦频繁发生，仅世贸组织成立以后受理的反倾销争端就有 60 多起，占其受理总额的 16%。

二是歧视性的技术壁垒迅速增多。产品质量安全、环境保护、卫生、检验检疫等技术性的贸易壁垒层出不穷，尤其是发达国家依靠先进的技术水平，不断提高技术门槛。比如近年来欧盟实行耗能的产品指令、有毒有害的物质指令、废弃电子电器的指令、化学品的指令等等。尽管这些指令是出于节能环保的考虑，但是由于其标准过高，客观上影响了第三国特别是发展中国家的贸易计划。日本两年前出台的肯定列表制度，就是以其苛刻的技术标准，限制中国和其他国家农产品对日本的出口。越南、印度、墨西哥等发展中国家也在加紧制定并且实施技术性壁垒。根据世贸组织的统计，该组织成员通报的技术性贸易措施和卫生检验检疫措施，分别从 2002 年的 571 项和 612 项增加到了 2006 年的 990 项和 1155 项。这是一个趋势。

　　三是不正当的贸易保护措施增加。包括美国的"三三七"，包括知识产权方面的问题，包括世贸组织解决机制的问题。对中国来说最新的一个趋势就是反补贴案的增多。从 2006 年 11 月份，美国首开对中国的反补贴案之后，到目前已经有 9 起立案，这也是在世界贸易史上非常罕见的一个现象。并且都是双反调查，即反倾销和反补贴调查。反倾销一般主要是企业行为，反补贴主要针对的是政府行为。在美国对中国的反倾销反补贴调查当中，主要涉及的是中央层面和地方层面的补贴，包括我们大家很熟悉的债转股，技术改造当中的贴息、免税。比如航空航天关键企业得到的优惠措施，如低息贷款、土地、环境等，这都认为是补贴。反补贴的形势非常严峻，在美国之后，加拿大又开始对过去已经审结的案件应企业和行业的要求，再次重新调查补贴。而且提出的补贴内容完全是参照美国的。还有澳大利亚，它是承认中国市场经济地位的。它对中国的卫生纸开启了首例的双反调查，并且正式通知中方进行磋商阶段，目前已经立案了。

　　第六个特点是国际贸易全球的协调日益重要。在国际贸易当中，作为全球化的另外一个产物，就是无论参与全球化的程度如何，无论是在哪样的发展阶段，在这个大形势下，所有的世界主要贸易伙伴都面临一些共同的问题，全球的协调变得非常重要。环境保护的问题，知识产权保护的问题，国际金融协调的问题等等，都是全球性的问题。这些问题深刻影响着国际贸易的流向，对现行国际贸易格局和利益带来重大的挑战，而且没有任何一个国家能够单独地应对和解决，包括美国需要各国紧密地协作和配合，需要国际规则的约束和规范。另一方面，多双边贸易合作对贸易的影响越来越大，各国经济相互依存普遍地加深，更需要互相了解、加强协调。

　　为解决各国贸易经济联系日益密切过程中产生的各种复杂的矛盾和摩擦，需要建立和完善国际经济的协调机构，主要包括多边和区域两个层次。其中多边经济协调机制中起主要作用的是大家所熟悉的世贸组织、国际货币基金组织和世界银行，被称为当代世界经济的三大支柱。与此同时，在多哈回合谈判受阻，多边贸易体制面临考验的情况之下，派生出来的就是区域的合作、区域的协调在加强，同样也是为了解决刚才所说的这些问题。多哈回合谈判的内容主要是要进一步制定促进市场开放的措施，并对现有国际贸易规则进行较大的修改和规整，包括贸易救济措施方面的政策。其中最主要的分歧就集中在农业和非农产品市场准入问题上。大多数成员要求美国削减补贴，要求欧盟降低农产品的关税，而美国和欧盟则要求印度、巴西等发展中国家，提高非农产品的市场准入，这就是核心的问题所在。但是多哈回合在当年就被认为是发展回合，主要解决发展中国家的关注。而且，大家有一个共识，只要农业问题的谈判没有突破，其他谈判是很难进展的。现在恰恰就是欧美在农业谈判上是口惠而实不至。都说要推动，有的甚至把非农谈判和它绑在一起谈，我们是坚决反对的，这两个不能对等去谈，因为这不符合发展中国家利益。

二 | 我国外贸发展和面临的新形势

首先，简单介绍一下改革开放以来我国对外贸易发展的巨大成就。1978 年中国进出口额 200 亿美元，到 2007 年为 21730 亿美元，增加了 105 倍，年均增长 17.4%，世界排名由当年的第三十二位上升到了第三位，出口由第三十四位到了第二位。

加入世贸组织 6 年来，外贸的增速高达 27.5%。有些行业，比如说汽车、钢铁、农业当时是一致认为不看好，但是 6 年以后发展的方向完全是相反的，主要不看好的行业恰恰成为我们主攻的行业。比如说汽车就是个例子。当年我们谈 25% 的关税时，外经贸部压力非常大，当时汽车关税是 100%，到 2005 年要减到 25%，这在当时是很难接受的。因为 25% 远远低于当时一般发展中国家的汽车关税。去年大概我们出口 60 多万辆车，有 1/3 是轿车，主要是客车，载重车和其他的车大概不到 200 亿美元。现在我们在数量和金额上完全是汽车的进出口国。

还要说的是贸易额 100 亿、1000 亿、1 万亿（美元）的概念。讲 100 亿意义不大，冷战时期，西方封锁我们，当时国际贸易是一种局部国际贸易，主要在当时的社会主义阵营国家里。从 100 亿到超过 1000 亿，我们用了 15 年时间，到超过 1 万亿美元我们只用了 16 年的时间，这在世界外贸史上是十分罕见的。美国从 1972 年的外贸超过 1000 亿到 1992 年超过 1 万亿，用了 20 年；德国走完这段路用了 25 年；日本用了 30 年。我国已连续多年成为世界上纺织品、服装、鞋、钟表、自行车、玩具缝纫机等劳动密集型产品的第一大出口国。近年来，机电产品的彩电、DVD、录音机、电扇、电冰箱、摩托车、显示器、空调机、集装箱、磁头等出口也升到了世界的首位。

其次，就是贸易结构不断优化。2007 年我国出口 1.2 万多亿美元当中，有 7000 多亿美元是机电产品，其中高新技术产品占到了将近 30%。

第三，外贸对国民经济的贡献日益增强。一是促进了经济增长。出口占国内生产总值的比重已经由 1978 年的 4.6% 上升到了 2007 年的 37.5%，据测算，出口对经济增长的贡献率大约在 15%—20%，拉动经济增长平均在 1.5—2 个百分点左右。二是增加了国家收入。2007 年进出口税收占全国税收总额的 16.6%，成为我国税收的第二大来源。涉外企业税收占全国税收收入的 21%。三是扩大了社会就业。根据测算，我国平均每 1 亿美元出口，可以创造 1.5 万个就业岗位。2007 年出口 12180 亿美元，粗略计算可以解决 1.82 亿人的就业，其中加工贸易劳动力在 3500 万人以上。四是增加了外汇储备。从 1990 年开始，我国扭转了进出口贸易长期处于逆差的状况。2007 年末，国家外汇储备达到 1.52 万亿美元，比 1979 年的 8.4 亿美元增长了 1810 倍，居世界第一位，对防范风险和维护国家安全起到了极为重要的作用。五是弥补了国内资源的不足。我国已探明资源的人均占有量只是世界平均水平的 58%，居世界的第五十三位。2007 年我国进口的重要资源性商品中原油为 1.63 亿吨，铁矿石为 3.83 亿吨，铜为 278 万吨，氧化铝 512 万吨，大豆为 3082 万吨。

第四，外贸提升了我国的国际地位和影响力。我国对世界贸易增长的贡献率从不到 1% 扩大到了 11%，我国还为世界各国提供了巨大的市场空间。中国已经连续 5 年成为全球第三大进口市场。根据有关经济体和世贸组织统计，中国成为其第一大贸易伙伴的有 5 个经济体，为其第三大贸易伙伴的有 28 个，为其第五大贸易伙伴的有 56 个。我国是日本的第一大、美国和欧盟的第二大、东盟的第四大贸易伙伴。大国与我国纷纷建立高层谈话机制，处理双方在经贸之间的矛盾和摩擦，比如中美战略经济对话、中日高层经济对话。我国在世界贸易格局当中所占的重要份额有力地配合了我国的外交战略，使"中国需要世界，世界需要中国"变成了一个真正现实。作为大国俱乐部的八国集团已经四次邀请我国领导人参加峰会。

我国对外贸易发展面临新的形势。2008 年我国将迎来改革开放 30 周年，回顾过去展望将来，我国的社会主义事业正处在一个新的时期和新的历史起点上，这也意味着我国外贸发展正面临着一个新的战略机遇期。引用党的十七大报告的一句话来形容和概括，那就是："机遇前所未有，挑战也前所未有，机遇大于挑战。"我觉得形容中国外贸发展的形势，这句话也是非常准确的。

首先，是我国对外贸易发展正面临着新的机遇。主要有四个方面：

第一，世界经济增长的大趋势不会改变。虽然美国爆发了次贷危机，但经济全球化趋势、国际分工继续深化的格局都不会改变。特别是新兴市场国家有望继续保持较快增长，这将为我国继续扩大开放，提升开放型经济水平提供一个较大的空间。

第二，服务业转移的势头正在兴旺。当前全球化显著的特点是国际服务业正在由发达国家向新兴经济体进行大规模的转移。2002 年以前，服务业跨国投资占 FDI 总量的比重一直保持在 65%—70% 左右；2003 年至 2006 年全球服务贸易出口总增长率超过了 10%；2006 年世界服务贸易出口 27108 亿美元，占全球出口的 18.9%。全球的服务外包发展如火如荼。联合国有关报告指出，全球外包市场估计正在以每年 20%—30% 的速度递增，2008 年全球服务外包市场规模将达到 1.2 万亿美元。

新一轮服务业跨国转移，为我国提供了重要的发展机遇，我国已经具备了进一步承接服务业国际转移的基本条件。主要优势是我国具有良好的宏观经济发展环境和巨大的市场，庞大的制造业创造了巨大的服务需求，增强了我国对跨国公司的吸引力。我国拥有质优价廉的人力资源，拥有较好的信息基础设施、较强的信息技术产业支撑和拥有良好的开放环境，沿海发达地区在制度创新和特殊功能区域开发方面走在了前列，具备在服务业全面实施开放带动战略的基础。一些国际机构将我国列为跨国公司进行服务转移和服务外包较有潜力的新兴的目标市场。

第三，我国参与国际竞争能力大为提高。30年的改革开放使我国已经逐步成长为一个充满生机

名词解释

服务贸易

　　服务贸易又称劳务贸易，与货物贸易相对，指国与国之间互相提供服务的经济交换活动。包括跨境交付、境外消费、商业存在、自然人流动四种形式。

名词解释

外包市场

　　外包是企业将组织的非核心业务委派给外部的专业公司，以降低营运成本，提高品质，集中人力资源，提高顾客满意度。外包市场是 20 世纪末由于专业分工的发展而新兴的行业和市场。

和活力的发展中经贸大国。我国贸易量居全球第三，国民生产总值占全球第四，实际利用外资 2007 年超过了 740 亿美元，是发展中国家利用外资的首位。2007 年我们对外直接投资达到 187 亿美元，这也是近几年悄然发生的变化。

在经济总量规模不断扩大的同时，我国的制造业竞争力明显提升，基本形成了门类齐全、产业链相对完整的产业体系，具有了一批在国际市场上有较强竞争优势的产业。目前我国第一、第二、第三产业的规模分别名列世界第一、第三和第七。产业配套能力位居世界前列。我国钢铁、纺织、电子信息和石化产业已经成为在国际市场上具有较强竞争力的产业。特别值得一提的是，2007 年我国高技术产业实现增加 1.9 万亿元，占国内生产总值的 7.8%。我国高技术制造业的规模已经位居世界第二，国际市场份额居全球第一。我国正成为世界高新技术成品的重要生产基地，并开始向研发型的基地转型。我们工业行业 10 年前开始的一轮蜕变，最痛苦的蜕变已经基本完成，现在制造业普遍已经起来了。中国的产业门类齐全，配套能力很强，这是中国吸引外资很大的优势。

第四，我国在国际规则的制定中的话语权在显著增强。2001 年 11 月在卡塔尔多哈举行的世贸组织第四次部长级会议上，我国成为世贸组织新成员。2003 年世贸组织总理事会议上第一次以会议成员正式参加，并且与印度、巴西等发展中国家形成了谈判集团，就是发展中国家的 20 国协调组，增强了发展中国家在农业的集体谈判力量。2005 年 12 月 18 日在香港举行的世贸组织第六届部长级会议，中方作为主办方做了大量的协调工作，使当时香港部长级会议成为多哈谈判的重要推手。这在当时得到了包括世贸组织总干事拉米和发达国家成员、发展中国家成员一致公认的积极的建设性桥梁作用。此外，我国还积极参与八国集团经合组织、世界银行、国际货币基金组织、上海合作组织等国际和区域性的多边组织开展合作，发挥着越来越重要的作用。

我国对外贸易面临的挑战。

首先，是世界经济发展的不确定性在增长，我国宏观经济和对外贸易的发展和运行面临较大的风险。美国次贷危机的影响愈演愈烈，加剧了世界经济下行的风险。受次贷危机的影响，美元出现了急剧下跌的态势，今年以来美元贬值速度进一步加快，对欧元贬值累计近5%，对日元贬值累计超过8%，对人民币贬值累计近3%。美元的不断贬值加大了全球性的通货膨胀压力，造成以美元计价的能源、矿产和粮食等大宗商品的国际价格一路飙升、屡创新高。纽约期货交易所原油期货价格最高时突破了110美元一桶，今年累计涨幅达到14%，铁矿石长期协议价格上涨65%。芝加哥大豆期货价格较年初上涨30%，全球大米价格目前已达到创纪录的高位，泰国米到了1000美元一吨，而且还不能全部满足供应。主要发达国家通胀呈上升趋势，美国1月份CPI上升4.3%，高于去年同期2.2个百分点，欧元区2月份上涨3.2%。亚洲开发银行本月最新预测指出，亚洲地区的通胀率将可能升至5.1%，为1998年亚洲金融危机以来触及6.1%后的最高值。通货膨胀将成为该地区面临的最大经济风险。

世界经济新型的风险在加大，外部市场的需求在减弱，将影响我国外贸，特别是出口的平稳增长，这会加剧我国产能过剩，加大我国国内的通胀压力和就业压力。另外，美元持续贬值一定程度上加大了人民币的升值预期，美国与我国货币政策的反调整加大了中美之间的逆差，可能导致大量的国际热钱流入，迫使央行投入更多的基础货币，从而使得我国加大从紧货币政策的实施力度，影响实体经济的运行。

其次，是我国的比较优势正在悄然地发生变化，一直以来我们都认为中国是地大物博，拥有资源、土地、劳动力等多种比较优势，30年的发展历程中我们逐渐认识到我国的比较优势在逐步减少。

一是资源禀赋的优势在下降。我国人均耕地只有 1.4 亩，不到世界平均水平的 1/6，人均水资源是世界人均水平的 1/4，列世界的第一百二十一位，是 13 个人均水资源最贫乏的国家之一。我国 45 种主要矿产的现有矿储量能保证到 2010 年需求的只有 24 种，能保证到 2020 年需求的只有 6 种。我国能源资源单位消耗量高，我国单位 GDP 的能耗比世界平均水平高 2.2 倍，比美、日、欧分别高出 2.3、4.5 和 8 倍，比印度还要高 0.3 倍。

二是综合成本的优势在下降。近几年来，国家先后四次下调部分商品的出口退税率，对钢铁、焦炭等 142 个税目的商品加征了出口关税，出台了新的加工贸易限制类的目录，实行加工贸易部分产品的保证金，并开始实行从紧的货币政策，外贸企业的经营环境骤然变紧，这是很新的现实情况。近一年多来，人民币加速升值，虽然不少企业的出口规模同比仍有增加，但是利润却在不断下降，劳动力价格的低廉成本是我国的比较优势之一，仅相当于发达国家的 3%—4%，新型国家的 10%，但是近年来劳动力成本普遍上涨，东南沿海地区一线工人月工资普遍上涨 200 元至 400 元不等。

三是能源资源价格高企。2001 年至 2007 年世界能源资源商品价格上涨较快。

四是国际收支平衡压力加大。大量的顺差意味着外汇供给的增大、外汇储备的增多，既形成对人民币升值的压力，也可能进一步加大国内通货膨胀；宏观调控难度加大，央行需要投入大量的基础货币来吸收外汇，形成大量的外汇账款，使得我国的货币政策的独立性大大降低；大量短期资本流入，既滋长了泡沫又加大了潜在的金融风险。由于我国资本项目没有完全放开，资本项目的调节力度有限，而贸易和经常项目的长期顺差会长期存在，我国调节收支平衡的任务在短期内是非常艰巨的。

我们国家经济的发展对我国外贸发展的禀赋提出了新的要求。一是就业的压力。每年我们新增就业压力 1000 万人左右，而且还有两亿农民工的剩余劳动力要转移，我们不能够使外贸出口骤然下来或下降太多，外贸不仅是我们吸纳大量就业的一个重要领域，也是我们吸收新增劳动力的一个重要领域。二是通过对外贸易的发展，特别是贸易的转移，往中西部的转移也是优化布局，起到区域间平衡发展的需要。改革开放 30 年，东中西部差距扩大主要是由于外向型经济发展水平不同造成的。10 个东部进出口大省区占到了我国进出口总额的 90%，剩下的 20 多个中西部省区只占了 10% 左右，利用外资中部和西部加起来不到 15%。三是需要保障供给，主要是两种资源、两个市场的问题。去年大豆进口 3000 多万吨，相当于节省东北三省所有的可耕地面积。有的同志讲为什么要进口这么多大豆，我们自己不能种吗？这就是一个粮食和油争地、粮食和棉花争地的问题，我们食用油的对外依存度已经到了 60%，在饲料方面依赖程度更高，我们提供不了这么多土地。

此外，在挑战方面我们还有一个困难，生产力要素价格的改革没有到位，比如环境成本、土地成本、劳动力成本、水电成本等企业运营的最基本的生产要素没有形成一个统一的市场。

三　国际贸易发展对我国的几点启示

1 正确认识我国贸易顺差

近年来，我国贸易顺差大幅攀升。2004 年为 420 亿美元，2005 年达到 1020 亿美元，2006 年达到了 1775 亿美元，2007 年顺差达到了 2622 亿美元。与此同时，外汇储备增加额连续四年超过 2000 亿美元，这里面除了顺差之外就是资本顺差的结汇。2007 年年末，外汇储备规模达到 1.5 万亿，相当于 2001 年末的 7.2 倍，跃居世界第一，我国国际收支顺差的不平衡在今后几年还会加剧。

　　如何看待我国的大额贸易顺差？从国际经验看，大国经济崛起一般都伴随着比较大的贸易顺差。德国从 1880 年至 2006 年所有统计的 127 年当中，有 74 年是顺差，其中贸易不平衡度超过 10% 的年份就有 12 年。日本从 1981 年以来连续 25 年顺差，其中贸易不平衡度超过 10% 的年度有 19 年。美国虽然现在是第一逆差大国，但在历史上曾经长期高居世界头号顺差大国的地位，从 1878 年至 1970 年的 97 年里头有 93 年是顺差，其中贸易不平衡度有 63 年高于 10%，有 26 年高于 20%，有 11 年高于 30%，有 5 年高于 40%，最高时竟然达到了 58.4%。可见我国外贸顺差持续的状况总体上是我国经济发展和工业化所处的阶段决定的，近两年才开始升高。这是一个非常重要的观点，也就是说贸易顺差实际上是我国经济和工业化发展到某一个阶段的特征。

　　当前用传统贸易上的利益比较关系来看顺差的多少，已经不能完全反映国际贸易当中真正的利益分配格局的现实，不是说贸易顺差多就一定拿到的利益是最大的，不是这样的。就拿美国来说，我认为美国谈中国的贸易顺差，从根本动机来说，从我国宏观经济内在的结构性看，国际收支持续大额双顺差是我国内部失衡的外在表现。我国与其他发展中国家和新兴市场经济体一样，经济运行中一些深层次的矛盾和问题没有妥善解决。

一是传统观念和制度缺陷、改革未到位等深层次原因导致国内有效需求不足。有效需求不足怎么办？肯定要依赖国外市场。庞大的生产和加工能力在固定资产投资增长过快，制造业产能迅速扩大的情况下，对出口依赖性必然会增加。二是国内投融资体制不健全，国内储蓄不能有效利用，使一些国内企业赴境外融资，扩大了资本流入。三是一些地方政策调整相对滞后，在落实科学发展观、保护劳工利益和生态环境以及土地资源的合理定价与使用方面出现的偏差，扭曲了成本、扩大了顺差。

我们的顺差是我们内部一些问题的外在表现。从全球化角度来看，我国国际收支的长期顺差，至少从现在开始起的顺差是全球经济失衡的一个表现。一是我国外贸顺差与国际贸易不平衡发展，以及国际顺差转移有直接关系。大家知道上世纪 90 年代以来，美国等发达国家不断增长的国内需求和发展中国家的出口导向战略使双方的贸易结构失衡，美国对东亚出现大量的逆差。同时日本和四小龙对我国的投资增加，也就是我们所说的第一轮的国际产业对我们国家的转移，就把四小龙和日本、韩国这些东亚国家对美国的顺差转移到了中国，我们对美的顺差很大程度上替代了东亚对美欧的顺差。二是全球流动性资金过剩是我国收支顺差的重要的外部因素。三是今年强烈的人民币升值预期使全球流动性千方百计地进入中国。2003 年至 2005 年人民币的升值预期，2005 年汇改之后人民币升值预期的实现和加快升值，股票、房地产市场的价格高起，使得全球流动性资金从各个渠道进入我国，进一步加剧了我国国际收支的不平衡矛盾。

从经济的基本面看，我国国际收支的双顺差最根本地取决于我国在全球产业分工中的地位，是我国国际竞争力提高和比较优势发挥的结果，这是一个事实。当然，在看到我国外贸顺差存在长期化、常态化的同时，我们必须正视当前外贸顺差增长过快给经济带来的两个突出矛盾：一是国际矛盾当中的贸易摩擦和冲突；二是我们国内在经济增长当中、宏观调控当中流动性过大的问题。

要缓解国际收支不平衡，我们认为今后要从五个方面着手：一是立足国际收支的总体平衡，积极支持对外投资；二是要立足制度化和便利化，有效地扩大进口；三是要立足引进技术和人才，扩大服务贸易进口；四是要立足区域合作，逐步推进人民币的国际化；五是要立足加快要素价格的改革，调整人民币的实际汇率，促进贸易的平衡发展。

2 转变贸易增长方式，从中国制造迈向中国创造

我们现在已经是名副其实的制造业大国，排在美国、日本、德国之后，制造业出口占全国外贸总额的91.2%，但主要从事的是低端产业，出口的机电产品大多是劳动密集型和技术含量较低的产品。包括我们很多高新技术产品的出口，许多核心技术也不在我们手里，目前我们的劳动生产率每人每年3.8万元，是美国、日本的4%，德国的5.5%。我国的科技创新能力比较弱，对外技术的依存度达到50%以上，本土机电产品出口企业在海外市场的专利申请数量不到世界的1%。贸易企业国际营销能力也不强。在我国出口的500强当中，名牌产品销售的比例只有6%，在世界品牌500强的排行当中，中国只有海尔、联想、央视和长虹四个本土品牌入选。对外贸易主要依靠的是规模和数量扩张，产品低成本的竞争力还主要来自于低工资、低土地成本和节能减排的缺位。所以，要把中国制造变成中国创造，既要做世界工厂也要做世界的研发中心，应该从几个方面着手努力。一是加快实施品牌战略；二是通过吸收和利用国外技术实现技术创新；三是充分利用跨国公司的技术外溢效应；四是积极承接国际高端制造业的转移，加快提升我国的制造业水平。

3 积极扩大进口，服务于国民经济又好又快地发展

一是能源资源的进口。我觉得我们不应该再对中国进口能源和资源采取什么限制措施，应当更为鼓励。举个例子，我国石油储备只相当于一周的石油净进口量，如果要达到国际能源署的成员国必须保持相当于90天的石油净进口量的标准，到2010年每年将多增加38亿美元的石油进口。

二是资本货物、投资品货物的进口。主要是指工业装备的更新和环保节能设备，以及节水、绿色食品、清洁生产、有机食品、生态农业等等这

方面的技术和设备的进口。

三是粮食和其他农产品进口。进口粮食和农产品实际上在某种意义上就是土地和水资源的进口。2005 年我国主要资源性农产品进口 180 多亿美元，占当年农产品进口总额的 63%；2005 年我国进口大豆 2659 万吨（这个数量相当于耕种国外 2.34 亿亩的耕地，约 4 个黑龙江大豆的播种面积即 2600 多万吨的大豆数量面积），2007 年我们进口数量到了 3087 万吨。2005 年进口棉花 257 万吨（相当于耕种国外的土地 3427 万亩，约两个新疆的棉区面积）。

四是生活消费品进口。中国的奢侈品市场年销售额统计有 20 多亿美元，2006 年中国奢侈品市场已占全球总消费的 12%，十年后中国在奢侈品市场的占有率将上升一倍，每年可增加 10 亿美元以上的进口。现在好多人到港澳去旅游，很多就是购物旅游，就是买国外高档消费品免税。

▲ 妥善应对贸易摩擦，维护我国的产业安全

首先，要用一种正确的平常心去看待贸易摩擦形势。世界第三的经济规模、全球出口第二的贸易规模，必然就会遇到这样那样的麻烦，因为你在改变着全球贸易的格局和利益分配的比例，改变着原有的关系，所以肯定一些矛盾和摩擦就会反映在你的国际贸易当中。要以平常心来看，尤其不要对它过分敏感。

其次，要区别对待。像欧美这些老牌的发达国家，它本身就是贸易救济措施和保护规则的制定者，我们就得和它讲规矩，就得按规则来；发展中国家对我们的一些贸易保护措施就应该更多地讲互谅互让、共同发展。

⑤ 积极承接服务业的跨国转移，推进新一轮对外开放

新一轮的开放当中一个亮点就是要积极承接服务业的跨国转移。这方面我们还是有很多优势的，不要丧失这一轮国际产业转移的机遇。借鉴我

国制造业发展的经验，在服务业扩大对外开放和市场准入方面我们应当做好以下的工作：

一是加大承接服务业跨国转移的力度，优化政策环境，创新服务业聚集区功能和制度设计，着力吸引跨国公司总部、研发中心、设计中心、营销中心和软件开发。

二是鼓励生产性的服务业直接投资，全面提升与外商投资的合作、合资水平，以促进生产型服务业的技术引进、管理创新。

三是积极有序引入战略投资者对目前仍带有垄断性的生产性服务业进行改革重组，促进其提高管理水平和服务效率。

四是大力发展服务贸易，适当扩大服务贸易进口，既为国内经济发展提供高质量的生产性服务投入，又引入市场的竞争机制，促进国内生产性服务业质量的提高和效率的改善。

五是支持有条件的国有企业，包括服务企业走出去，发展跨国经营，建立海外营销网络，开展海外并购，加强战略联盟，提升与国外高端生产性服务供应商的合作水平。

6 坚持互利共赢，营造良好的对外开放环境

一是我国是经济全球化的重要受益者，维护和完善全球经贸体系，坚持贸易自由化、投资便利化符合我国的根本利益。

二是加强与发达国家经贸往来的同时，注重与发展中国家开展经济技术合作，妥善处理与发达国家和发展中国家的关系。

三是应当主动承担与我国能力相符的国际责任。我们要客观地认识"中国责任论"，不能一味认为这是对我们的打压，要积极承担气候、环境等方面与我国能力相符的全球责任。在制定和调整国内财政、税收、货币政策时要考虑国际经济的影响，在注重国内宏观政策调控效果的同时也应当促进世界经济的稳定和增长，要把树立企业的国际形象作为重要任务来抓，积极引导企业的文明经商，主动用国际通行规则规范企业的经营行为，努力减少恶性竞争，避免非法竞争。敦促在海外经营的企业尊重东道

国的文化，守法诚信经营、热心公益事业、保护生态环境、承担相应的社会责任，这也是非常重要的。

　　同志们，以上是我对当前国际贸易和我国外贸发展的一些体会和认识，应当说不一定全面和准确，主要是利用这个机会和大家进行交流，不对的地方请同志们多给予批评和指正。借此机会我也要感谢各位企业负责人对商务部工作给予的支持和帮助，也感谢中国浦东干部学院给我们这个机会和大家进行交流，祝大家学习愉快，工作取得更大成绩，谢谢大家！

　　　　　　（本文根据课堂录音整理，并根据最新资料进
　　　　　　　行了适当调整和补充。）

经济全球化进入调整期条件下我国经济转型面临的新情况和新问题

王新奎

演讲时间：2008 年 6 月

作者简历：王新奎（1947—   ），浙江定海人，研究生学历，经济学博士，教授。现任政协上海市第十一届委员会副主席，全国工商联副主席，市工商联会长，上海对外贸易学院院长，上海市世界贸易组织事务咨询中心理事长、总裁。1995 年起任上海对外贸易学院院长。2006 年 11 月起，任政协上海市第十届委员会副主席，市工商联会长。2007 年 5 月起，任全国工商联副主席，十届市政协副主席，市工商联会长。2008 年 1 月，当选为政协上海市第十一届委员会副主席。

内容提要：从历史的角度来看，经济全球化的发展过程必然是一个世界经济均衡不断被打破，又不断建立新的世界经济均衡的过程。在世界经济从一种均衡状态转向另一种均衡状态的过渡阶段，世界各贸易大国之间的经济、政治，甚至军事矛盾会不断地激化，呈现出失衡条件下的危机状态。从当前及今后相当长的一段时期来看，由于各种矛盾的长期积累，从本世纪初开始，世界经济的失衡状态不断加剧，经济全球化面临调整。中国作为前一阶段经济全球化的最大受益者，在经济全球化的调整期，也理所当然地面临最大的挑战，表现在三个方面：中国成为经济全球化调整期各国关注的焦点；国内经济转型期的要素价格市场化改革的压力巨大；中央政府的宏观经济调控政策面临两难选择。在今后相当长的一段时期内，有国内和国际的诸多因素所决定，我国的经济和社会发展将面临一个十分艰难的转型期。

一 | 经济全球化已经进入调整时期

◢ 经济全球化发展的内在规律

马克思历史唯物主义原理阐明，不断深化的分工是推动社会生产力发展的最具活力的因素之一。目前，主要由发达资本主义国家推动的社会分工已拓展到全球的范围。

国际分工的不断深化必然引起全球性生产关系和上层建筑的变化，这种变化表现为以世界贸易组织为代表的全球多边贸易体制的确立和各种区域性和双边自由贸易协定的兴起，以及自由贸易思想和理论在全球范围内的广泛渗透。与经济全球化发展相对应，全球多边贸易体制进行了三次重大调整：以 1964 年启动的 GATT 肯尼迪回合谈判为标志，全球货物贸易关税水平大幅度下降；以 1974 年启动的 GATT 东京回合谈判为标志，全球货物贸易非关税壁垒逐步废止；以 1985 年启动的 GATT 乌拉圭回合谈判为标志，开始了全球服务业开放和服务贸易自由化的进程。与此同时，全球多边贸易规则也逐步强化。

上述全球范围内生产力、生产关系和上层建筑的变化催生了现代意义上的全球性跨国公司的出现。跨国公司的全球扩张活动推动了以资本流动为代表的，包括技术、管理、市场销售等在内的广义生产要素的国际流动，这种生产要素的国际流动带来国际投资和国际贸易的高速增长。战后以来，由跨国公司推动的发达国家向发展中国家的大规模产业转移过程依次为，上世纪 60 年代开始的劳动密集型制造业的转移高潮；80 年代开始的资本密集型制造业中资源密集部门的转移高潮；90 年代开始的高新技术产业劳动密集型制造部门的转移高潮；以及本世纪初开始的知识密集型服务业中的劳动密集服务部门的转移高潮。

国际分工的不断深化和生产要素的国际流动大大提高了资源配置的效

率和生产率，从而为参与经济全球化进程的各国带来了经济利益。发达国家通过经济全球化的进程获得了来自发展中国家的低成本的资本、土地和劳动等基本生产要素供给和分工的规模效益；而发展中国家则通过参与经济全球化进程获得了技术、经营和管理等稀缺的生产要素，加快了自身的经济增长和发展。尽管经济全球化的利益在发达国家和发展中国家之间、或发达国家和发展中国家内部各利益集团之间的分配是不均等的，但经济全球化趋势仍然成为促使战后世界各国，特别是发展中国家纷纷实行对外开放战略的根本动力。

自上世纪60年代以来的以发达资本主义国家为主导的经济全球化发展过程大致可分为三个阶段。第一阶段为上世纪60年代至80年代的局部全球化阶段。在这一阶段，由于受国际冷战政治格局的制约，这种经济全球化的辐射范围仅仅局限于少数采取资本主义市场经济体制的中小发展中经济体，虽然造就了诸如亚洲"四小龙"或"四小虎"这样的所谓经济奇迹，但对世界经济还没有带来全局性的影响。

第二阶段为上世纪90年代到本世纪初的经济全球化扩展阶段。在这一阶段，由于国际冷战政治格局的瓦解，随着一大批原实行计划经济或国家统制经济体制的发展中国家实施以经济市场化和对外开放为特征的经济体制转型，经济全球化的辐射范围迅速扩展到诸如中国、印度、巴西、俄罗斯等巨大发展中经济体或原计划经济体。随着这些巨大经济体逐步融入全球经济，从本世纪初开始，经济全球化对世界经济的全局性影响开始显现，其中，以中国经济的崛起对世界经济的影响尤为巨大。

第三阶段为本世纪初到现在：经济全球化进入调整期。

❷ 经济全球化条件下的世界经济与贸易增长

从整体来看，对最近一轮经济全球化发展的评价应该是积极的。具体表现为经济全球化推动了世界，特别是发展中国家经济与贸易的高速增长。统计证明，本世纪以来：

（1）**世界贸易快速增长，各国贸易依存度持续上升。** 2001年至2006年，世界货物出口规模从 6.2 万亿美元增加到 12.1 万亿美元，年均增长率高达 14.3%，几乎是同期世界国内生产总值年均增长率的 3 倍。这一时期，世界服务贸易额也从 1.5 万亿美元增加到 2.7 万亿美元，年均增长 12.7%。随着世界贸易的快速增长，各国的贸易依存度也不断上升。2001 年至 2006 年，世界经济对贸易的依存度从 48.4% 提高到 60.8%。同期发达经济体的贸易依存度由 46% 提高到 56.5%，发展中经济体的贸易依存度提高到 73.4%。贸易依存度的大幅度上升，表明各国市场开放程度的显著提高，也表明对外贸易在世界经济发展中的作用越来越重要。

（2）国际资本流动活跃，跨国并购方兴未艾。2001 年，跨国投资锐减，从 2000 年的 1.4 万亿美元猛降至 8259 亿美元。但 2003 年以后，跨国投资重新进入上升期。2003 年至 2006 年，国际直接投资从 5579 亿美元增加到 1.2 万亿美元，年均增长达 30.2%。作为国际直接投资的主要形式，跨国并购也重新活跃。2005 年跨国并购总金额达到 7163 亿美元，比 2001 年增长 20.6%，占当年国际直接投资总金额的 78.2%。与国际直接投资相比，国际间接投资更加活跃。2006 年，全球共同基金和对冲基金管理的资产高达 19 万亿美元，占全球国内生产总值的 40%。国际货币基金组织预计，目前国际游资达 7 万亿美元，占全球国内生产总值的 15%。

（3）经济全球化过程中，发展中国家经济增长成就显著。据联合国贸发会议的统计，2000 年至 2005 年，发展中国家出口年均增长率高达 14.1%，比发达国家高出近 5 个百分点。2002 年至 2006 年，发展中国家累计吸收外资 1.3 万亿美元，占世界利用外资总额的 31%。另据国际货币基金组织的统计，1997 年至 2006 年，发展中国家经济的年均增长率达 5.3%，几乎比发达国家高出一倍。最近 3 年，发展中国家经济的年均增长率高达 7.5%，是发达国家的近 3 倍。1990 年至 2006 年，发展中国家占世界经济的比重由 34% 提高到 48%，占世界贸易的比重由 20% 提高到 33%。其中，新兴经济体迅速崛起。据世界银行统计，2005 年中国、印度、俄罗斯、韩国、土耳其、墨西哥、巴西、南非、印尼、伊朗等 10 大新兴经济体均跻身世界经济前 30 强，国内生产总值总量为 7.2 万亿美元，占世界的

16.3%。被称为"金砖四国"的中国、印度、巴西和俄罗斯的崛起尤其令世人瞩目。

3 中国抓住了这一轮经济全球化快速发展的机遇

应该承认，中国是这一轮经济全球化发展的受益者。

上世纪 70 年代末，邓小平以革命家的伟大气魄和战略眼光，提出了对外开放的基本国策。从此，中国共产党领导全国人民开始了对外开放的伟大实践。我国对外开放的实践是顺应经济全球化趋势，抓住国际产业转移的重大机遇，不失时机地制定并实施对外开放战略，促进经济和社会高速发展的典型范例。

1978 年，以党的十一届三中全会提出对外开放的基本国策为标志，我国经济结束了长期封闭的状态。在以后的十年中，我国抓住了韩国，中国台湾、香港地区和新加坡等亚洲新兴工业化国家和地区产业结构升级，劳动密集型产业向外二次转移的机遇，在进行经济体制改革的同时，不失时机地通过建立深圳、珠海、汕头和厦门等经济特区，开放 14 个沿海城市并设立国家级经济技术开发区等对外开放战略，依托我国廉价劳动力资源极为丰富的比较优势，大力发展劳动密集型出口加工业，开始进入国际分工序列，参与经济全球化进程。这一阶段的对外开放为我国的经济增长注入了活力，给经济体制改革提供了样板和经验，支撑我国度过了经济体制改革最为关键和艰难的时期。

以 1992 年邓小平南方讲话为标志，我国进入了扩大开放阶段。在这一阶段，我国抓住了发达国家资本密集型制造业和高新技术产业劳动密集型制造部门国际转移的高潮，在实施社会主义市场经济体制改革的同时，以上海浦东开发开放为契机，实施一系列鼓励扩大开放的特殊政策，大力发展以出口为导向的资本密集型制造业和高新技术产业劳动密集型部门制造业；与此同时，开始实施"走出去"战略，对外开放由沿海扩大到内陆；商业零售、银行、保险、证券、电信等服务业进行了对外开放的试点。在该阶段，外资开始大规模流入，对外贸易持续增长，贸易结构持续优化。这一阶段的对外开放使我国更进一步地参与经济全球化进程，在国际分工序列中的竞争地位明显上升，综合国力大为增强，并为我国加入世界贸易组织、全面参与经济全球化积累了经验。

2001 年，以加入世界贸易组织为标志，我国的对外开放开始进入以局部政策性开放为主的阶段转向以全方位体制性开放为主的阶段。在这一阶段，我国抓住了发达国家知识密集型服务业中劳动密集型服务部门国际转移的机遇，在贯彻落实科学发展观的同时，实施沿海地区以发展现代服务业和先进制造业为方向的产业结构升级战略、东北老工业基地振兴战略、中西部地区大开发和环渤海地区开发开放战略，形成了东、中、西部联动，按产业梯度展开的全方位对外开放的格局。这一阶段的对外开放使我国的综合国力大幅度提升，社会主义市场经济体制进一步完善，为新世纪新阶段全面参与经济全球化奠定了坚实的基础。

近 30 年来，我国对外开放取得了举世瞩目的成就，极大地促进了社会生产力发展，综合国力和人民生活水平明显提高，成为从经济全球化中受益最大的发展中国家。主要表现为：

（1）**对外经贸发展迅猛。**1978 年至 2006 年，对外贸易增长 84 倍，成为世界第三贸易大国；累计利用外资 6855 亿美元，位居发展中国家之首；对外经济合作年营业额从 0.3 亿美元提高到 357 亿美元，增长了 1189 倍；对外投资实现历史性突破，截至 2006 年年底对外直接投资累计净额达到906 亿美元，当年投资额居世界第十三位。从横向比较看，我国成为这一时期世界上外经贸发展最快的国家。

（2）**促进了国民经济增长和就业的扩大。**1980 年至 2006 年，我国经济的对外贸易依存度从 10% 上升到 66%，进出口贸易对国民经济增长的拉动作用不断提高。2006 年，我国关税和进口环节税收入达到 6099 亿元，涉外税收收入达到 7977 亿元，两项合计占全国税收总额的 41%。目前我国与进出口直接有关的就业人数达 8000 多万，加上间接相关人员，解决社会就业至少在 1 亿人以上。外资企业就业人数超过 2400 万，占全国城镇就业的 10% 以上。

（3）**加速了我国经济的工业化和现代化进程。**通过利用外资和引进国外先进技术，建立了大量新产业，改造了许多传统产业，成为世界重要的制造业基地，国内产业的技术水平也有了很大的提高。1980年，我国工业增加值占世界的比重只有0.2%，居世界第十二位；到了2005年，该比重上升到8.2%，仅次于美国和日本，居世界第三位。

（4）推动了国内改革。对外开放带来了先进的市场经济意识和管理经验，提供了大量的外汇和资金支持，国际竞争也为改革提供了强大的动力。对外开放有力地促进了社会主义市场经济体制的建立和完善。此外，对外开放还开阔了人们的视野，促进了中外科技、教育和文化交流，推动了整个社会文明的进步。

（5）提升了我国的国际地位和影响力。对外开放使我国贸易和经济占世界的比重大幅度上升，对世界贸易和经济发展的贡献显著提高。2006年，我国对外贸易占世界的8%，国内生产总值占世界的5%，对世界经济增长的贡献超过了11%。随着我国综合国力和经济实力的不断提升，在国际事务中的影响力大大增强。

我国在对外开放方面所取得的巨大成就得益于充分发挥处于社会主义初级阶段的发展中大国的独特优势，得益于有中国特色的社会主义制度的优越性，得益于不失时机地抓住了全面融入经济全球化的历史机遇。回顾我国对外开放的实践，有许多成功的经验值得总结。概括起来，主要有以下几点：

（1）始终坚持对外开放的基本国策不动摇。改革开放30年来，无论国际风云如何变幻，无论国内出现什么情况，党的几代领导集体都反复强调要毫不动摇地坚持对外开放的基本国策，领导全国人民牢牢抓住经济全球化的历史机遇，不失时机地调整并实施对外开放战略、推进经济体制改革，形成以开放促进改革，以改革推动发展，以发展支撑开放的良性循环机制，不断为经济社会的持续快速发展注入动力和活力。历史已经证明并将进一步证明，对外开放是中华民族走向富强的必由之路，必须毫不动摇地坚持下去。

（2）从实际出发，不断探索具有中国特色的开放道路。作为发展中的社会主义大国，我国的对外开放没有成功的先例可循。中国共产党领导全国人民从国情出发，积极探索，走出了一条具有中国特色的对外开放的成功道路。通过对外开放，摆脱了传统社会主义教条的束缚，打破了发展中国家依靠贸易保护谋求发展的传统模式，积极参与国际竞争，在开放和竞争中谋发展。我国创造的经济特区、经济技术开发区等新的对外开放模式，为丰富世界各国对外开放的实践做出了重要贡献。立足国情，开拓创新，是我国对外开放不断取得成功的重要法宝。

（3）充分发挥比较优势，积极承接国际产业转移。改革开放初期，我国比较优势的基本格局是劳动力丰富、国内市场广阔而资本和技术短缺。立足这一格局，我国积极吸引外资特别是外商直接投资，大规模引进国外先进技术，承接国际产业转移，大力发展加工贸易和劳动密集型产业，成为世界重要的加工制造基地，带动了整个对外贸易和国民经济的发展。

（4）稳妥推进开放进程，切实维护国家经济安全。我国充分考虑国内产业承受能力，渐进开放国内市场，并设定合理过渡期。发挥经济特区、经济开发区和保税区的先导和示范作用，为全国的对外开放积累经验。以利用外商直接投资为主，严格控制国际商业信贷，审慎开放国内资本市场，有效防范国际金融风险。特别是在加入世界贸易组织以后，不失时机地从政府主导的政策性开放阶段转入以法律规范的体制性开放阶段，开放的重点领域也从地域开放转向产业开放、货物贸易开放转向服务贸易开放，保持了外部经济贸易环境的稳定，切实维护了国家经济安全。

二 | 当前世界经济失衡的机理及其表现

从历史的角度来看，经济全球化的发展过程必然是一个世界经济均衡不断被打破，又不断建立新的世界经济均衡的过程。在世界经济从一种均衡状态转向另一种均衡状态的过渡阶段，世界各贸易大国之间的经济、政治、甚至军事矛盾会不断地激化，呈现出失衡条件下的危机状态。从当前及今后相当长的一段时期来看，由于各种矛盾的长期积累，从本世纪初开始，世界经济的失衡状态不断加剧，经济全球化面临调整期。

当前世界经济失衡的机理。造成当前世界经济失衡的机理是全球要素市场价格的二元化结构。这种全球范围内要素市场价格二元化结构的具体表现为发达国家主导的垄断性技术和经营管理要素价格与发展中国家主导的竞争性资本、土地和劳动要素价格并存。

这种全球要素市场价格的二元化结构一方面驱动了以发达国家全球性跨国公司为主导的资本、土地和劳动密集型产业从发达国家向发展中国家的大规模转移；另一方面促使发展中国家实行更加开放的经济和贸易政策来推进本国的经济增长和现代化。与此同时，出自各自不同的动机，发达国家和发展中国家在促进全球贸易和投资自由化方面达成暂时的共识，以推进贸易自由化为目标的世界贸易组织全球多边贸易体制约束的对象不断地从货物贸易向服务贸易和知识贸易扩大，约束的范围不断地从贸易领域向与贸易有关的领域延伸拓展，约束的边界不断地从关境向关境内延伸。这种世界贸易组织全球多边贸易体制的发展集中体现在 1994 年达成的乌拉圭回合谈判的各项最终文件中。

于是，全球产业转移的需要推动了多边贸易体制的发展，而全球多边贸易体制的发展又刺激了更大规模的全球产业转移，在短期内形成了全球产业转移与全球贸易自由化正向博弈的经济全球化迅猛势头。但与上世纪60 年代至 80 年代的局部经济全球化阶段不同，由于像中国或印度这样的拥有巨大国土面积和人口数量的大型低收入水平发展中经济体融入全球分工体系，全球要素市场价格的二元化结构不可能在短期内通过要素的全球流动和价格均衡化过程得到纠正，相反，随着越来越多的发展中国家被卷入经济全球化，这种全球要素市场价格的二元化结构有越演越烈的趋势，加速世界经济失衡的不断累积。

当前世界经济失衡的表现。以 1995 年世界贸易组织全球多边贸易体制正式运行为标志，上述由全球要素市场价格的二元化结构条件下推动的经济全球化所导致的世界经济失衡越来越严重，具体表现为：

第一、国家间贸易收支严重失衡。在全球要素市场价格的二元化结构条件下发生的国家间，特别是发达国家与发展中国家间的产业转移一方面促成世界经济和贸易的高速增长，但与此同时也造成国家间高额贸易赤字与高额贸易盈余、储蓄严重不足与储蓄严重过剩并存的局面。主要是美国的贸易赤字居高不下，储蓄严重不足；而东亚国家和石油输出国则存在大量贸易盈余和储蓄过剩。2006年，美国贸易赤字高达8830亿美元，占国内生产总值的6.7%；而中国的贸易盈余高达1775亿美元，沙特阿拉伯为1440亿美元，俄罗斯为1410亿美元。

在目前的国际货币体系下，这种发达国家与发展中国家，特别是中国与美国之间贸易收支的严重失衡，再加上美国自共和党执政以来长期实行扩展性的赤字财政政策，使得巨额美元无法向美国回流，造成全球性的美元流动性过剩，美元大幅度贬值、全球通货膨胀和爆发金融危机的威胁日益增大。

第二、全球资源性产品价格急剧上涨。在全球要素市场价格的二元化结构条件下发生的国家间，特别是发达国家与发展中国家间的产业转移在推动发展中国家，特别是发展中大国的经济高速增长和经济规模以几何级数扩大，特别是，在全球要素市场价格二元结构的情况下，这种发展中国家的经济高速增长和经济规模的扩大带有粗放型和资源高消耗型的特征，由此造成对资源性产品的巨大需求。在全球资源性产品的短期供给缺乏弹性的情况下，势必带来全球资源性产品价格的急剧上涨。2002年至2006年间，国际原油价格上涨160%左右，天然气上涨130%左右，煤炭上涨100%左右，金属上涨130%左右。近两年来，这种全球资源性产品价格急剧上涨的势头越演越烈，特别是原油和粮食价格的持续超常规上涨对世界经济的稳定带来严重的威胁。

第三、多边贸易体制运转失灵。在世界经济严重失衡的情况下，发达国家与发展中国家之间达成的推进贸易自由化和经济全球化的短暂妥协迅速被打破。根据乌拉圭回合谈判的约定，2001年，世界贸易组织启动新一轮多边贸易谈判，即多哈回合谈判。计划于2005年1月1日结束。但由于各方分歧严重，进展非常缓慢，并且于2006年7月被迫宣布中止。各方的分歧主要集中在农业和非农产品市场准入问题上。由印度、巴西等组成的"20国集团"要求美国削减农业补贴，欧盟降低农产品关税，而美国、欧盟则要求印度、巴西等发展中国家提高非农产品市场准入，双方互不让步，导致谈判搁浅。2007 年 2 月份以来，谈判全面恢复，虽经美国、欧盟、巴西和印度等主要成员国多次磋商，但至今仍未打破在农业问题上的僵局。多哈回合谈判受阻严重挫伤了世界各国对多边贸易体制的信心，多边贸易体制正在经受前所未有的严峻考验。

经济全球化调整期的特征。 在全球要素市场价格二元结构长期得不到纠正，相反因越来越多的发展中国家被卷入经济全球化而越演越烈的情况下，各种市场和非市场的力量受自身利益的驱动自发地起来纠正全球要素市场价格二元结构，使经济全球化的发展进入调整期，并呈现出以下调整期的特征：

首先从非市场的力量来看，表现为反经济全球化思潮兴起，经济民族主义回潮。

经济全球化和贸易自由化虽然促成了世界经济和贸易的高速增长，但这种增长的利益在全球范围内和各个具体国家内部的分配是不平衡的。从理论上来看，这种利益分配的不平衡一般发生在贸易集团与非贸易集团之间。从全球的角度来看，贸易大国是经济全球化的收益者，而贸易小国则是经济全球化的受害者；从发达国家内部来看，全球性跨国集团，特别是技术密集型制造业和现代服务业的全球性跨国集团是经济全球化的受益者，而传统制造业和服务业的企业则是经济全球化的受害者；从发展中国家内部来看，出口替代产业和出口替代产业集聚地区是经济全球化的受益者，而进口替代产业和进口替代产业集聚地区则是经济全球化的受害者。上述各种力量汇集在一起，再得到环境保护、人权保护、动物保护、劳工权利保护等各种 NGO 的呼应，形成一股反经济全球化和经济民族主义的思潮和政治力量。

受上述反经济全球化和经济民族主义的思潮和政治力量的巨大压力，各国政府纷纷加强贸易保

名词解释

NGO

Non-governmental organization，即，非政府组织，20 世纪 80 年代以来在全球范围内兴起一种新兴组织形式，具有非政治性、非营利性、自治性和公益性。代表国家和市场之外的第三种力量——公民社会，又被称作 "第三部门"、"非营利部门"、"利他部门"。绿色和平组织、美国福特基金会、自然之友均为知名的 NGO。

护，各种贸易保护手段层出不穷，外资并购审查政治化倾向越发明显。

在反倾销、反补贴和保障措施等传统贸易保护手段仍被频繁运用的同时，产品质量安全、绿色壁垒、卫生、检验检疫等技术性贸易壁垒层出不穷，对于正常国际贸易的限制越来越大。尤其是发达国家依靠先进的技术水平，不断提高技术门槛。如欧盟近年来实施的耗能产品指令（EUP）、有毒有害物质指令（ROHS）、废气电子电气指令（WEEE）、化学品指令（REACH），尽管是出于节能环保的考虑，但客观上严重影响了第三国特别是发展中国家的生产成本和贸易机会。日本近年出台的《肯定列表制度》更是以苛刻的技术标准限制农产品进口，构成了实质上的技术壁垒。印度、越南、墨西哥等发展中国家也加紧制定并实施技术性壁垒。据世贸组织统计，该组织成员通报的技术性贸易措施和卫生检验检疫措施分别从2002年的571项和612项增加到2006年的990项和1155项，年均增长21.7%和24.9%，影响了世界贸易的正常进行。

各国以经济爱国主义等政治理由，阻止外资对本国企业的收购。近年来，美国国会以"中国威胁论"为由阻止我国中海油公司并购优尼科公司，以"反恐"为由阻止阿联酋迪拜港口公司并购美国港口；法国以"经济爱国主义"为由中止了英国米塔勒钢铁公司收购法国阿赛罗钢铁企业。美国的《2007年外国投资和国家安全法》，规定对涉及外国国有或国家控股企业的并购案要进行特别审查；德国酝酿以立法形式限制外国国家控股基金收购德国企业，这些都使外资并购的审查更加具有政治色彩。

其次从市场力量来看，表现为全球性通货膨胀方兴未艾，国际金融危机蓄势待发。

在全球要素市场价格的二元化结构条件下发生的国家间，特别是发达国家与发展中国家间高额贸易赤字与高额贸易盈余、储蓄严重不足与储蓄严重过剩并存的局面之所以能够在很长一段时期内得以维持，重要的是依靠目前国际货币体系的制度性安排。在这种国际货币体系的制度性安排下，美国可以利用美元作为国际主要支付、结算和储备手段的特权地位，用滥发美元的方法来平衡其巨额且日益扩大的贸易赤字，然后再以发行各种以国家信用做担保的金融衍生工具吸引美元的回流，保持其国际收支的

"恐怖平衡"。

美国在金融和货币政策上的这种以邻为壑的做法对世界经济造成两个严重后果：一是输出通货膨胀；二是转嫁金融风险。当各国对美国的国家信用因各种经济、政治和军事的因素而发生动摇地时候，这种"恐怖平衡"就会被打破，各种市场的自发力量会动员起来，释放通货膨胀和金融风险。当前美元大幅度贬值、全球资源性产品价格的超常规上涨、美国的次贷危机，从一个侧面反映了世界经济失衡的严重性。当然，通过上述市场的自发力量能够在一定程度上解决全球美元流动性过剩和生产要素市场价格二元结构的问题，但这种纠正扭曲的方法是一种"破坏性"的方法，对世界经济，特别是发展中国家经济将造成巨大的冲击和损害。

最后从政府的宏观经济和贸易政策的选择方向来看，鉴于反经济全球化思潮兴起，经济民族主义回潮；全球性通货膨胀方兴未艾，国际金融危机蓄势待发的现状，各国更加重视经济安全，不断完善风险防范机制，积极推动区域性贸易安排成为主流。在完善风险防范机制方面，各国的主要做法是：

一是为应对国际价格暴涨，主要做法是重视新能源的开发与利用，扩大能源资源的战略储备和发展期货市场规避价格风险。近年来，世界生物乙醇发展迅猛，美国玉米乙醇以每年超过 25%，欧洲甜菜乙醇和巴西甘蔗乙醇以每年超过 20% 的速度增长。丹麦目前 20% 的电力来自风能，该国计划到 2025 年使这一比例提高到 50%。日本更是采取技术开发资助、消费者补贴、产学研合力攻坚的举国体制，大力发展新能源。据日方预测，到 2010 年，日本对太阳能、风能、燃料电池的利用将分别达到 480万、300 万和 220 万千瓦；到 2030 年，对石油的依赖从现在的 50% 下降到 40%。美国上世纪 70 年代石油危机后即开始储备可供 90 天消费的石油，现储备的矿产资源超过 40 多种；日本实行官民并举的储备制度，一直储备有石油和铜、铅、锌、铝、铬、钴、钼、镍、钨等稀有金属，2007 年又增加了铂、铟和稀土三类物质；欧盟各国也有比较完备的石油和矿产资源储备制度。近年来，发展中国家也纷纷建立储备制度。印度通过立法于 2007 年开始建立 500 万吨的战略原油储备，波兰也开始建立石油和天然气储备制度。为应对能源资源价格剧烈波动，许多国家积极发展国内期货市场，并允许企业进入国际期货市场，利用期货套期保值，规避价格风险。

二是健全金融监管体系，防范国际金融风险。主要做法是：加强对外债的管理。拉美债务危机和东南亚金融危机后，新兴市场和发展中国家借用外债十分谨慎，不断加强对公共部门、外汇银行、非银行金融机构和公司部门的外债监管，完善外债统计，严格控制短期外债，协调外债和外汇储备之间的关系，外债规模得到明显控制，结构得到明显改善。1997 年至 2004 年，上述地区的外债实际增长率仅为 1%，短期外债的比例也控制在国际公认的比例 25% 以下。审慎开放国内资本市场，抑制国际短期资本流入。发展中国家通过对跨国流动征税、实行无补偿准备金、规定境内最短时间限制、引进改善监测统计系统等措施，进一步加强对国际短期资本流动的监管，更加审慎地开放国内资本市场。加强国际金融协调与合作。东南亚金融危机后，东盟与中日韩逐步建立和扩大货币互换机制、设立亚洲债券基金、开展各层次的金融政策对话和监督合作，以协调行动，共同应对危机。在最近发生的美国次债危机中，欧、美、日、澳等发达国家中央银行联手干预，对稳定国际金融市场、避免危机蔓延起到了很大作用。

三是加强外资并购审查，确保国家产业安全。许多国家出台相关法律法规，设立相应机构，加强对外资并购的审查。美国通过制定反托拉斯法、联邦证券法和一系列州级法律、规定进入重要行业的股权比重、成立外资审查委员会等综合措施，加强对外资并购的审查。近期又不断强化外资审查委员会的职能，并将审查领域从过去的国防工业扩大到农业、公共卫生、电信、能源、交通运输、金融、化工、危险材料、信息技术等属于"重要基础设施"范畴的经济部门。2007 年 2 月，俄罗斯制定了新的有关外资参股战略性部门的法律，规定外资不得进入 40 种行业和部门，尤其是要限制外资在大型油田、气田、金属矿藏和重要资源项目的参股比例，并将劳务引进、科技交流、金融服务、油气运输、高科技产品出口、能源出口等纳入国际经济安全的范围。2006 年，印度起草完成了《国家安全例外法》，将赋予印度政府更大权力以国家安全为由审查外资在印度的活动。埃及严格限制外资进入民航、军工、新闻、印刷、工程承包、进出口

经济全球化与对外开放

贸易、导游等相关行业。

与此同时，在世贸组织全球多边贸易体制运转失灵的情况下，世界各国纷纷另辟捷径，从自身的国家利益出发，积极推动和参与区域经济合作。据世界贸易组织统计，截至 2007 年 7 月 18 日，向该组织通报并仍在生效的区域贸易安排达到 205 项，其中 60% 是 2000 年以后出现的。2005 年，欧盟、北美自由贸易区和亚太经合组织三大经济集团的出口额总计达 6.8 万亿美元，相当于世界出口额的 98%。过去，区域经济一体化都是在发达国家和发展中国家各自内部进行的，即均为北北型和南南型的。以 1994 年成立的北美自由贸易区为开端，近年来发达国家与发展中国家之间的区域经济一体化即南北型区域经济一体化迅速发展。据世贸组织统计，在目前 205 个区域贸易安排中，有 80 多个是南北型的。其中，欧盟东扩之后便成为世界上最大的南北型区域经济一体化组织。

三　中国在经济全球化调整期面临的挑战

中国作为前一阶段经济全球化的最大受益者，在经济全球化的调整期，也理所当然地面临最大的挑战。这些挑战具体表现为：

第一、中国成为经济全球化调整期各国关注的焦点，体现在三个方面：

其一、成为反经济全球化思潮，经济民族主义的集中攻击目标。自中国加入世贸组织以来，一直是反经济全球化思潮和经济民族主义的集中攻击目标。各种形式的"中国威胁论"在全球范围内泛滥，不但恶化了中国与发达国家的政治和经济关系，而且对中国与发展中国家的关系也带来越来越大的负面影响。最近一个时期以来，西方发达国家的宣传媒体借中国北京奥运会圣火传递之际，极力丑化和攻击中国，煽动不明真相的民众支持藏独。这些宣传媒体之所以能够得逞，实际上是利用了西方国家一般民众中长期积累的以中国为发泄对象的反经济全球化和经济民族主义情绪。

其二、成为贸易保护主义浪潮的主要受害者。由于我国经济结构兼有发展中国家和发达国家的特征，在国际市场格局中既面临发达国家的竞争，也面临发展中国家的竞争，导致贸易摩擦频繁发生。据世界贸易组织统计，1995 年至 2006 年，我国累计遭受国外反倾销 536 起，占世界反倾销总量的 17.6%，连续 12 年居世界第一位。特别是 2005 年和 2006 年两年，我国遭受国外反倾销占世界的比重分别高达 27.9% 和 35.2%，呈明显的上升趋势。贸易摩擦的对象既包括发达国家，也包括发展中国家。1995 年至 2006 年对我国实施反倾销的经济体有欧盟等 41 个经济体，几乎囊括所有经济发展水平较高的发展中国家和发达国家。其中发达国家实施的反倾销占我国遭受反倾销总量的 1/3，发展中国家占 2/3。贸易摩擦涉及的领域既有农业和传统制造业，也有高新技术产业和服务业；既有一般的商品和贸易活动，也有知识产权、汇率、产业政策等体制和政策。

其三、成为纠正全球要素市场价格二元结构的主要责任承担者。今年 3 月 31 日至 4 月 2 日，美国经济政策学会的罗伯特·E.斯科特与美国卡托研究所的艾肯森就美国总统是否应在对华贸易上采取更加强硬的态度展开了书面辩论。其中，罗伯特·E.斯科特的观点最具代表性。他认为："中国是一个贸易保护国，其运用了所有力量以及资源来构建一个被认为造成有竞争力的出口强国。美国是中国最重要的出口市场。美国同中国以及其他国家的贸易逆差是自 2001 年中国入世后美国丧失了三百四十万制造业就业岗位的主要原因。"为此他建议："国会应当在美国以及世贸组织建立一个享有资源及授权的独立的政府机构以处理公平贸易的案件。我们必须坚持中国的生产商是在一个公平的环境下尽心竞争，如果我们做到这一点，美国的工人及商家将可以赢得贸易竞争的胜利。"

第二、国内经济转型期的要素价格市场化改革的压力。在当前经济全球化调整期，中国在承受巨大国际压力的同时，还面对如何调整在过去经济全球化高速发展形成的经济增长模式的严峻挑战。其中，最重要的是如何应对和调控目前日益加剧的通货膨胀趋势。

判断当前通货膨胀的趋势应从我国经济转型期的基本特征去把握。在从集中计划经济体制向市场经济体制转型的过程中，包括产品价格和要素价格在内的价格体制改革始终是改革的核心问题。从集中计划经济体制国家经济转型的经验来看，在价格体制改革的过程总是伴随着巨大的通货膨胀压力。可以说，价格体制改革的过程就是一个与通货膨胀作斗争的过程。

我国的经济体制转型采取的是渐进的方式，因此通货膨胀也表现为周期性和间歇性的特征。

从 1980 年设立深圳特区一直到 1995 年的汇率并轨，是我国进行产品价格体制市场化改革的时期，具体经历了从计划价格体制到价格双轨制，再到市场价格体制三个阶段。1980 年到 1989 年是通货膨胀的第一阶段，通货膨胀率从 1978 年的 0.7% 攀升到 1989 年的 18.0%。1989 年 6 月以后，中央采取严厉的抑制通货膨胀的宏观调控措施，1990 年的通货膨胀率急速回落到 3.1%，但因价格体制改革形成的通货膨胀压力并没有消失，从 1991 年开始，通货膨胀率重新上升，到 1994 年高达 24.1%。

从这一阶段宏观调控的经验可以得出以下结论：在我国的经济体制转型阶段存在着巨大的通货膨胀内生性压力。采取非市场手段的严厉的反通货膨胀措施，其实际效果是使通货膨胀的压力不断累积，尔后以更加激烈的形式表现出来。

1995 年以后，以上海浦东开发开放为标志，我国的经济体制转型进入了要素价格市场化的阶段。在其后的很长一段时期内，由于主观上对要素价格市场化改革的必要性和紧迫性的认识不够，在客观上要素价格市场化改革本身存在的复杂性和艰巨性，因此在以后的十年中，我国要素市场价格扭曲的状况长期没有得到纠正，出现了充分市场化

名词解释

要素价格

要素价格是指生产要素的使用费用或要素的报酬。例如土地的租金，劳动的工资，资本的利息，管理的利润等。

的产品价格形成体制与带有强烈计划经济和转型经济色彩的要素价格形成体制（包括被户籍制度扭曲的劳动力价格，被政府管制扭曲的资本和货币价格，被政府操控扭曲的土地、资源和环境价格）并存的新的"价格双轨制"局面。

在充分市场化的产品价格形成体制与带有强烈计划经济和转型经济色彩的要素价格形成体制并存的"价格双轨制"下，在几乎无限供给的"廉

价"要素的支撑和充分市场化的产品价格的激励下，无论是政府或是企业都表现出巨大的增长欲望，形成巨大的经济过热压力，与此同时也造就了长达十年的低通胀条件下经济高速增长的"奇迹"。从1997年到2006年，除受亚洲金融危机冲击的1998年到1999年以外，我国的GDP增长率一直保持在8%以上，2003年以后甚至连续4年超过10%，而通货膨胀率最高年份也不到4%，大部分年份在2%甚至1%以下。

要素价格扭曲下的经济增长传导机制是：全球经济对我国要素价格扭曲的市场反应是外资大量进入和出口高速增长，国内经济对要素价格扭曲的反应是投资过热和大规模城市化，从而支撑经济的持续高速增长。

但是世界上从来没有免费的午餐。从2003年以来，国际上要求我国纠正要素价格扭曲的压力日渐增大，其标志西方发达国家利用中国的非市场经济地位不断施压，要求中国加快推进要素价格市场化的步伐。从国内来看，自从中央提出贯彻落实科学发展观以来，社会各界要求解决收入分配差距过大、加强保护环境和国土资源、消除城乡二元经济结构、关注社会民生等呼声日益强烈，这其实是一种以非经济学语言表达的要求纠正要素价格扭曲的政治压力。

面对国内外要求纠正要素价格扭曲的巨大压力，中央政府从2005年起，采取各种市场和非市场的手段开始了纠正要素价格扭曲的努力，包括人民币逐步升值、控制土地供应和调控房地产价格、强化环境保护和节能减排措施、加大对农民和农村经济补贴的力度、颁布并实施《劳动合同法》、扩大社会保障的覆盖面和保障水平，降低出口退税率和改变出口加工贸易管理办法等。这一系列措施导致长期以来被要素价格扭曲所掩盖的通货膨胀压力开始释放。2007年，通货膨胀率攀升到4.8%，2008年2月份进一步攀升到8.7%。与此同时，随着要素价格扭曲的逐步纠正，从2008年年初开始，工业增加值和出口增长速度开始明显回落。

根据以上分析，我们对中国当前的经济形势及发展趋势可以做出以下判断：在今后很长一段时期内，不断加剧的通货膨胀压力将是一种长期趋势。随着政府以抑制通货膨胀为目标的宏观调控的力度逐步加大，如同

经济全球化与对外开放

1980 年至 1995 年期间那样，会出现通货膨胀率和经济增长率交替上下的波动态势。这种宏观经济环境不稳定的局面会延续多长的时间，取决于我们采取何种纠正要素价格扭曲的方法和要素价格扭曲被纠正的程度。根据我国经济社会发展现阶段的实际状况以及所处的国际经济贸易环境，估计这一调整阶段会相当长，我们应该有充分的思想准备。

第三、中央政府的宏观经济调控政策面临两难选择。上述要素价格的市场化过程对中央宏观经济调控政策究竟会带来何种影响，有许多不确定的因素。估计会有三种可能：

一是在高通胀的情况下，不惜代价维持经济高增长，看来在当前我国经济发展所处的国际和国内的环境下，中央作如此政策选择的可能性几乎为零，这是一个常识问题。但问题的关键是，这却是不少中央部门、地方政府和企业的惯性选择。如果这一惯性选择不能及时纠正，不能排除中央会采取激烈的非市场化调控手段，从而导致纠正要素价格扭曲的经济代价相当巨大。

二是在高通胀的情况下，经济增长率急速回落，出现某些经济学家所称的"滞胀"局面。如果中央政府宏观调控失当，或是在高通胀的情况下因缺乏政策选择的空间，中央政府出于政治考虑被迫采取激烈的宏观经济调控措施，也可能在一段时间里出现这样的局面。上世纪 80 年代后半期就出现过这样的情况。

三是在温和通胀的情况下，继续保持经济的平稳增长。这是一种理想状态。从今年温总理在人大所作的政府工作报告来看，这是目前中央政府企图努力达到的宏观调控目标。问题是把温和通胀的标准定在 4.8%、把平稳增长的标准定在 8% 左右是否合理。关键是在关注通货膨胀率的同时必须考虑就业率。根据以往的经验，我国的经济增长率如果低于 8%，就会面临巨大的就业压力，在现阶段，这一增长标准可能会进一步提高。因此可以判断，从可操作性出发，中央今后实际调控目标可能会放宽到通货膨胀率 10% 以下，经济增长率 9% 左右。在达到这一调控目标边界以前，中央政府不会不惜代价地采取非市场的调控措施，以致冒为实现短期调控目标而导致通货膨胀压力长期积累的风险。

名词解释

要素成本

　　企业在使用土地、资本和劳动等生产要素进行生产时，向其所有者支付的费用，就是要素成本。要素成本就是从购买生产要素角度来看的厂商成本。

要素生产力

　　劳动者、劳动资料、劳动对象等各种生产力构成因素的生产能力。

　　在要素价格市场化的过程中，如何在抵御通货膨胀的压力的同时保持经济的稳定增长，关键在于如何处理要素成本上升和要素生产力提高的关系。如果在要素价格市场化的过程中，因通货膨胀使要素成本上升的速度长期高于要素生产力提高的速度，那么结果将是灾难性的。如果能够做到要素生产力提高的速度高于要素成本上升的速度，则要素价格市场化和通货膨胀的过程相反能够成为一种压力，推动经济结构和城市功能的提升。因此，今后一个时期中国经济发展的基本思路要定位在如何控制要素成本上升的节奏，努力提高要素生产力，使要素生产力提高的速度持续高于要素成本提高的速度。

　　由此来考虑经济全球化调整阶段民营企业的发展前景和经营方略，我认为至少有以下三点值得引起注意：

　　第一、加大危机处理意识，转变经营理念。应该承认，改革开放以来，特别是中国加入世贸组织以来，民营企业的大发展除了得益于国家的"以公有制为主体、多种所有制共同发展"的基本经济制度和"两个毫不动摇"的支持民营经济发展的基本方针以外，从基本的经济层面来看，主要还是得益于中国经济转型阶段大量廉价生产要素的供给和国家给予企业，特别是出口导向型产业的各类政策性补贴。在这样的基本经济层面上，民营企业通过在商品市场的充分竞争，发挥自身的体制优势，迅速发展和壮大。

　　但是进入经济全球化的调整阶段以后，上述民营企业赖以生存和发展的基本经济层面的条件将不复存在，随着生产要素价格的逐步市场化、和国际市场价格接轨，要素价格的长期上升趋势将不可避免。随着国际社会要求改变发达国家与发展中国家要素价格二元结构的压力不断加大，政府对出口导向型产业的各类政策性补贴也将逐步取消。当然，这是一个长期的过程，但总的趋势不可能改变，压力将始终存在。在这个过程中，民营企业的产业布局和竞争将会从目前同业竞争、齐头并进、规模扩张的阶段进入异业竞争、有消有长、结构调整的阶段。一大批企业会面临或是转型、或是淘汰的严峻挑战。因此，我们民营企业一定要有危机感，尽快地从长期形成的习惯思维模式中摆脱出来，改变目前民营企业发展中一哄而上重复建设、低水平恶性竞争、争夺政策资源盲目扩张的粗放型增长模式。

第二、强化调控适应能力，控制要素成本。在要素价格不断上升的情况下，对民营企业来说，当务之急是控制要素成本。在前一阶段廉价要素供给几乎是无限的情况下，要素价格对民营企业的经营来说在很大程度上是一个外部经济问题，在企业的成本和核算中可以作为一个固定参数来处理。但随着要素价格市场化程度逐步提高，特别是要素价格逐步与国际接轨的情况下，要素价格对民营企业的经营来说在很大程度上变成一个内部经济问题，在企业的成本核算中必须作为一个可变参数来处理。因此，在短期内，企业能否不断增强对政府宏观调控的适应力，提高内部要素配置效率和管理水平，将直接决定企业的竞争力和生存条件。

第三、拓展全球化视野，提高要素生产力。应该看到，由于中国的要素价格不断上升的趋势是由本国经济转型和经济全球化进入调整期决定的，因此，对单个企业来讲，在企业内部控制要素成本上升的空间十分有限。从长期来看，企业求生存的关键在于提高要素的生产力。

从企业层面来看，提高要素生产力主要有以下三条途径：

一是产业转移，即把企业从高要素成本的地区转移到低要素成本的地区，通过减低要素成本来提高要素生产力。这一方法见效快，但转移成本高、风险大。一般来说，企业只是把这种做法作为战略性转型中的一个阶段性策略，否则企业将在不断的迁移过程中逐步耗尽元气，难免最终走上消亡的不归路。这从我国改革开放以来，国外跨国公司和中小企业在向我国的不同产业转移的策略和结果中可以得到证明。

二是产业转型，即把企业从低要素成本和低要素生产力的产业转型到高要素成本和高要素生产力的产业。比如从传统制造业向高新技术制造业转型，或从制造业向服务业转型。这是一种战略性的安排，一般来说，企业往往把产业转型与产业转移结合起来，构成一种能够完整的，能操作的企业转型战略。在大多数情况下，大企业具有较强的实施产业转型的能力，而中小企业则不具备这种能力，则需要通过企业体系的现代化来解决。

三是经营创新。无论是产业转移还是产业转型，前提条件是经营的创新。在过去很长一段时期内，我们把创新狭义地理解为技术创新或技术发明，而忽视经营的创新。其实，经营的创新才是创新的源泉和动力。熊彼特认为，发明不是创新，发明只有转化为一种经济活动的时候才可称为创新。创新的主体不是科学家，而是企业家，而企业家不是一种职业，而是一种状态。一次技术进步为经营创新提供基础条件，而经营创新又反过来推动技术进步。从这个意义上来说，民营企业家是目前我国最大的创新群体，理应在实现产业转移和产业转型的过程中发挥独特优势。

以上只是从单个企业的微观层面来谈要素生产力的提高问题。从宏观层面来看，要切实提高企业的要素生产力还必须具备以下两个条件：

一是在当前经济全球化的条件下，企业作为一个整体必须有在全球范围内配置资源、实现产业转移和转型的视野和能力；

二是必须有一个大型企业和中小企业之间构成良好生态的企业结构体系。产业的转移和转型应以由大型企业与中小企业以集群的方式进行。其中，大型企业要有带领中小企业共同实现产业转移或转型的气魄和责任，中小企业要有配合大型企业实现产业转移或转型的远见和胸怀。

上述两个宏观条件涉及一个国家的经济发展水平、市场成熟程度、企业文化特征和社会组织化程度。

各位同志：

在今后相当长的一段时期内，有国内和国际的诸多因素所决定，我国的经济和社会发展将面临一个十分艰难的转型期，我们民营企业家作为社会主义的建设者，理应承担起自己的责任，与党和国家同心同德，充分展示企业家的远见和创新精神，为实现建设社会主义现代化强国的宏伟目标而奋斗。

科技全球化与自主创新战略

张景安

演讲时间： 2005 年 9 月 12 日

作者简历： 张景安，中共党员。研究员。管理学博士。历任中国人民大学团委书记，国家科委研究中心办公室负责人、政策局副处长、星火办政策处负责人、研究中心办公室主任，国家科委人才分流办公室主任，国家科委体制改革司副司长，国家科委政策法规与体制改革司副司长，中国农村技术开发中心主任兼国家科委科技扶贫办公室主任，科技部火炬高技术产业开发中心主任兼科技型中小企业创新基金管理中心主任，科技部政策法规与体制改革司司长。中国高新技术开发区协会理事长，中国民营科技实业家协会常务副理事长，中国科技金融促进会风险投资专业委员会主任，中国记协常务理事等。科技部秘书长、科学技术部党组成员。2005 年 2 月起，任科技日报社社长。2008 年 3 月，当选第十一届全国政协委员。

内容提要： 当今世界，科学技术成为经济发展的主导力量，科技创新成为世界主要国家的基础战略。由我国特定的国情和世界政治经济形势发展趋势决定，中国必须从根本上提高自主创新能力，转变经济增长方式，走创新型国家的发展道路。

中国科技发展战略是以创新型国家建设为主线；以"自主创新，重点跨越，支撑发展，引领未来"为指导思想；以显著提升国家整体科技竞争力和持续创新能力为总体目标；以突破一批重大关键技术、超前部署前沿技术和基础科学研究、加强科技能力建设和完善创新体系为重要任务的全面发展战略。为落实好国家中长期科技发展战略，我们必须转变科技发展思路，激励企业成为技术创新主体；完善人才政策；深化科技体制改革；大幅增加科技投入；加速科技产业化；扩大国际合作；增强科技创新的社会基础。

尊敬的各位领导，应中国浦东干部学院邀请来为大家就"科技全球化与自主创新战略"作专题讲座。根据党中央国务院的要求制定我们国家科技发展中长期规划，今天我就把规划制定的有关情况给大家作一个汇报。

制定我们国家的中长期科学和技术发展规划，是党的十六大提出的一项重要的任务，也是我们党新时期做出的一个重大的决策。党中央和国务院给予高度的重视，国务院把这项工作列入了我们政府的重要议事日程，作为本届政府要着力做好的一件大事。温家宝总理多次指出，制定中长期科技发展规划是我国科技工作的一件大事，一定要加强领导，精心组织，大力协同，发挥各方面的积极性。2003 年 6 月，经国务院批准，成立了由温家宝总理任组长，陈至立国务委员为副组长，23 个相关部门的主要领导为成员的规划领导小组。为保证规划工作的科学性，还专门成立了由高层次的知名专家组成的规划战略专家组（这个高层专家包括宋健、周光召、朱光亚这些又是专家又是领导的同志，参与这项工作）。本次规划是新世纪我国第一个中长期科技发展规划，也是经济全球化、科技全球化的一个产物，也是我们社会主义市场经济基本建立以后的科技规划（市场经济以后我们怎么搞科技，怎么规划科技，这是相当有难度的）。

规划工作自 2003 年 6 月启动以来，重点开展了规划的战略研究以及纲要的编制工作。经过一年多的努力，做出来的规划经过中国科学院，中国工程院、中国社会科学院三院两个月的咨询，并且征求了国务院各部门、各地方的意见，规划工作研究基本上圆满完成，并取得了重要的成果。

此次规划的战略研究，进行了一次非常重要的国情调查，基本摸清了我们的家底。通过战略研究深化了我国科技发展的方向、目标和重点的认识。提出了自主创新建设创新型国家，依靠科技进步，建立资源节约型、环境友好型社会等一系列重大战略思想。当时，在规划制定中，讨论是比较激烈的。

通过战略研究形成了对一系列重大问题的判断，一个是对过去进行一个恰如其分的评价，一个是对未来的发展进行合理布局，即选择什么样的发展路径。通过战略研究，为搞好当前的宏观调控和"十一五"规划，也提供了重要依据。

下面分四个问题介绍：第一个问题：关于当代科技发展趋势和我国的选择；第二个问题：关于中长期科学技术发展的指导思想；第三个是总体目标和一些重点任务；第四个是重大措施建议。

这是我们今天要讲的四个问题，在这之前我先把中央政治局 2005 年 6 月 27 号的会议精神介绍一下。6 月 27 号的会议强调，我们必须更加坚定的把科技进步和创新作为经济社会发展的首要的推动力量；把提高自主创新能力作为调整经济结构，转变增长方式，提高国家竞争力的中心环节；把建设创新型国家作为面向未来的重大战略。这是三句话，提高自主创新能力作为我们调整经济结构，转变增长方式，提高国家竞争力的中心环节，把建设创新型国家作为面向未来的重大战略。实际上主要就是论述为什么要自主创新，为什么要建设创新型国家。今后 15 年，我国科技工作要坚持"自主创新，重点跨越，支撑发展，引领未来"的指导方针，就是 16 字方针。坚持把提高自主创新能力摆在全部科技工作的核心位置。大力加强原始性创新，集成创新和引进先进技术基础上的消化吸收再创新。努力在若干重要的领域掌握一批核心技术，拥有一批知识产权，造就一批具有国际竞争力的企业和品牌，为我国经济发展和国防现代化提供强大的科技支撑。会议强调，为加快我国科学技术事业发展和自主创新能力的提高，必须建立健全科技工作的领导体制和协调机制，认真做好各项配套措施的制定和实施，努力深化科技体制改革，激励企业创新，加大科技投入，加快人才队伍建设，加强国际科技交流与合作等方面取得关键性的突破。会议要求各地区各部门要按照中央的统一部署，充分发挥积极性和主动性，在组织企业、科研院所、高等院校和其他各方面的科技力量，分工负责，大力协同，共同完成国家中长期科技发展规划确定的各项目标任务。

在讲刚才说的四个问题之前，我先作一点说明，为什么把自主创新作为规划的一个灵魂。《科技日报》有一篇文章，就是《把自主创新写在我们的旗帜上》，新华社发了通稿，很多的报纸都转载。回过头来讲我们的改革开放，要没有改革开放，包括当时的引进合资等做法，我们不可能有今天，但是引进只能缩小差距，之后在发展、前进中，出现了新的挑战，关键的问题就是先进技术引不来。因为我们发展到今天，跟 20 年以前、25 年以前（相比）已经发生了翻天覆地的变化。国外现在已经对我们的控制和封锁非常的厉害。与 20 年以前、25 年以前情况变化很大。比如，袁隆平搞杂交水稻成功之后，我们多次去总结他为什么能搞出成就来？宋健非常重视这个问题。后来才明白，当时刚刚改革开放的时候，他去国际水稻研究所学习 7 个月，国际水稻研究所有全世界的水稻技术和大量信息。袁隆平原来自己搞了那么多年，从来没有去过国外，一下子就看到了全世界水稻信息。当时国际水稻研究所对一些落后国家是不设防的，什么都可以看。所以 7 个月的时间，基本上全世界的水稻是怎么回事他弄明白了，回来对他的研究起了巨大的作用。如果没有这 7 个月（这是我的观点），就没有后来袁隆平搞出来的这个发明，但是现在袁隆平再出去，基本上什么也看不见了，所有的都封锁，基本上都是白出去。从 20 年前的随便看，到现在什么也不让看，这的确是一个巨大的变化，这的确是一个需要发人深思的问题。

第二个问题就是环境和资源压力。我们用了大量的钢材、淡水、能源、资源换的 GDP 就是世界三到四左右，但是资源消耗量是效益的几十倍。如果按照这个搞法，根本是不可能持续的。温家宝总理说这个路不能再继续走下去了。我们必须改变增长方式，进行战略性调整，要提高它的科技含量。我们到港口调查，看到用出口钢筋换造船的曲轴钢，又是带弯的，又是转的，大概几十火车皮才换那么几块，那东西太不值了，如果是我们出口这么几块，换它的那么几火车皮，同样是钢材（那才好呢），而且人家还卡我们，价格高的没谱。如果是我们依赖引进，就总是上外国人的当，人家还要整我们。这是坚决不行的。

最后一点，一个高速发展的大国完全依赖或者大量的依赖外国的技术，让外国人牵着鼻子走，这是非常危险的，是不可持续的，没有什么科技安全，经济安全，这里面也教训深刻。近一百年来我们的通讯标准全是欧美的，安全很有问题。现在用的卫星定位（GPS）也没有什么安全性，因为技术全是美国的。这就要求我们要从根本上提高自主创新能力，转变经济增长方式。要说 20 年前自主创新我们没这个底气，我们企业可能还没有那么多的积累，没有经验，今天的情况已经不同了，已具备一定的条件，而且不改变不行。今天我们已在新的历史起点上，这个起点就是我们由引进向注重自主创新的提升来动员我们的智慧，变成创新能力和自主的创新能力。党的十六大以后中央提出提高执政能力、和谐社会、科学发展观、自主创新，都是有深远意义的。如果我们提升自主创新能力的方针与政策贯彻的好，以自主创新来转变增长方式，全面落实科学发展观，我们的规划就能够完成，也不辜负全国人民的希望。由此可见，自主创新转变经济方式对当今的中国是何等的重要。

一 | 关于当代科学技术发展趋势和我国的选择

第一个问题就是关于当代科学技术发展趋势和我国的选择。全面建设小康社会是我国现代化进程中一个重要的历史时期，国际经验证明，人均 GDP 1000 美元到 3000 美元这个阶段，社会结构最活跃，传统要素对经济增长贡献出现递减，技术创新的重要性明显上升。研究表明，从现在起到 2020 年，我国如果没有技术进步贡献率的大幅度提高和经济方式的根本转变，就难以实现翻两番的目标，因此我们必须把握科学技术的趋势，借鉴各国工业化现代化的历史经验，把我们的小康社会的进程建立在科技创新、自主创新的基础之上。

第一，科学技术已成为经济发展的主导力量。这可以从四个方面做出判断：

一是科学技术不断突破人类传统认识的极限，引发新的科学和技术革命。学科之间，学科和技术之间，自然科学和人文科学之间，相互交叉渗透，导致众多学科的产生，纳米、生命、信息、认知科学的融合，标志着人类整体认识能力的飞跃，先进仪器设备的广泛应用，使科学技术在宏观和微观两个层次上，向着最复杂最基本的方向发展，对基本粒子、基因、微机械、微加工和纳米材料等微观世界的研究，对网络系统、经济系统、生态系统、大脑和生命系统等复杂系统的研究，正突破人类传统认识的极限，预示着科学技术进入一个前所未有的创新密集的时代。这些新的东西都不是用的传统的研究方法，我们调查看，我国用传统的方法比美国还要多，用的新方法比较少。所以这是一个很重要的东西。

二是周期问题。20世纪上半叶，电话走进50%的美国家庭用了60年时间，而互联网进入美国家庭（就是进入50%的家庭）用了5年时间。人类基因组、超导、纳米等许多基础研究的成果在中间阶段已经申请到专利。当前在纳米技术、生物技术等新兴的领域，不少国家都处在相近的起点上，后发国家完全有可能通过局部突破，带动国家竞争力的整体提升。这是讲的产品生命周期。但是所有这些新兴技术，中国科学家与国际上科学家是同期研究的，由于没有产业化的机制和环境，最后外国人赚了钱，我们没有赚到钱。现在就是要解决这个问题。

三是科学理论超前发展，引领新的技术和发展方向。与20世纪以前的情况不同，现在科技革命的成果，大多数源于原始性创新，核能、集成电路、生物技术、纳米技术都是基础理论首先取得突破，科学理论越来越走在技术的前面，为技术生产开辟新的道路。

四是科技全球化加快，自主创新能力成为国家竞争力的决定性因素，这是一个关键。当时争论比较激烈的，就是科技全球化加快，自主创新能力成为国家竞争力的决定性因素。在全球化的环境下，资本、信息、技术、人才等要素在全球范围内流动和配置日益普遍。全球化并没有改变国家竞争的本质，只是改变了竞争的形式，科技竞争日益成为国家竞争的焦点。发达国家通过在世界上笼络人才，控制知识产权等获得竞争优势。据统计，全世界技术移民40%被吸引到了美国，其中70%来自发展中国家，发展中国家由于自主创新能力缺乏，面临着日益严峻的经济安全、国防安全和文化安全的问题。总之，在科学技术的引领和推动下，人类正在经历着由工业社会向知识社会的演进。科学技术不断创造出新的生长点，在解决人类可持续发展一系列重大问题上，发挥了越来越重要的作用，成为我们经济社会发展的驱动力和人类财富形成的主要源泉。

　　第二，促进科技创新，成为世界主要国家的基本战略。就是说科技创新是世界上主要国家的基本战略。当今世界，尽管各国社会制度不同，世界各国都做出了大致比较相同的战略。

　　一是把科技创新作为国家战略。美国政府把保持美国在科学知识领域的领先地位作为国家战略目标，英国政府提出，必须确保科学基础的优异和强大，并且把创新作为提高生产力和加快经济增长的核心，日本相继提出了科技创新立国、知识产权立国的发展战略，韩国政府提出必须在国家层次上制定执行以科技为基础的政策，为国家发展探索新的道路。每个国家有一大半都是在搞创新，都提到了一个很高的位置。

　　二是把科技投资作为战略性的投资。2003 年美国联邦科技预算是1180 亿美元，是历史上最大规模的联邦政府研究开发的支出。英国 1999年起，三年内追加 14 亿英镑的投资，是有史以来政府对科学基础投入金额最大的一次。欧盟提出 2010 年研发经费占 GDP 比重提高到 3%，韩国提出 2025 年研发经费将占到 GDP 的 4%。

　　三是超前部署和发展战略技术产业。如美国信息高速公路的计划、国家纳米技术计划和氢能研发计划，美国有三大计划。欧洲有科技框架计划、伽利略计划。韩国有先导技术研发计划、替代能源计划。印度有绿色革命、白色革命、蓝色革命和软件产业发展。每个国家都有很多的意向。面对这种局面，后发国家可以借助科技革命的历史机遇，利用后发优势实现社会生产力的跃升，当然也可能拉大与先进国家的差距，最终被边缘化。这两个结局，一个是我们大幅度的跃升，一个是距离拉大。

　　第三，我国科学技术发展取得了巨大成就，但是尚未成为对世界有重要影响的科技大国。改革开放以来，我国的科技事业取得了很大的成就，但是总体水平与主要发达国家和新兴工业国家相比还有较大的差距。综合国际上 2003 年有关科技创新能力的评价的结果，我国的科技创新能力，在 49 个主要国家中是 28 位，处于中等偏下的水平。这个评价结果是外国人搞的，指标体系也不尽合理，虽然说不能准确到哪里去，但也具有一定的参考价值，几个数据可供研究。

　　一是关键技术自给率低，对外技术依存度达 50%。美国、日本仅为

5%，这是对外技术。60% 以上的装备要靠进口来满足，高科技含量的关键装备基本上依赖进口。

二是发明专利数量少。2001 年我国发明专利的总数排在世界第八位，但只占世界总量的 1.8%。

三是科学研究质量不高。从 1993 年到 2003 年，十年间，美国每篇论文被引用的次数是 12.2，我国只有 2.8。国家技术发明一等奖已连续六年空缺，这是我们自己评的，自己评自己。国家自然科学一等奖 6 年只有 2 项。

四是尖子人才匮乏。目前我国缺乏跻身世界一流行列的科学大师和世界级的领军人物，难以在激烈的国际竞争中，把握重大的发展方向，做出世界水平的贡献。50 年代有钱学森等一大批科学家，现在我们的科学家在世界上的著名的大师不多。比如过去世界地质大会，我们有黄汲清这些科学家，是世界地质界大师，现在我们缺乏世界级的领军人物。

五是科技投入不足。从 1991 年到 2000 年，我国十年研发投入累计 550 亿美元，仅为美国同期的 1/36。世界 GDP 科技投入主要集中在少数发达国家，美、日、英、法、德五个主要发达国家，GDP 科技投入占世界投入的 80%，其中美国占世界科技经费总量 43%，而中国只占世界科技总量的 2%，与韩国相当。2003 年我国研发人员平均经费只有韩国的 1/7 和日本的 1/13，这种投入难以支持高水平的研发活动。同时投入比较分散，这是我们的一个问题。如美国发射的卫星数据接收站，美国只建设了 16 座，覆盖全国，满足军民两用，俄罗斯建了 8 座，欧洲大部分国家是 1 座。我们国家目前已经建了 30 座，但有些地方和单位还计划在近几年再建 50 座。在综合国力竞争日益剧烈的形势下，我国创新能力不足，将对经济社会和国家安全构成严重的制约。

第四，走创新型国家发展道路，是我国 2020 年的战略选择。半个世纪以来，世界上众多的国家都在各自不同的起点上努力寻求实现工业化、现代化的道路，一些国家主要依靠自身丰富的自然资源增加国民财富，如中东产油国家；一些国家主要依附于发达国家的资本、市场和技术，如一些拉美国家；还有一些国家把创新能力作为基本战略，大幅度提高创新能力，形成了强大的优势。世界上工业化、现代化国家主要就是这三类。国际学术界把最后一类国家称之为创新型国家，有 20 个左右，如美国、日本、芬兰、韩国等，创新型国家的特征是创新能力综合指数明显高于其他国家，科技进步的贡献率在 70% 以上，一些具体的指标，如研发投入占GDP 的比重在 2% 以上，对外技术依存度指标在 30% 以下，这些国家获得的三方专利，即美国、欧洲、日本专利授权占世界比重的 97%。需特别提出的是芬兰、韩国等国家在 10 年到 15 年时间内实现了经济增长方式的转变，对我国有非常重要的借鉴意义。在综合国力竞争剧烈的情况下，我国创新能力不足，将严重影响社会发展。

韩国是从落后国家成为创新型国家成功的范例。1962 年韩国人均 GDP只有 82 美元，与我国当时水平大体相当，到 2001 年，达到了 8900 美元，比我们高出 9 倍，现在韩国人口只有 4700 万，经济总量相当于我们国家的 40%，在半导体、汽车、造船、钢铁、电子、通讯等众多的领域，韩国都比我们起步晚，但技术能力、国际竞争力都走在我们的前面，现在进入了世界的前列。韩国的成功主要得力于培养自主创新能力，把创新作为国家的基本发展战略。一是始终致力于培养自身的技术创新能力，从上世纪60 年代引进国外的先进技术开始，就注重要消化吸收，技术引进与消化吸收比例是 1：5。二是持续增加研发投入，研发投入占 GDP 的比重由 1980年的 0.77% 到 2001 年的 2.96%。三是大力支持企业研发活动，企业研发机构从 1978 年的 48 个，增加到 2003 年的 1 万个，企业成为技术创新的主体。目前韩国正在实施新的科技发展规划，目标是 2015 年将成为亚太地区科技的中心，并进入世界 10 个"领先"国家的行列；2025 年将成为世界七强。韩国依靠自主创新实现国家富强的经验，值得我们借鉴。

特定的国情和需求，决定了我们绝不可能选择资源性和依附型的发展模式，必须走创新型国家的发展道路，推动经济方式从要素驱动型向创新驱动型的转变，使科技创新成为经济社会发展的内在动力和全社会的普遍行为，最终依靠制度创新和科技创新，实现经济社会的协调发展。这主要是四个方面的认识：

一是全面建设小康社会的目标，决定了我们必须走创新型国家的发展道路，满足小康社会目标的要求。小康社会的目标意味着我们必须从改革开放以来到 2020 年连续 40 年保持 7% 以上的经济高速增长，这在世界经济史上对于一个大国来说是前所未有的。如果我国科技创新能力没有根本的提高，科技进步的贡献率仍然是 39% 的水平，要实现翻两番的目标，就要求投资率达到 52% 的特高的水平，这是不可能做到的。即便投资率保持今年 40% 的水平，科技贡献率也要达到 60%，即在目前水平上提高 20 个百分点才能实现小康社会所需要的经济增长目标。

二是人口众多、资源环境瓶颈的制约，决定了我们必须走创新型国家的道路。我们人口多，要在较短的时间内满足庞大的劳动力就业；城市人口的膨胀，社会老龄化，公共卫生和健康一系列重大需求；我国人均能源、水资源等重要资源占有率严重不足；生态环境脆弱，所有这些都面临着日益严重紧迫的重大的瓶颈制约，是世界发展史上前所未有的。世界各国的经验表明，依靠科学技术是解决这些瓶颈制约的根本途径。

三是保证国防安全和经济安全，决定了我们必须走创新型国家的发展道路。在全球化进程中，国际问题日益复杂，实践表明，在涉及国防安全和经济安全等关键领域，真正的核心技术是买不来的。如果我们不掌握更多的核心技术，不具备强大的自主创新能力，很难在世界竞争格局中把握机遇，甚至有可能丧失国家安全的主动权。

四是我们已经具备了建设创新型国家的一定基础和实力。我国人均 1000 美元这个时期，但是科技综合指标已相当于人均 5000 美元、6000 美元的国家的水平，是世界上少数几个可以通过自主创新实现快速发展的大国之一。我国科技人员总量已达到 3200 万人，研发总数是 105 万人，分别位居世界第一位和第二位，这是走新兴工业化道路的最大的优势。经过几代人的努力，我们已经建立了大多数国家不具备的比较完整的学科布局，这也是走新兴化的基础。我们具备了一定的自主创新能力，生物、纳米、航天等领域研发能力已逐步跻身世界先进行列。我国具有独特的传统文化优势，重视教育集体主义精神和丰厚的文化资源积累，为我国未来科技发展提供了多样化的路径和选择。更为重要的是我们具有社会主义制度的政治优势，邓小平理论、三个代表、党的十六届三中全会提出的科学发展观等等，科教兴国战略、可持续发展战略、人才强国战略等等，我们完

经济全球化与对外开放

全有条件走创新型国家发展道路，提高综合国力和国家竞争力，实现民族的伟大复兴。

二 关于中长期科学技术发展的指导思想

刚才讲了第一个问题，当代科学技术发展的趋势和特点和我们的战略选择。重点讲了我们为什么要把自主创新作为我们研究规划的一个灵魂，作为国家的发展战略，以及我们为什么要走创新型国家的道路，与国际做了一些比较。下面讲第二个问题，关于中长期科学技术发展的指导思想。

从现在起到 2020 年，中国科学技术发展将在坚持以人为本、立足国情的基础上更加突出自主创新，重点跨越，支撑发展和引领未来的指导思想。我们科技发展强调以人为本，一是把满足广大人民不断增长的物质和精神需求作为出发点，努力使所有的社会成员都能够分享到科技发展进步的福祉和新的发展的机会。二是要把发现、培养和凝聚各类科技人才，特别是尖子人才作为我们工作的基本的要求。把充分调动广大科技人员的创造性和积极性，创造良好的环境和条件作为科技管理的根本任务。三是把科学普及放在与科技创新同等重要的位置，整个提高广大人民群众的科学素质，为建设创新型国家奠定广泛坚实的社会基础。

关于未来发展的指导思想，最重要的一点就是我们作为发展中的国家，需要充分利用当今日益开放的国际环境，讲自主创新更要注意利用日益开放的国际环境，广泛学习和借鉴其他国家的先进技术，但是必须把自主创新作为科技进步的基点。胡锦涛总书记多次强调要坚持把推动科技自主创新摆在全部科技工作的突出位置，要坚持把提高科技创新能力作为推进经济结构调整和提高国家竞争力的中心环节。

自主创新能力包括三层含义：一是强调原始创新，努力获得更多的科学发现和技术发明；二是强调集成创新，就是各种相关的技术要有机的融合，形成具有市场竞争力的产品和产业；三是强调在开放条件下利用国际创新资源，在引进国外先进技术的基础上，促进消化吸收再创新。

现在讲是比较容易，但是处理还是比较难。我们在研究韩国、日本时发现，他们引进以后马上就可以创新，我们很多地方是引进再引进，这个问题不解决，我们的问题就很复杂。引进是可以引进，没有哪个国家是不引进的，但关键是引进以后能不能创新变成自己的东西。一要解决引进后消化吸收再创新，二是不能重复引进。我们到韩国去看的时候，韩国的核电、高速铁路，它引进以后马上就创新了，现在开始出口了，汽车也是，当年韩国搞汽车比我们晚，韩国引进美国的福特，引进以后他白天是跟美国人一块做，晚上他自己就开始学，厂子建成以后，他也学会了，自己也学会做了，学会以后他就提出把最新的型号给他们，美国不干，就打官司，那就撤资了。美国人就找日本人咨询，它撤怎么样，日本人咨询公司分析说这个跟当年苏联在中国撤走专家一样，留个半拉他搞不起来。他也不了解，结果韩国政府几亿美金就把美国合资的股份买过来了，美国高兴的走了，第二年韩国的车就开出来了，韩国人自己设计的，后来卖到美国去了。韩国人就坐自己的车，我们现在要把这个问题处理好，就是引进再创新。日本也是，不是有一本书介绍美国人在播种，日本人在收获吗？上个世纪这本书是德国总理送给江泽民总书记的，讲的是美国上个世纪几十年，日本从美国拿了技术以后形成自己的产业。他写的什么传真机、汽车、电子、音响等，比如彩电是摩托罗拉发明的，然后日本人从摩托罗拉手中拿来形成彩电大产业，卖到全世界。传真机还有复印机都是美国发明的，美国发明的公司都没有赚钱，日本赚了钱是因为产业化快，当时不是日本有技术。汽车的气囊也是，美国卖给日本，日本最后多少亿再卖给美国。我们在规划研究的时候，研究了很多引进再创新案例，世界上的创新都是站在巨人的肩膀上，没有从头干的，问题是看你能不能创新。我们现在就在一个新的起点上，就是引进以后消化再创新。我想我们完全有能力在邓小平当年改革开放引进的基础上实现再创新，完全有能力，也是我们新的时代的要求。只有广泛的扩大自主创新的知识和技术，重点跨越，坚持有所为有所不为，选择一定的基础优势门类，尤其是我们要集中重点突破，就是重点的重大的关键技术，共性技术，支撑社会协调发展的关键技术，我们要集中突破一批，带动我们的发展，这个非常的重要；同时着眼长远，超前部署一些先进技术基础研究，创造新的市场需求，培育新兴产业，引领未来经济社会的发展。根据这个指导思想，中国未来的科技发展思路将实现五大转变。这五大转变是：

一是在发展路径上，从跟踪模仿为主，向加强自主创新转变，确立自主创新的战略基点，力争在国际竞争中掌握更多主动权。

二是在创新方式上，从注重单项技术的研究开发，向加强以重大产品、新兴产业为中心的集成创新转变。注重选择有较强的技术关联性和产业带动性的重大战略产品，在此基础上实现技术的突破与集成创新。

三是在创新体制上，从以科研院所改革为突破口，向整体推进国家创新体系建设转变，整体上解决国家创新体系建设中存在的结构性和机制性的问题，加快进入国家层次上的整体设计，系统推进国家创新体系到新阶段。

四是在发展部署上，从以研究开发为主，向科技创新与科技普及并重转变。

五是在国际合作上，从一般性的科技交流，向全方位主动利用全球资源转变。

三 | 我国中长期科学技术发展的目标和重点任务

首先是发展目标。我国中长期科学技术发展的总体目标是显著提升国家整体科技竞争力和持续创新能力，2020 年进入创新型国家的行列，为全面建设小康社会提供支撑，并为我国在本世纪上半叶成为世界科技强国奠定基础。

从现在起到 2050 年，我国科学技术发展大约分三个阶段，这三个阶段分别是：第一个阶段 2006 年到 2010 年，调整科技发展战略，完善国家创新体系，落实科学发展观的战略部署，为建设创新型国家奠定基础；第二个阶段 2011 到 2020 年，加速科技发展，提高自主创新能力，进入创新型国家的行列；第三个阶段，科技持续发展，进入创新型国家的行列，成为世界一流的科技强国。

这是我们根据经济发展，邓小平小康目标三个阶段的发展规划提出的科技发展三个阶段的目标。

第二是重点任务。国家中长期科学技术规划，20 个专题的研究，这 20 个专题里面提出了 72 个领域，174 个主题和 58 个专项，对战略研究成果进行综合凝练，在筛选的基础上根据指导方针和发展目标，提出对未来 5 年到 15 年科技发展的任务重点，按照三个方面进行总体部署：

第一个方面是立足现实需求，确定重点领域，突破一批重大的关键技术，全面支撑科技能力。立足我国国情需求，结合当前国民经济优先发展产业和急需提供科技支撑的行业，围绕解决经济发展瓶颈问题，保证围绕瓶颈问题，提升产业竞争力，促进社会发展，保证安全四个方面全面安排的基础上，选择一批优先主题和重大专项进行重点安排，有效支撑当前发展，推进国民经济信息化，全面建设资源节约型和环境友好型社会，为实现全面小康社会宏伟目标提供技术支撑。

这里面有几个重点。一是把能源、资源、环境保护技术放在优先的位置，解决国民经济发展的重大瓶颈问题。以提高能源、资源生产力为核心，从开源增储，提高综合利用效率和环境综合治理方面入手，以科技创新开辟解决经济社会发展瓶颈问题的新途径，促进循环经济发展，从根本上改变高投入高能耗高污染的经济发展模式。推动能源、资源、生态环境领域科学技术整体的提升和跨越。为能源翻一番，GDP 翻两番的战略目标的实现，建立资源节约型、环境友好型社会奠定基础。这是一批项目，主要是能源、资源、环境。

二是以高技术集成创新为核心，掌握核心技术，大幅度提高产业竞争力。充分利用国际先进技术，突出在消化吸收的基础上集成创新，发挥高技术改造和提升传统产业的重要作用。实施农业技术升级，资源替代，领域拓展战略。大力发展装备制造业，绿色制造，加速推进国民经济信息化，开发拥有自主知识产权的重大高技术产品。依靠科技创新大幅度提升产业竞争力，形成高技术产业为先导，带动传统产业的全面提升，现代服务业快速发展的新兴产业格局。

三是加强多种技术的综合集成和推广应用，增强公共服务能力，提高人民健康水平，促进城镇化的发展，推动社会全面进步。重点突破人口优生优育，重大疾病防治，创新药物研制和中药现代化这四个关键技术。大幅度提高我国人口健康科技领域的自主创新能力，为实现2020年人人健康目标提供支撑。以符合中国特色的城镇化和城市化发展的规律和模式，加强多种技术的集成和应用，提高城市的综合管理能力。

四是加强自主创新，建立公共安全的技术平台，实现国防科技的突破和跨越，保证国家安全。在以预防、预警和应急处理等关键技术为重点，构建公共安全科技平台，实现公共安全从被动应付型向主动保障型，从传统经验型向现代化高科技型转变。全面提升对公共灾害，突发事件，恐怖主义等应急能力，为社会稳定提供可靠的保障。以建设信息化军队，打赢信息化战争为目标，以武器装备机械化、信息化集成为发展方向，通过坚持军民结合，寓军于民的方针，加强自主创新，重点突破战略威慑和精确打击等一批关键技术，研制一批具有国家重大威慑作用和实战能力的杀手锏武器。推动传统军事作战方式和装备的变革，满足未来信息化战争的需要。

五是瞄准国家战略目标，实施若干重大专项。不仅能够有效的带动相关学科技术产业的发展，形成新的经济增长点，实现重点跨越，而且能够充分利用国家意志，提升国际地位，振奋民族精神。重大专项（的确定）遵循以下原则：一是关系到全局，对经济社会发展，国际安全以及科技自身有重大带动作用。二是对国家发展具有战略性标志性的意义，能够显著提高我国国际地位和国际威望。三是充分体现我国的优势和特色，反映世界科技发展趋势，能够带动自主创新能力的提高，创新更多的知识产权，实现跨越式发展。四是目标明确，可操作性强，国家能够承受，在未来预定的期间能够实现。根据以上原则对规划提出的58个专项建议进行综合提成和凝练，对部分重大专项建议进行初步论证。围绕国民经济战略性产品，可持续发展重大工程，国防和公共安全重大工程，标志性工程四个方面，初步选出十多个重大专项，按照"成熟一个，论证一个，启动一个"的原则，初步考虑在未来 5 年到 15 年组织实施这些专项。

第二个方面是面向未来超前部署前沿技术和基础科学，提高持续创新能力，引领经济社会发展。科技的使命不仅在服务今天，更重要的是引领未来，创造新的需求和发展优势。选择优先发展前沿技术领域的重大科学问题，力争取得突破并实现快速的发展，提高国家创新能力，为国家长远目标奠定基础，提高技术储备。

这里面有两个突出。一个是突出自主创新，超前部署前沿技术。前沿技术是国家创新能力的综合体现，是新兴产业革命和新军事变革的基础。我国应在必争的战略领域有所作为，选择若干未来发展最活跃的前沿技术领域进行超前部署，掌握核心技术，发挥引领未来的先导性作用，提高我们的国际竞争力。一是充分利用我国丰富的生物资源优势和市场优势，把发展生物前沿技术作为迎头赶上的重点，确立未来生物产业大国的科技优势。二是抓住世界信息主导技术正在更新换代的战略机遇。力争在未来信息前沿技术领域实现战略性突破，占领未来信息的制高点，为把我国建设成为信息大国奠定基础。三是以纳米材料和微纳加工技术为突破口，带动未来材料工业和制造业的变革。四是大力发展后续能源技术和环境资源的前沿技术，探索技术的更新换代，为解决我国能源资源环境制约开辟新的途径。五是加快海洋、航天、激光等前沿技术。

另一个是突出科学研究，加强基础研究。基础研究是高新技术发展的源泉，是国家的重要战略资源，我们必须坚持学科推动和需求牵引相结合，稳定支持，超前部署，重视科学的长远价值，实现基础研究和应用研究的协调发展。一是强调学科发展的全面布局和协调发展，稳定基础学科，加强重点交叉学科的研究，促进自然科学和社会科学、人文科学交叉领域的发展。二是在一些对人类认识世界将会产生大的影响，对我们基础科学和长远发展有巨大带动作用的，具有良好基础并且有优势的这些学科进行前瞻性的部署。三是以重大科学突破和国家战略需求结合为导向，实施若干重大研究科学计划。

第三个方面是加强科技能力建设，完善创新体系。加强国家科技基础设施和平台建设，对科技发展创造良好的条件。深化改革，构筑符合社会主义市场经济要求和发展规律的创新体系。主要是建设五大体系：一是以企业为主体，产学研结合的技术创新体系；二是科学研究与高等教育结合的知识创新体系；三是军民结合，寓军于民的国防科技创新体系；四是各具特色和优势的区域创新体系；五是建设社会化的科技中介服务体系。

四　政策建议

最后一个问题。胡锦涛总书记讲实现这些目标要有政策，要有新的机制、新的体制，不能用老办法。这里面主要是说科技大会要出台一些政策建议，主要是八个方面的建议，这些建议阶段的观点，仅供参考。

第一个是实施激励企业成为技术创新主体的政策。现在不是说让企业成为创新主体吗？一是加大对企业投入研发的激励力度，加大税收抵扣，准许企业提取技术开发准备金，对企业高新技术项目和技术改造项目购置的固定资产给予增值税的优惠，对高新技术企业实行税收优惠。现在是几个部委的领导，十几位部长已经组成了一个组，专门协调政策，现在好多政策已经在协调中，在11月份的科学大会上这些政策要出台。就是先定再开会，不是说征求意见，会前协调完了就定了。二是加强对中小企业自主创新的支持。支持创办各种形式的科技型中小企业，扩大享受技术创新财政补贴的科技型中小企业的范围，优先鼓励和支持中小企业，采取联合出资、共同委托等方式进行合作研究和开发，建立和完善符合科技型中小企业特点的知识产权信用担保制度。三是支持企业吸引、稳定、培养人才，实施企业创新人才工程。对中小企业聘用高层次的人才和培养优秀人才给予适当的补贴，允许大学和科技机构的科技人员在中小企业中兼职，鼓励大学毕业生、研究生到中小企业就业，允许国有及国有控股企业对科研和管理骨干实施股权、期权激励政策。这都在协调之中。

第二个是促进自主创新的政策。刚才那是企业的政策，这里面也有三项：一是建立引进技术消化吸收的创新机制，加强引进技术消化吸收和创新统筹的管理，成立由国家经济科技相关产业部门组成、企业代表和科技专家参加的协调机构，审议重大工程项目的引进消化吸收、自主研发和重大采购等计划，政府主导，多渠道投入，建立国家引进技术消化吸收创新基金和重大装备的研发基金，实行重大创新产品政府采购等政策。这个政策都在协调之中。二是实施激励自主创新的政府采购政策，把激励自主创新作为《政府采购法实施细则》的重要内容，建立政府采购高技术产品的协调机制，政府采购以及公用事业国家重大项目，国有企业采取订购或采购有自主知识产权的重要高新技术产品的方式，对自主知识产权的高新技术产品实施收购政策。三是实施知识产权和技术标准战略。根据国家战略和产业发展需求，以重大的发明专利为目标，编制必须掌握自主知识产权的重要产品和装备目录，列入目录的给予政策支持，将形成自主产品的标准作为国家科技计划的重要目标。

第三个是人才政策。一是加强高层次人才的支持和培养，重视培养人才的创新能力，支持培养德才兼备的人才，把高层次人才作为科技计划的重要内容。二是建立激励自主创新的奖励政策和评价机制，突出政府科技奖励的重点，实行人才与项目并重的奖励制度（现在只是讲项目），加大对自主创新奖励的力度，鼓励社会力量奖励自主创新，完善科研评价体系和办法。三是加大高层次创新人才全球公开招聘的力度。国家实验室等高级科研单位的主任，重点科技机构学术的带头人，逐步实行全球公开招聘，实行企业吸引和招聘外籍科学家和工程师，对招聘来的外籍杰出科技人才可适当放宽延长长期居住证的条件。四是构建有利于创新的文化环境，完善科研职业道德建设，发扬"两弹一星"和载人航天的精神，遏制科学技术研究中的浮躁风气和学术不正之风，形成宽松、和谐、健康、向上的创新文化氛围。

第四个是深化科技体制改革。健全国家科技决策的宏观管理体制，建立科技投入的协调机制，建立军民结合寓军于民的科技管理体制，深化科技体制改革，健全科技法律法规。建立现代企业制度，建立现代科研院所的制度，继续实施知识创新工程，加快推进高校的科研体制改革，继续办好国家高新技术开发区。

第五个是大幅度增加科技投入，提高地方资金的使用效率。一是增加中央财政的科技投入，2006年中央财政的科技投入实现跳跃式的增长。二是调整优化财政科技投入结构，加大对社会公益研究、基础研究、前沿技术的支持力度，形成符合公共财政投入的结构。财政科技投入形成项目、基地、人才，相互协调合理的投入格局。在中央财政科技投入中，增加专项资金，用于实施重大科技专项。三是改善和提高科技经费的使用效率。

第六个是加速科技产业化和先进实用技术的推广应用。这里面有几条，一个是建立面向农村推广先进实用技术的新机制，把农业科技推广成就作为科技奖励的重要的内容，激励科技人员以多种形式开展技术推广活动，建立多元化的推广体系，支持面向农业的共性技术的推广应用，支持产业技术开发和推广应用。二是优化高技术产业化的机构，对创业投资机制，对科技中介机构技术开发服务给予税收优惠，并建立完善小额资本市场，构建技术交流与技术交易的信息平台，尽快建立创业板市场，逐步建立多层次的加速科技产业化的资本市场体系。

第七个是扩大国际合作和开发。积极主动参与国际大科学工程和国际学术组织，参加重大的国际科研项目。支持我国科学家和科研机构参与、牵头组织国际区域性大科学工程，鼓励在华设立的国际学术组织和跨国公司研发机构或与我国科研机构、大学共建实验室，支持我国企业走出去，利用全球科技资源，以多种方式开展科技合作与交流。鼓励研究院所与大学、企业、海外研究机构建立联合实验室或者研究开发中心。

第八个是关于科技创新的社会基础。全面提高科学素质，实施国家科普能力建设工程，建立科研机构和大学定期向社会开放的制度。建立科普事业的良性运行机制，加强科技界与大众媒体之间的合作，逐步提高科普的水平。

同志们，建立小康社会必须把科学技术放在优先的位置，实现增长方式由要素驱动向创新驱动的根本转变。当代科学技术为我国提供了后来居上，实现跨越发展的机遇。我国未来科学技术发展战略应当以创新型国家为发展道路的主线，坚持自主创新，重点跨越，支撑发展，引领未来的指

科技全球化与自主创新战略

导方针。我们相信，只要我们下定决心，经过二三十年的努力，我们一定能够取得与自身地位相同的科技成就，建设一个强大的对人类文明做出较大贡献的国家。我就汇报这么多，谢谢大家！

主持人：各位有什么问题跟我们张秘书长交流一下？

提问：我提几个问题，有的可能是属于技术性的。我们经常谈节约型社会，中国的能源消耗比较大，但是我不知道它是怎么计算的？在计算问题上，是不是考虑到了比如说中国的制造业和第一第二产业加起来占70%多，美国制造业15%，第二产业加起来也不到20%，美国的能源消耗一定比我们少的多？搞电解厂和搞一家银行、搞个咨询公司消耗能源肯定是大大的不一样。我不知道是不是计算过，是按同期计算，还是按我们现在的整体GDP多少？能源多少？还是按不同时期（计算），比如说1890年美国的能源消耗和我们差不太多，发展阶段的能源消耗水平如何比较？

第二个问题是关于知识产权的，张秘书长也提到知识产权保护，这个知识产权的保护，我个人的观点认为完全已经到了保护落后的地步，根本不是保护先进，而且是一种技术封锁和技术壁垒。我们现在也搞知识产权保护，我不反对，适当的保护是应该的，但是已经过度保护。知识产权的东西，应该做，但是应该在国际上提出来你这个知识产权的保护是保护落后，是封锁技术，阻碍科学技术发展的一个桎梏，现在知识产权保护已经到了荒唐的地步。所以我觉得这个问题，不知道科技部有没有想法，不能搞这样的知识产权保护？

还有一个问题是，刚才你也提到科技投入问题，比如说中药，刚才你也提到中药现代化。我们现在中药技术被美国人搞去，它拿去分析，用高科技分析它的有效成分是什么，制成药，反过来卖给我们。我们在这个方面的投入不是太少，而是没有。中药的发展上有很大的问题，比如说大蒜素，美国提炼出来以后到处卖，而我们的人还买回来。据说这个比大蒜要好，没味，还到处送礼作为礼品。但是大蒜这个东西是我们祖宗发现它具有很多药理作用。

另外，科技部有没有研究过为什么上世纪50年代那么穷，我们搞出来"两弹一星"，那个时候大学一年培养出来一两万人，现在每年大学招生录取两三百万人，在校学校1200万人，反而什么科技创新领军人才出不来？到底什么原因造成的这个现象？那时候有钱学森、邓稼先这样的优秀的人才，现在为什么就不行了？好，就这简单的几个问题。

解答：我一个一个回答。

第一个关于能源消耗计算的问题。你讲的这些据我所知都算过，国家计委也组织算过。先后组织了几种计算法，社科院和大学也计算过，当然也有争论，你说的那几个问题都涉及了。后来也是领导同志说的，算现在，算过去没有意义。后来我们又找一批人研究，最后的结论也有你说的那些问题。我们产业必须转变经济发展的方式，走资源节约型，环境友好型之路，坚持节能减排，实现国民经济发展的战略性调整，当然也包括发展服务业。刚才你说减少消耗能源资源是未来发展的一个方向，这也是中国科技工作的一项重要任务，必须超前部署，多少年以后解决了才行。

第二个你说的知识产权保护，是现在最复杂的一个问题。但是你刚才提的这个问题应该给吴仪副总理提，因为现在国务院成立了一个知识产权工作组，吴仪副总理任组长，它有12个部委的负责人是副组长，关于你说的保护落后的东西。前段刚刚开了四天会议，每个省、每个部都有人参加。知识产权这个东西我认为具有双重性，如果不保护知识产权，就影响创新。另外一面保护过度就会形成垄断，发达国家就是靠这个来打压我们，就是你说的那一面。但是这个东西要走的不偏不倚不容易，完全不保护，也就没有人创新了，但一过度又像你说的成了垄断，中了外国人的圈套。知识产权反映一个时期一个国家的经济政策和政治政策，制定好这个政策是要水平的。比如软件知识产权保护，怎么样保护恰如其分，既能把中国的软件发展起来，又不要受美国的挤压和欺压，这相当要水平了。不是简单的说你要不要保护。

现在我们就处在非常复杂的一个境地，第一个方面，我们有很多个专利名牌都被美国抢注了，然后我们用这些品牌还得给外国人钱，打官司也打不赢；好多国宝老字号都被日本人抢注了，包括我们有的中药老牌子。第二个方面，过去国外用知识产权来打压我们，现在我们就中美知识产权谈判。我们还是要有自己的战略。第三个复杂问题，就是我们国内确实存在严重的问题，不尊重知识产权，人家研究完以后，拿过来就用，盗版很厉害，这些东西对我们形成了一定的危害。我们在调查的时候就有很多案例，我想我们各地企业能够制定企业的知识产权制度，北京、上海肯定能制定一个比较适合当地的，既能够粉碎技术封锁，又能够鼓励我们中国人创新的制度。我估计用一段时间就能解决这个问题。

第三个你说的非常重要，党中央国务院非常重视中药的现代化。几年以前，我们传统中药世界上基本不认，就这两年开始扭转。大概在1992年、1993年，中国什么事都醒得比较早，就提出了中药现代化，国务院成立了中药现代化工作组，也拿了一笔钱，每年几个亿。这都十年了，也支持了一批（企业），虽然力度不够大。也做了很多的关键的大事。比如：当时提出两个问题要解决：一个是要搞清中药制剂里面是什么东西，建立FDA实验室，就是能够进入美国标准的实验室；第二个是中药西吃，把它分解，就把熬药分解成在不改变成分的情况下能够中药西吃和打针，现在也做成了，几乎都能做。现在中药已经成为世界药业发展的趋势，从世界市场已经看出来中国的中药市场未来越来越大。我们中国的中药未来肯定是有很好的前景。

谈到当年我国搞"两弹一星"。我对"两弹一星"进行过研究，那是共和国和科技界的骄傲，是世界科技史上的奇迹，充分展示了中国社会主义体制优势和全国科技界的协作精神，也充分展示了老一代科技工作者的为国奉献和聪明才智。花那么少的钱，在那么短的时期内取得成就，的确太了不起了。"两弹一星"的大战役也造就了一批世界级的科技将帅与大师。我认为领军人才不是天上掉下来的，也不

经济全球化与对外开放

可能仅靠自己努力就成领军人才，要在大战役中才能锻炼成长起来。今天的世界发生了巨大变化，新时期我国领军人才问题比较复杂，正如你说我们现在科学技术方面高水平的领军人才奇缺，缺帅才和大师级的人才，但一般的人才已形成宏大的队伍。我国的成果短期的多，长期的少，这可能跟我们的经济阶段有关系。短期的相当多，增长的快，比外国都强。我国不是说总体都差，我们人才济济，所以美国人也怕中国人的。因为这是经济社会发展一定阶段的产物，随着经济的发展，这个问题会逐步缓解。不仅短期搞好，长期也会搞好，人才大批出现之后，领军人才也会从自主创新，建设创新型国家的实践的大战役中成长起来。总之我们前景无限美好，我对此充满信心。

（根据录音整理，有删节。）

全球化背景下的中国扶贫开发事业

王国良

演讲时间：2009 年 4 月 9 日

作者简历：王国良（1954— ），1984 年毕业于北京大学国际政治系。工商管理硕士。1970 年至 1985 年，先后在首都钢铁公司、中华全国总工会工作。1985 年至 1990 年，在国务院办公厅秘书局工作。1991 年起，在国务院扶贫办公室工作，曾任综合处长，中国扶贫发展中心主任，外资项目管理中心主任。1997 年起，任国务院扶贫办公室副主任。2001 年起，任国务院扶贫办公室党组成员、副主任

内容提要：发展和富裕中的贫困是目前世界面临的最大挑战之一。在全球化的背景下，世界经济增长和社会进步的好处并没有被不同地区、不同国家和不同社会阶层所共享。作为世界反贫困事业的重要组成部分，中国扶贫减贫成就世界瞩目，是第一个提前实现联合国千年发展目标中贫困人口减半目标的发展中国家。中国特色的扶贫开发道路是中国特色社会主义道路和理论体系的一个重要组成部分。我国扶贫开发工作进入了开发与救助两轮驱动的新阶段。但全球金融危机加剧了全球贫困状况，对我国的影响已经逐渐传递到贫困地区，需要引起高度重视。全面了解我们自己所走过的道路，客观分析面临的情况和问题，与时俱进提出新的对策和措施，对进一步完善国家的扶贫战略和政策体系，对贯彻落实科学发展观、构建社会主义和谐社会至关重要。

全球贫困状况及千年发展目标

购买力平价

就是对于一定数量的商品和服务两种（或多种）货币的购买力之比，亦即在购买相同数量和质量商品时两种（或多种）货币的价格之比。购买力平价可用于汇率决定理论，汇率由一组商品的购买力平价决定。以牛奶为例，中国5元人民币一袋，美国1美元一袋，则人民币与美元的汇率应是5比1。但在实际计算购买力平价时，需要考虑一揽子标准商品和劳务。购买力平价也可用于国内生产总值比较。

发展和富裕中的贫困是目前世界面临的最大挑战之一。第二次世界大战以后，由于技术进步和相对稳定的国际环境，世界经济得到前所未有的发展。人类在战后60年创造的财富，超过此前有文明以来6000年的总量。

在全球化的背景下，世界经济增长和社会进步的好处并没有被不同地区、不同国家和不同社会阶层所共享。当今世界存在着严重的不平等，不仅不同地区、不同国家间的差距在扩大，发达国家和发展中国家的国内不平等程度也在加剧。根据世界银行购买力平价方法计算，2005年全球最富有的国家卢森堡、挪威和美国的人均国内生产总值，是最贫困国家马拉维、坦桑尼亚、几内亚比绍的95倍。目前全球最富有的500人的收入总和超过了最贫穷的4.16亿人的收入总和。全球最富有的10%的人几乎都居住在高收入国家，其收入之和占全球总额的54%。

世界各国反贫困的成效存在极大差异。在东亚和太平洋地区国家，即使遭到1998年金融危机的冲击，在1981年至2004年间，人均每天收入低于1美元的贫困人口仍然从7.96亿减少到1.69亿。同期，东欧和中亚、拉丁美洲和加勒比海、南亚和撒哈拉以南非洲国家的贫困人口都在增加。

从上个世纪60年代，国际社会开始关注贫困问题。联合国开发计划署、世界银行等国际组织，各国政府和非政府组织为此进行了积极的努力。1992 年 12 月 22 日，第 47 届联合国大会根据联合国第二委员会（经济和财政）的建议，确定每年 10 月 17 日为"国际消除贫困日"，要求各成员国宣传和促进全世界消除贫困的工作，采取具体的扶贫行动。2000 年 9 月 6 日，联合国千年首脑会议在纽约联合国总部召开，160 多个国家的国家元首和政府首脑就千年发展目标（MDG）达成共识。千年目标的核心目标是，到 2015 年使全球贫困人口减半。具体有八类指标，一是消除极端贫困与饥饿，靠每日不到 1 美元维生的人口比例减半，挨饿的人口比例减半；二是普及小学教育，确保所有男童和女童都能完成全部小学教育课程；三是促进两性平等并赋予妇女权利，最好到 2005 年在小学教育和中学教育中消除两性差距，至迟于 2015 年在各级教育中消除此种差距；四是降低儿童死亡率，5 岁以下儿童的死亡率降低 2/3；五是改善产妇保健，产妇死亡率降低 3/4；六是与艾滋病毒／艾滋病、疟疾和其他疾病作斗争，遏止并开始扭转艾滋病毒／艾滋病的蔓延；遏止并开始扭转疟疾和其他主要疾病的发病率增长；七是确保环境的可持续能力，将可持续发展原则纳入国家政策和方案；扭转环境资源的流失；无法持续获得安全饮用水的人口比例减半；到 2020 年使至少 1 亿贫民窟居民的生活有明显改善；八是全球合作促进发展。这是全世界各国第一次联合向贫困宣战。

一　中国扶贫开发的历程与成就

中国扶贫是世界反贫困事业的重要组成部分。中国的成功减贫加速了世界减贫的进程，扭转了过去 50 多年世界贫困人口持续上升的趋势，使得世界贫困人口开始呈现下降趋势。改革开放之初，我国由于自然、历史和体制等方面的原因，农村贫困问题十分严重。30 年来，通过改革农村基本经营制度，提高农村生产力水平，促进了国民经济快速健康发展，实施专项扶贫开发计划，特别是 2002 年以来，统筹城乡推动扶贫，使我国农村的贫困状况得到极大缓解，扶贫开发取得了举世瞩目的成就。1986 年至

2007 年，农村绝对贫困人口从 1.25 亿减少到 1479 万，基本解决了农村的温饱问题。

根据世界银行 1990 年至 2002 年的全球最新贫困数据，按照每天每人消费 1 美元的标准，中国的贫困人口减少了 1.95 亿人，而同期全球贫困人口减少的总数为 2.07 亿人，中国所占比例超过 90%。1990 年至 2007 年，中国减少的贫困人口占世界减贫人口的 70% 以上，因此，世界银行认为："中国的减贫成就举世瞩目"。联合国开发计划署表示："中国在全球千年发展目标中所做的贡献，给予再高的评价也是不过分的。"

1 历史进程

改革开放 30 年来，我国扶贫事业可以分为三个发展阶段：

1978 年至 1985 年，体制改革推动扶贫阶段。国家开始全面改革开放，在农村废除了人民公社制度，建立了以家庭联产承包为基础的经营体制，放开农产品价格和市场，极大解放和发展了生产力。农村经济的快速发展，大面积缓解了农村贫困，使农村贫困人口从 2.5 亿减少到 1.25 亿。

1986 年至 2007 年，专项计划推动扶贫阶段。具体又可分为三个时期。

1986 年至 1993 年：开创时期。主要措施有：

成立国务院扶贫开发领导小组及其办公室，负责指导、协调全国的扶贫开发工作。全国除京津沪外，28 个省、自治区、直辖市，约 1500 个县建立了扶贫开发领导小组及其办公室。全国扶贫系统干部超过 3 万人。

制定国家扶贫标准。1985 年人均年收入低于 206 元，到 2007 年不变价为 785 元。2009 年国家提高了扶贫标准，2008 年人均年收入低于 1196 元，新标准下的农村扶贫对象为 4007 万人，比过去增加了 2528 万人。

明确扶贫开发的重点区域。明确 18 个集中连片的贫困地区。确定了 331 个，后来扩大到 592 个国家扶贫开发工作重点县、406 个省定县。在 592 个重点县中，有少数民族县 267 个，其中中部 35 个、西部 232 个。边境县 42 个，其中中部 7 个，西部 35 个。革命老区县 307 个，其中中部 183 个，西部 124 个。

安排专项资金支持贫困地区发展。中央财政扶贫资金从 1980 年 8 亿、1986 年 19 亿、增加到 2009 年 197.34 亿，扶贫信贷资金从 1984 年 13 亿、1986 年 23 亿、增加到 2008 年 141 亿，中央财政贴息资金 5.3 亿。截止到 2009 年 3 月，中央财政扶贫资金累计投入 1750.19 亿，中央扶贫信贷资金累计投入超过 2100 亿。

启动政府动员为主体的社会扶贫工作。首先是中央国家机关定点扶贫工作。从 1986 年 10 个部委发展到 2008 年 249 个中央国家机关、企事业单位及人民团体定点帮扶 481 个国家扶贫开发工作重点县。1996 年开始了东西扶贫协作工作。目前，东部共有 15 个发达省市对口帮扶西部 11 个省区市。

1994 年至 2000 年：攻坚时期。主要措施是颁布实施了《国家八七扶贫攻坚计划》，集中全国的人力、物力、财力，用 7 年时间解决 8000 万人的温饱问题。

2001 年至 2007 年：深化时期。一是 2001 年国务院颁布实施了《中国农村扶贫开发纲要（2001—2010）》，同时又提出了低收入的贫困标准。二是在 2002 年，党的十六大胜利召开。十六大以后，全面落实科学发展观、统筹城乡发展，国家实行了以工促农、以城带乡的方针，对农村全面实施了反哺政策。全面贯彻落实科学发展观对于加快减贫进程起到了根本性的作用。这一时期绝对贫困人口从 3209 万减少到了 1479 万，低收入人口从 6213 万减少到 2841 万。这一时期又可以分为两段，前两年低收入以下的贫困人口年均减少 338 万，而在十六大以后，随着"以工促农、以城带乡"方针的全面落实，低收入贫困人口年均减少 860 万。

2007 年至现在，两轮驱动推动扶贫阶段。2007 年国务院宣布在全国农村普遍建立最低生活保障制度。2008 年 10 月，党的十七届三中全会提出要实行新的扶贫标准，对低收入人口全面实施扶贫政策。2008 年 11 月，回良玉副总理在国务院扶

名词解释

"两轮驱动"

即开发扶贫与救助扶贫两种扶贫政策。

贫开发领导小组第一次全体会议上明确提出，我国扶贫事业从此进入了开发扶贫与救助扶贫两轮驱动的新阶段。

2009 年 3 月，温家宝总理在《政府工作报告》中进一步明确，今年将实行新的扶贫标准，对农村低收入人口全面实施扶贫政策。新标准提高到人均 1196 元，扶贫对象覆盖 4007 万人，这标志着我国扶贫开发进入一个新阶段。新阶段主要标志和特征是：扶贫开发工作从以解决温饱为主转向解决温饱和解决相对贫困问题并重，从解决贫困人口收入问题为主转向提高收入和能力并重，从以基础设施改善为主转向物质自然资源开发和人力资源开发并重，通过实行最低生活保障制度和扶贫开发政策有效衔接、采取制度性措施实现贫困人口的持续发展。

🕮 主要成就

经过 30 多年的艰苦努力，扶贫开发取得了巨大的成就：

一是基本解决了农村贫困人口温饱问题。根据我国的扶贫标准，中国农村尚未解决温饱问题的绝对贫困人口数量从 1978 年的 2.5 亿下降到 2007 年的 1479 万，占农村居民总人口的比重从 30.7% 下降到 1.6%；初步解决温饱问题但不稳定的低收入贫困人口从 2000 年的 6213 万减少到 2007 年的 2841 万，占农村居民总人口的比重从 6.7% 下降到 3%。贫困地区农民人均收入水平也有较大提高。

二是有效推动了贫困地区经济增长。经过多年扶持，国家扶贫开发工作重点县面貌发生了很大变化，国内生产总值和第一产业增加值增长速度高于全国平均水平，劳动力就业结构也进入快速调整期。

三是明显改善了贫困地区的生产生活条件。2007 年底，国家扶贫开发工作重点县通公路、通电、通电话和能接收广播电视的自然村分别达到总数的 82.8%、96.5%、85.2% 和 92.2%，有医疗室行政村的比例增至 75.6%，有安全饮用水农户的比例增至 73.5%。

四是极大提高了贫困地区社会事业的发展水平。2007 年，扶贫开发工作重点县 7 岁至 15 岁儿童在校率增至 95.3%，劳动力中文盲半文盲的比重降至 11.5%。新型农村合作医疗覆盖了全国 83% 的县，重点县农民有病能及时就医的比例达到 86.5%。

3 作用与影响

扶贫开发取得的伟大成就，不仅促进了贫困地区的经济社会发展，缓解了农村贫困状况，优化了国民经济结构，而且对于民族团结、政治稳定、边疆巩固、社会和谐发挥了重要作用。我国扶贫开发的成就，还加速了全球减贫的进程。成为第一个提前实现联合国千年发展目标中贫困人口比例减半的国家。

二　中国扶贫开发的主要做法与经验

中国大规模扶贫开发所取得的辉煌成就，有着深刻的背景和不可或缺的条件。在中国大规模减贫战略实施的背后，伴随着的是国民经济持续快速的增长、影响深远的体制变革和重大的理论创新。

30 年来，中国扶贫开发的主要做法和经验主要有以下四个方面：

第一，坚持改革开放，促进经济平稳较快发展，奠定了大规模减贫的坚实基础。2002 年到 2008 年间，我国国内生产总值实现了跨越式增长，从 12 万多亿元跃升至 30 万亿元，财政收入 6.13 万亿元。综合国力和经济实力显著增强。农业农村发展更是呈现多年少有的好形势，粮食连续五年增产，总产量 10570 亿斤，创历史最高水平，主要农产品产量全面增加，农民人均纯收入连年增长，达到 4761 元。这些都为缓解贫困提供了有利的宏观环境和必要的物质条件。

第二，坚持政府主导，实施开发式扶贫，推动了大规模减贫事业的快速发展。《八七扶贫攻坚计划》完成后，国家又制定并实施了《中国农村扶贫开发纲要（2001—2010 年）》。1978 年至 2009 年，中央政府投入专项财政扶贫资金1700多亿元，还通过贴息调动了2100多亿元扶贫贷款。地方各级政府的扶贫投入也在不断增加。其中，2002年到2009年，中央财政扶贫资金从106亿元增长到197亿元，共投入财政扶贫资金952亿元，并通过财政贴息调动了1000多亿元扶贫贷款。2009年中央财政新增扶贫资金30亿元，增幅和增加值都达到历史最高水平。28个有扶贫任务的省（自治区、直辖市）级财政扶贫资金从2002年的22亿元增加到2007年的48亿元，年均递增16.9%。同时，随着公共财政体制框架的逐步建立和不断完善，国家加大了对贫困地区财政转移支付力度，增强了地方政府的扶贫能力。

同时，强化了扶贫工作责任制，实施整村推进、劳动力培训、产业化扶贫、移民扶贫，充分调动了贫困地区广大群众的积极性和创造性。通过不断加大扶贫开发力度，贫困地区和贫困群众在公平分享经济发展成果方面取得了重要进展。

第三，坚持以人为本，构建和谐社会，促进了千年发展目标的稳步实施。我们坚持走科学发展之路，努力统筹城乡发展，注重把公共资源向农村和贫困地区倾斜，注重保障和改善民生，全面实行农村免费义务教育，普遍建立新型农村合作医疗制度，加大农村基础设施建设力度，有力地促进了贫困地区基本公共服务均等化进程。坚持把解决好"三农"问题作为全部工作的重中之重，不断加大强农惠农政策力度，全面取消"农业四税"，实行"四项补贴"。这既加快了农村发展步伐，也成为支持贫困地区和贫困人口发展的强大力量。全面建立农村最低生活保障制度，不断完善以扶老、助残、救孤、济困为重点的社会救助体系，扶贫工作从此进入开发扶贫和生活救助"两轮驱动"的新阶段。

名词解释

财政转移支付

狭义的概念是政府给予个人的货币，不必以商品或劳务相交换，如福利制度。广义的财政转移支付指整个社会经济活动中的非交换支出。一般所说的财政转移支付，是指政府间的财政资金转移，是最主要的区域补偿政策。

名词解释

农业四税

农业四税包括农业税、农业特产税、耕地占用税、契税。

名词解释

四项补贴

四项补贴指的是对种粮农民的直接补贴、良种补贴、农机具购置补贴和农资综合补贴。

第四，坚持社会动员，促进国际合作，凝聚了减贫与发展的强大合力。我们发挥社会主义制度的优势，弘扬中华民族扶贫济困的传统美德，引导社会各方面大力开展各具特色的扶贫行动，党政机关和企事业单位的定点扶贫、东西扶贫协作、希望工程、光彩事业、巾帼扶贫行动和幸福工程等活动不断深入。这不仅有力地推动了贫困地区发展和贫困农民增收，而且增强了全体社会成员的责任感，促进了良好社会风气的形成。我们还积极与有关国际组织、双边机构和国内外民间组织合作，联合实施了多种形式的扶贫项目或活动。其中，从上个世纪90年代初开始，国务院扶贫办开始与世界银行合作，先后设计和实施了四期综合性扶贫性项目，资金投入超过100亿元人民币，在项目建设中探索总结了一系列成功经验和做法，为中国的扶贫事业做出了积极贡献。扶贫开发呈现专项计划扶贫、惠农政策扶贫和社会各界扶贫等多方力量、多种举措有机结合、互为支撑的"大扶贫"新局面。

三　新阶段我国扶贫开发的目标与任务

党的十七届三中全会，是在改革开放30周年召开的一次具有重要现实意义和深远历史意义的会议。全会通过的《关于推进农村改革发展若干重大问题的决定》，对新时期农村改革发展做出了全面部署，同时，精辟、准确地阐述了新阶段扶贫开发的目标、意义、战略和政策体系、方针、标准、对象、首要任务和工作重点。《决定》指出："搞好新阶段扶贫开发，对确保全体人民共享改革发展成果具有重大意义，必须作为长期历史任务持之以恒抓紧抓好。完善国家扶贫战略和政策体系，坚持开发式扶贫方针，实现农村最低生活保障制度和扶贫开发政策有效衔接。实行新的扶贫标准，对农村低收入人口全面实施扶贫政策，把尽快稳定解决扶贫对象温饱并实现脱贫致富作为新阶段扶贫开发的首要任务。重点提高农村贫困人口自我发展能力，对没有劳动力或劳动能力丧失的贫困人口实行社会救

相关连接

反贫困领域国际合作

贫困问题被联合国列为社会发展问题三大主题之首，反贫困的国际合作包括多种形式，如国际间技术合作和交流，包括消除贫困方面的人才培训、开展国际扶贫援助项目等。

助。加大对革命老区、民族地区、边疆地区、贫困地区发展扶持力度。继续开展党政机关定点扶贫和东西扶贫协作，充分发挥企业、学校、科研院所、军队和社会各界在扶贫开发中的积极作用。加强反贫困领域国际交流合作。"

为深入贯彻落实好会议精神，2008 年 11 月 25 日，国务院副总理回良玉主持召开了本届政府第一次扶贫开发领导小组会议。会议以科学发展观为指导，贯彻落实全会精神，全面总结十六大以来扶贫开发取得的成绩和经验，认真分析当前出现的新情况、新形势、新问题，对当前和今后一个时期扶贫开发工作做出了总体部署。

▰ 新阶段扶贫开发的重大意义

当前和今后一个时期，扶贫开发承担着神圣的历史使命。

在建设社会主义新农村的进程中，扶贫开发承担着促进贫困农村经济社会全面进步的重大任务。贫困农村经济社会发展滞后，是新农村建设的难点地区、硬"骨头"地带。在市场经济条件下，资源存在着向发展水平较高地区集中的倾向，贫困地区处于相对不利的地位。促进贫困农村发展，必须加大扶贫开发力度。以专项扶贫计划为平台，调动和整合各种资源，实行整村推进、连片开发、综合治理，是加快改善贫困农村生产生活条件的重要举措，是推进贫困地区新农村建设的有效方式。

在全面建设小康社会的进程中，扶贫开发承担着帮助贫困人口增加收入、脱贫致富的重大任务。农村贫困人口是收入最低的社会群体，2007 年农村绝对贫困线收入水平（785 元），只有全国农民人均纯收入（4140 元）的 19%、城镇居民人均可支配收入（13786 元）的 5.7%。只有通过扶贫开发，加快贫困地区经济发展，拓展农民就业空间，才能促进贫困人口增加收入、脱贫致富，与全国人民一道迈入小康社会。近几年，国家扶贫工作重点县农民收入增幅实现了由过去长期低于全国平均水平到高于全国平均水平的重大转变，充分说明扶贫开发工作取得了重大成效。

在构建社会主义和谐社会的进程中，扶贫开发承担着缩小发展差距、扶助弱势群体的重大任务。收入分配差距过大是我国经济社会发展面临的突出矛盾，也是当前影响社会和谐的重要因素。搞好扶贫开发，加大国家和社会各界对贫困地区的支持与帮助，一方面可以加快贫困地区的发展，缩小贫困地区与其他地区的差距，另一方面可以增强贫困群众对党和政府的信任，加强不同阶层、不同区域之间的了解，促进社会成员之间的谅解和包容，有利于缓解社会冲突，促进社会和谐。

在建设生态文明的进程中，扶贫开发承担着保护资源环境、促进可持续发展的重大任务。贫困地区大多生态环境恶劣，自然资源贫乏，人地矛盾突出。坚持扶贫开发与资源保护、生态建设相结合，有利于实现贫困地区人口、资源、环境的良性循环；实施劳动力转移培训、产业化扶贫、移民扶贫等措施，有助于减轻贫困地区人口与资源的矛盾，提高贫困地区可持续发展能力。探索建立有利于贫困地区和贫困人口的资源和生态补偿机制，也是扶贫开发的一项重要任务。

总之，我们要从战略和全局高度，充分认识加快推进扶贫开发的重要性和紧迫性，充分认识扶贫开发的长期性和艰巨性。在新的历史条件下，扶贫开发工作只能加强，不能放松；扶贫政策力度只能加大，不能削弱；贫困地区的发展步伐只能加快，不能停滞。贫困地区各级政府需要把思想和行动统一到党的十七大和十七届三中全会精神上来，适应扶贫开发新形势，顺应贫困人口过上美好生活新期待，抓住难得机遇，采取有力举措，奋力开创我国扶贫开发工作的新局面。

2 目前扶贫开发面临的挑战

当前，我国经济社会发展正处在新的历史起点上，扶贫开发面临着新的形势和任务。我们必须清醒地认识到，我国仍是人均收入水平较低的发展中国家，发展不平衡的问题还相当突出。特别是在工业化、信息化、城镇化、市场化、国际化加快推进的背景下，农业和国民经济关系出现根本调整，农村经济结构、社会结构和治理方式发生深刻变化，农民思想观念、就业渠道和生活方式逐步更新，包括贫困地区在内的广大农村要素流失速度在加剧，农民特别是贫困人口与城镇居民收入差距呈扩大趋势。农村扶贫开发工作面临严峻挑战。

一是扶贫开发任务更加繁重

扶贫对象规模依然较大。按我国政府新的扶贫标准，到 2008 年底，扶贫对象还有 4007 万，相当于一个中等规模国家的总人口。如果参考每人每天 1 美元标准，按 2005 年购买力平价计算，贫困人口数量大约在 1 亿左右。

特殊类型地区贫困程度深。这些地区大部分是革命老区、民族地区和边疆地区，生存环境恶劣，基础设施落后，社会形态特殊，公共服务欠缺，人畜混居、茅草屋、溜索等现象依然存在，地方病严重困扰等等。上述地区贫困人口比例高达 30%—40%，许多人只有通过易地搬迁才能解决温饱。扶贫工作难度大，成本高。

二是致贫因素更加复杂

在贫困人口数量减少的同时，返贫问题越来越突出。扶贫对象中，刚刚解决温饱但不稳定的占 2/3。自然灾害频繁依然是农村致贫返贫的主要因素之一，贫困地区自然灾害发生率是其他地区的 5 倍。今年的雨雪冰冻灾害和汶川地震主要影响中西部贫困地区，不仅造成大量人员返贫，而且使多年建设和扶贫成果毁于一旦，恢复重建任务异常艰巨。因病致贫仍然突出。市场变化和食品安全因素带来的风险，危及贫困地区特色产业。社会性、政策性致贫因素也在增加，工程移民、建设用地、生态保护和资源开发等项目，都可能产生新的贫困群体。国际金融危机、经济增速放缓，造成贫困地区农民工返乡，农产品价格下降。传统因素和新增致贫因素交织在一起，增加了扶贫工作的不确定性。

三是扶贫开发使命更加艰巨

到 2020 年基本消除绝对贫困现象任务十分艰巨。同时，扶贫开发还承担着提高贫困地区和贫困人口自我发展能力，逐步缩小发展差距的重要使命。当前，城乡、区域、不同社会群体发展差距扩大趋势尚未得到有效控制。2002 年，全国城乡居民收入之比是 3.1：1，2007 年扩大到 3.33：1。按农村居民收入五等次情况看，2002 年最高收入家庭的人均纯收入是最低收入家庭的 6.9 倍，2007 年扩大到 7.3 倍。2007 年重点县农民年人均纯收入 2278 元，仅为全国农民的一半左右。新的扶贫标准也仅为 2008 年全国农民人均纯收入的 1/4。贫困地区内部的发展差距更为突出。在一些乡村，少数人群的畸高收入掩盖了多数人的贫困。

四是扶贫工作面临的突出问题

认识问题。主要是对扶贫的长期性、重要性缺乏认识，一些地方放松了对扶贫工作的领导。

投入问题。扶贫投入与尽快稳定解决扶贫对象温饱并实现脱贫致富的目标存在较大差距，投入增幅明显低于国家财政增收和支农资金增长的速度。

金融服务。贫困地区金融服务严重欠缺，中小型农产品加工企业和贫困农户很难获得贷款。

队伍建设。扶贫队伍现状与担负的任务不相适应，许多地方存在机构不稳、人手不足、经费紧张、办公条件较差等问题。

国际经验和国内实践充分表明，经济社会越发展，越要关注贫困；发展速度越快，越要关注发展的不平衡。当前，在全球金融危机不断加剧、经济增长速度普遍放缓的情况下，更要高度关注贫困地区、贫困人口受到的影响和冲击。在应对金融危机、加快城乡经济一体化、构建和谐社会和全面建设小康社会的过程中，农村贫困地区作为最薄弱的环节，农村贫困人口作为最弱势的群体，需要下更大的力气给予扶持。

在看到挑战的同时，我们也要看到扶贫开发也面临难得的历史机遇。我国总体上已进入以工促农、以城带乡的发展阶段，进入加快改造传统农业、走中国特色农业现代化道路的关键时刻，进入着力破除城乡二元结构、形成城乡经济社会发展一体化新格局的重要时期，同时以人为本、关注民生的执政理念进一步落实，都为加快农村经济社会发展、搞好扶贫开发提供了良好环境。目前，党中央、国务院为应对国际金融危机，及时做出了扩大内需、加大投资力度等一系列战略部署，其中的重点就是加快民生工程、基础设施、生态环境建设和灾后重建，提高居民特别是中低收入群体的收入，这也为扶贫工作提供了新的有利条件。

3 新阶段扶贫开发的主要任务

一要把完善国家扶贫战略和政策体系作为当务之急。与过去相比，新阶段扶贫开发的目标任务、环境条件都有很大不同。必须根据新形势、新任务的要求，立足当前、着眼长远，研究完善国家扶贫开发战略，进一步明确战略任务、战略重点、战略步骤和战略措施；研究完善国家扶贫政策体系，对行之有效的政策措施要继续坚持并不断强化，对不适应的政策要及时调整并不断完善，同时还要与时俱进地出台新的政策措施。首先要确保如期实现《纲要》提出的奋斗目标和任务，同时要及早谋划2010年以后的扶贫开发工作。

二要把坚持开发式扶贫方针作为根本保证。开发式扶贫是中国特色扶贫道路最根本的经验，是经过实践检验的正确方针，必须长期坚持下去。同时，要推进农村最低生活保障制度和扶贫开发政策的有效衔接。低保制度是社会救助，扶贫开发是提高能力；低保制度是维持生存，扶贫开发是促进发展。二者相辅相承，相互促进，不能相互替代。目前，我办正与民政部、财政部、国家统计局、中国残联共同开展两项制度衔接的试点，探索对农村贫困人口采取更有针对性措施的有效方法。

三要把尽快稳定解决扶贫对象温饱并实现脱贫致富作为首要任务。截至2008年底，我国农村扶贫对象4007万人，比原来增加了2500多万人。扶贫对象扩大之后，要尽快完善扶贫对象识别和建档立卡工作，确保落实到户到人，我们正在认真研究新标准下农村贫困人口的分布和特征，为有针对性地做好工作奠定基础。

四要把提高农村贫困人口自我发展能力作为工作重点。提高贫困人口自我发展能力，是贫困地区脱贫致富的根本出路。必须着力加强贫困地区基础设施建设，努力改善生产生活条件；必须切实加快贫困地区经济发展，通过发展生产力，提高贫困人口自我积累、自我发展的能力；必须注

经济全球化与对外开放

重加大对贫困人口的人力资本投资，把发展教育培训和医疗卫生事业作为突出任务，不断提高贫困人口的综合素质。这是扶贫开发工作的重点和主体。同时，对那些没有劳动能力或者劳动能力丧失的贫困人口，要积极实行社会救助，全面纳入最低生活保障，努力做到应保尽保。

五要把革命老区、民族地区、边疆地区作为扶贫的优先地带。革命老区、民族地区、边疆地区，既是贫困人口比较集中的地区，又是关系全国稳定和谐大局的重点地区。党的十七大和十七届三中全会都明确要求加大对这些地区的扶持力度。因此，扶贫开发的专项计划，无论是整村推进还是产业化扶贫、劳动力培训、移民扶贫等，都应向这些地区倾斜。扶贫办提出从去年起，用 3 年时间确保革命老区县、边境地区重点县和人口较少民族居住区三类地区共 24649 个重点村优先完成整村推进扶贫规划，这件事要切实抓紧抓好。

六要把扶贫工作机制创新摆到重要位置。

一是协调机制。完善"大扶贫"的工作格局，充分发挥领导小组各成员单位在扶贫开发中的积极作用。搭建合作平台，规范协作机制，形成工作合力。

二是财政扶贫资金管理机制。总的要求是，既要专款专用，更要用出成效。积极探索财政扶贫资金可持续发挥效益的机制，总结推广贫困村村级互助资金经验，探索到户资金股份化的有效方式。建立以结果为导向的考核评价体系，提高工作绩效。加大对扶贫资金和项目的监督力度。加大财政扶贫资金与其他资金统筹使用力度，充分发挥资金积聚效应。鼓励地方因地制宜采取扶贫措施，优先瞄准最困难的群体，优先解决贫困群众最迫切需要解决的问题。

三是信贷扶贫资金管理机制。继续深化信贷扶贫资金管理改革，鼓励金融系统通过金融产品和服务方式创新，进一步满足贫困农户小额信贷需求。

四是社会扶贫机制。完善社会扶贫政策和激励机制，鼓励党政机关、企事业单位定点扶贫和东西扶贫协作，增加学校、科研院所和军队参与定点扶贫。加强反贫困领域国际交流合作。

五是扶贫对象识别机制。实行新的扶贫标准，准确识别工作对象，实现扶贫开发政策与农村低保制度有效衔接。要加强贫困监测，改革和完善建档立卡工作，摸清底数，瞄准重点，完善政策，提高成效，让贫困人口真正受益。

六是扶贫法制化管理机制。努力促成重大决策贫困影响评价，研究贫困地区资源补偿和生态补偿政策。尽快制定规范的扶贫工作法规。

四 | 当前对扶贫比较关注的几个问题

◤1 关于扶贫标准问题

我国在 2007 年以前有两个扶贫标准：一是 1986 年制定的绝对贫困标准，把农民人均年纯收入低于 206 元的农村人口视为扶贫对象，1986 年制定标准时是 1.25 亿人，占农村总人口的 14.8%，后来此标准随物价调整，到 2007 年时是 785 元，人口减少到 1479 万，占农村总人口的 1.6%。二是低收入标准，这是 2000 年制定的，是农民年人均纯收入低于 865 元，在绝对贫困和低收入标准之间为低收入人口，当时是 6213 万人。到 2007 年年底，低收入标准调整为 1067 元，人口减少到 2841 万人。

党的十七大和十七届三中全会明确，实行新的扶贫标准，对低收入人口全面实施扶贫政策。主要是因为：根据《中国农村扶贫开发纲要》精神，新世纪以来，我国农村扶贫的主要对象是没有解决温饱的绝对贫困人口，同时对低收入人口给予扶持。也就是说，对这两部分人口的扶持力度是不同的，尤其在西部地区特别明显。随着新标准的采用，我国在统计口径上将不再区别绝对贫困人口与低收入人口，在扶贫政策上要"填平补齐"。按照新的扶贫标准，扶贫对象有 4007 万，比 2007 年的绝对贫困人口增加了 2528 万，这一部分人的扶持政策必须补齐。

目前社会上议论比较多的是我国的扶贫标准与国际扶贫标准的比较，

如何认识呢？

首先，提高扶贫标准是一个过程。党的十七大明确提出要逐步提高扶贫标准。此次调整标准，说明中国经济实力增强了，有能力惠及更广大的人群。今后，我国的扶贫标准还会随着国家经济实力的增强再做调整。

其次，制定扶贫标准要从国情出发。世界银行有一个简称一人一天一美元的国际贫困标准，主要用于比较不同国家的贫困程度。据我办目前所了解到的 70 多个国家的扶贫标准，很少有哪个国家是按此标准执行的。

三是扶贫标准高低与扶贫水平和成绩没有必然联系。我国的扶贫标准不高，但扶贫水平和成就举世公认，许多第三世界国家都向我们学习经验。

四是不能孤立看待扶贫标准。扶贫标准只是政府各项政策中的一个指标，要把这一政策与其他的惠农政策结合起来看，全面、发展、辩证地看待扶贫标准。

❷ 关于扶贫方针问题

开发式扶贫方针，是改革开放 30 年扶贫开发的基本经验，也是做好扶贫工作的根本保证。但是，在农村低保制度建立之后，有些同志却在要不要坚持开发式扶贫的方针上动摇了。为什么会出现动摇呢？关键还是长期以来，我们在对扶贫开发的理解上存在片面认识。有些同志在强调开发式扶贫方针的时候，把开发式扶贫与救助式扶贫对立起来，甚至相互排斥，所以在低保制度建立之后就感到乱了方寸；也有一些同志认为，在低保出台之前，扶贫开发的主要任务是"造血"，而今后要开始新的"输血"；还有一些同志搞不清扶贫与民政部门的关系。其实，这两项工作相互支撑，低保是消除绝对贫困现象"兜底性"的制度安排，而扶贫开发则是实现脱贫致富的必由之路。因此，扶贫开发与低保将是今后我国完整扶贫战略不可或缺的两个重要组成部分。我国有几千万贫困人口，帮助和鼓励有劳动能力的贫困人口经过辛勤劳动实现脱贫致富应该是长期、一贯的方针，也是中国扶贫的一大特色。我们要汲取西方国家单纯福利制度的教训。只有这样，才能正确把握《决定》在"完善国家扶贫战略和政策体系"之后，紧接着就强调"坚持开发式扶贫方针，实现农村最低生活保障制度与扶贫开发政策有效衔接"的深刻内涵。

3 关于国际金融危机对贫困地区的影响问题

国际金融危机加剧了全球贫困状况。世界银行数据显示，2008年全球贫困人口增加了1.3亿以上，2009年预计再增加4600万。为了准确判断这场危机对我国贫困地区、贫困人口的影响，春节前后，我办分别赴青海、湖南、江西、河北、辽宁、内蒙古、重庆和浙江等地开展实地调研。总的看，国际金融危机对我国的影响已经逐渐传递到贫困地区，需要引起高度重视，并采取有力措施加以应对。

危机的影响主要表现在四个方面。

一是农民工提前返乡并滞留农村比例大。全国农民工提前返乡的比例为15.3%。而贫困地区都在30%左右。春节后贫困地区仍然滞留农村的农民工明显多于2008年同期。江西省21个重点县留在家乡近期难以就业的农民工占返乡农民工的比例略高于全省平均水平，比去年同期增加了22个百分点。

二是农民收入受影响大。贫困地区农民人均纯收入中，工资性收入占34.4%，略低于全国农村平均水平。但对于许多已经脱贫的农民而言，增加收入主要靠外出打工，这部分人工资收入占比很高。打工收入下降，必然影响全年收入。而且去年下半年以来，各地工资水平普遍下降，即使节后返城能够找到工作，收入也会下降。

三是优势产业受冲击大。贫困地区自然条件差，培育优势主导产业经历了长时间探索。目前已经形成的主导产业，主要集中在传统种养业上，如养猪羊禽，种植马铃薯、棉花、水果、中药材等，普遍存在结构比较单一、加工能力薄弱、外向依存度高等方面问题。今年以来，湘西、赣南等地的椪柑、脐橙市场低迷，价格下跌，农户普遍陷入增产不增收、增产反减收的困境。湘西州反映，在不计人工成本的情况下，椪柑每公斤成本约为0.7元，而目前收购价仅为0.4元。

四是扶贫龙头企业困难大。 经济不景气使扶贫龙头企业面临多重困难，最突出的是订单减少，库存增加，流动资金严重短缺。如湘西老爹农业科技开发公司，猕猴桃加工规模占湘西州鲜果总产量的 1/5。为保护果农利益，该公司实施最低收购价，而产品销售不畅，流动资金紧张，企业十分困难。

我们认为，贫困地区应把自身发展作为应对危机的根本之策。扶贫开发应把千方百计增加农民收入、有效抑制返贫作为当前的首要任务。要充分利用中央扩大内需促进经济增长政策，进一步增加扶贫开发投入；以就业为民生之本，发挥返乡农民工的生力军作用；继续调整农村产业和就业结构，强力支持优势产业和龙头企业；加快中西部地区工业化、城镇化、现代化进程。

为尽量减轻国际金融危机给贫困地区、贫困人口带来的负面影响，国家主要采取四方面措施：一是采取以工代赈方式，给予最低工资招募农民参加建设，为失业农民工创造就业机会；二是以就业为导向开展分类培训；三是努力扩大扶贫贴息贷款规模，帮助返乡创业人员解决融资难；四是将符合政策的原有贫困人口和返贫人口都纳入农村最低生活保障范围，加大救助和扶持力度。

4 关于最低生活保障制度与扶贫开发的关系问题

随着农村贫困人口大幅度减少，农村扶贫标准提高，农村最低生活保障制度的建立，我国扶贫开发工作进入了开发与救助两轮驱动的新阶段。实现两项制度的有效衔接，是确保实现十七大提出的到 2020 年绝对贫困现象基本消除目标的重要举措，是扶贫部门的重要任务，是提高行政效能和扶贫效果的有益探索，也是完善国家扶贫战略和政策的内在要求。这是

名词解释

扶贫龙头企业

扶贫龙头企业是指以农产品加工或流通为主业，或以贫困地区劳动力为就业主体的，通过各种利益联结机制带动贫困农户进入市场、促进贫困地区产业结构和就业结构调整、在规模和经营指标上达到规定标准并经政府扶贫机构（国务院扶贫办）认定的企业。2005 年首批确认了 260 家国家扶贫龙头企业，它们在产业发展上享有贷款、税收等政策优惠。

一项大政策，是关系到今后十年乃至更长时间扶贫开发工作的基础性制度建设，是新阶段完善国家扶贫战略和政策体系的奠基之作。

完善贫困人口识别机制是搞好两项制度衔接的核心。二十多年的扶贫开发，始终要解决的一个问题是瞄准。为此，扶贫部门进行了长期探索，制定国家扶贫标准，划定集中连片贫困地区，确定贫困县和扶贫开发重点县，再确定贫困村。为了找到贫困人口，我们建立了农村贫困监测制度，开展了贫困人口建档立卡的工作。在实施国际项目和一些试点当中，还尝试了贫困人口的参与式识别办法。但是总的看，目前扶贫部门的贫困识别，还存在着制度上的缺陷，效果不理想。

识别贫困户最有效的方法是民主推荐。农村低保制度在这方面已经形成了比较规范的做法，扶贫部门要参照学习，完善和改进贫困人口识别机制，健全贫困农户档案，实施分类扶持，做到应保尽保，应扶尽扶。

目前，我办正在与民政部、财政部、国家统计局、中国残联联合开展两项制度衔接的试点工作，试点涉及 11 个省的 20 个县。试点县中有革命老区县 6 个，民族县 4 个，既是老区县又是民族县的 2 个，具有广泛的代表性。目前各县都已经制定了试点工作方案，明确了试点的范围、内容、步骤、工作进度、保障措施等。在试点工作的基础上，力争在今年下发《农村最低生活保障制度与扶贫开发有效衔接指导意见》。

关于扶贫开发重点工作问题

一是整村推进。2001 年，在"纲要"实施之初，我们在全国认定了 15 万个贫困村，在群众参与的基础上，制定整村推进扶贫规划，分年度实施。到 2007 年底，总计完成了 7.2 万个村。为了集中力量，重点突破，我们提出"三个确保"的任务，即从 2008 年起，用三年时间，确保 22 个人口较少民族、重点县边境一线和革命老区的 24649 个贫困村完成整村推进扶贫规划，平均每年 8000 个。为实现这个目标，加大了部门协调的力度。扶贫办与 12 个部门联合下发了《关于共同促进整村推进扶贫开发工作的意见》，同时，对定点扶贫单位和东部省市提出认领"三个确保"村的要求。大幅度增加中央财政专项投入，并安排福利彩票公益金 1.7 亿元用于部分革命老区贫困村。到 2008 年底，全国又有 1.7 万个贫困村完成整村推进任务，是《纲要》实施以来进展最快的一年；其中"三个确保"贫困村近 7000 个。

二是"雨露计划"。我办自 2004 年开始组织实施的贫困地区劳动力培训计划，以培训提高贫困地区农村劳动力就业和创业能力为内容，"十一五"期间的主要目标是使 500 万青壮年贫困劳动力通过培训实现转移，使每个贫困户至少有一名劳动力掌握一二门农业生产实用技术。"雨露计划"资金在财政扶贫资金中安排，根据政府主导、市场运作的原则，依托现有职业教育和技工培训机构，分级认定培训基地（其中我办认定了 31 个，全国 2000 多个），瞄准扶贫对象，开展多种形式培训。从 2004 年到现在，"雨露计划"对 440 万贫困家庭劳动力进行了培训，其中 80% 实现了转移就业。各级安排财政扶贫资金达到 30 多亿元。抽样调查显示，接受培训的劳动力比没有培训的就业工资可提高 300 元—400 元。下一步将进一步完善"雨露计划"实施方式，重点是以就业为导向开展分类培训。一是扩大职业教育补助范围。对农村职业教育的补助不仅要覆盖学历教育，而且包括非学历职业技工教育。二是为返乡务农者提供农业实用技术培训，加强技术指导。三是对希望继续外出就业的，根据市场需求和个人意愿，可长短结合，满足多样化需求。四是对创业人群在提供政策、资金支持的同时，还可提供互助合作、私营或合伙企业、经纪人、乡村旅游等方面知识的培训。

三是产业化扶贫。产业化扶贫就是在贫困地区建立农产品基地，或者通过订单农业等多种手段带动贫困农民调整产业结构、增加收入的一种农

延伸阅读

"整村推进"

对于重点贫困村，单个扶贫项目起到的扶贫效果不是很明显的情况下，就要考虑将该村纳入"整村推进"项目范围。"整村推进"项目，即通过集中扶贫资金，因地制宜有重点地对整个村子的交通、信息、能源、饮水、基本农田和小型农田水利等基础设施项目，以及危房改造和种养业、特色产业发展、技能培训等进行集中扶持，快速推进该村脱贫步伐。

延伸阅读

雨露计划

"雨露计划"是为进一步提高贫困人口素质，增加贫困人口收入，加快扶贫开发和贫困地区社会主义新农村建设、构建和谐社会的步伐，在贫困地区实施的一系列政策措施的总称。

业产业化形式。目前，我办已分两批认定了 625 个国家级扶贫龙头企业。今后按照每个重点县集中培育二三个主导产业的要求，在整村推进基础上，实行集中连片开发，逐步建立起农户稳定增收产业。促进产业扶贫与防灾减灾、科技扶贫、信息扶贫、设施农业的结合。积极支持扶贫龙头企业采取多种模式，带动基地建设。积极支持农民专业合作组织和经纪人。发挥青年农民在贫困地区现代农业产业开发中的作用。

四是移民扶贫。据各地上报和有关部门统计，全国居住在生存条件特别恶劣地区的贫困人口约 1700 多万人，二十多年来，在群众自愿基础上，已经移民扶贫搬迁 600 多万，还有 1100 多万人。在新阶段，要继续抓好移民扶贫与区域开发、国土整治、生态建设等项目有机结合。对移民扶贫的贫困户实施补助政策，逐步提高补助标准。

五是特殊类型地区综合治理。因地制宜制定综合发展规划，集中力量，加大投入，采取更有针对性的政策措施，在区域发展总体规划中，充分发挥专项扶贫计划的作用。

六是汶川地震贫困村建设。根据国务院《汶川地震灾后恢复重建总体规划》，认真组织实施汶川地震贫困村灾后重建，经过三年努力，力争使四川、甘肃、陕西三省 4834 个受灾贫困村经济社会发展恢复到灾前水平。

6 关于城市贫困问题

我国城镇的贫困问题最初是在经济转型和产业结构调整过程中出现的。随着下岗职工各项政策措施的落实，城镇居民最低生活保障制度的建立，已经从制度上得到解决。

目前城镇贫困问题集中的是农民工问题。尽管不同部门的统计数据有差距，但是全国农民工总人数估计在 2 亿左右。要按照统筹城乡发展的思路，在户籍制度、社会保障制度、医疗体制改革、子女受教育等方面建立合理的制度，解决他们的贫困问题。

以上讲的不妥之处，敬请批评指正。谢谢大家！

全球范围内产业变迁与我国产业结构调整

李向阳

演讲时间：2008 年 9 月 25 日

作者简历：李向阳（1962—　　），研究员，经济学博士，中国社科院亚洲太平洋研究所所长，兼任中国世界经济学会副会长、全国美国经济学会副会长。

1983 年毕业于中央财政金融学院（现中央财经大学）会计系，获经济学学士学位，1988 年与 1998 年毕业于中国社科院世界经济与政治研究所，分别获经济学硕士学位和博士学位。

1988 年至今在中国社科院世界经济与政治研究所工作，曾任中国社科院世经政所副所长，主要研究方向是国际贸易、企业理论。主要论著有《市场缺陷与政府干预：对新凯恩斯经济学的一项研究》（中国金融出版社 1994 年版），《企业信誉、企业行为与市场机制：日本企业制度研究》（经济科学出版社 1999 年版），《国际经济规则与企业竞争方式的变化》（论文）等。

内容提要：随着科技进步、经济全球化的发展，全球范围内的产业发展呈现新的趋势。服务业在经济中的地位不断上升，通过放松管制、完善多边贸易体制等一系列措施，世界上经济最发达国家的经济结构已经不再以制造业为主体，而是转变为以服务业为主体。发达国家制造业则越来越多地向高附加值环节集中，不断向外转移的同时仍然控制着全球制造业的发展方向。初级产品产业占 GDP 的比例可能还会继续下降，但它在经济中的地位、影响力会不断上升。我国经济发展方式的转变，必然要求在全球化的开放条件下调整产业结构。由于受到国内国际经济体系的全面制约，多年来产业结构调整没有取得预期成效。为了实现产业结构调整，应当提高开放水平，积极承接全球产业转移；推进改革，创造良好的制度环境；充分认识现行国际经济规则的本质，防止陷入分工陷阱；加强自主创新，从根本上提高我国在国际分工中的地位；制定与实施符合国情的产业政策；推动国内地区间产业分工与协调发展。

我今天向各位汇报的题目是《全球范围内产业变迁与我国产业结构调整》。围绕这个题目主要谈五个方面的问题：首先简要地谈一下产业结构调整的国际背景；第二、三、四部分谈服务业、制造业和初级产品产业在全球范围发展趋势。最后是关于我国调整产业结构的思考。

一 产业结构调整的国际背景

坦率地说，到现在为止我们的产业结构调整是令人非常不满意的，尤其是这几年中国的服务业占 GDP 的比例不仅没有提高，反而在轻微地下降。与此相对应，我们一直试图降低制造业的比例，但是制造业在整个经济中的比重却在不断上升。为什么要产业结构调整？我认为主要是以下三个大的背景所决定的：

第一，技术进步。从全球的角度来看，技术进步是推动产业结构调整、产业升级以及产业变迁的最重要的推动力。随着技术的进步，尤其是90 年代以来的 IT 行业信息技术的发展，产业的可分割程度越来越高。过去我们经常说在国与国之间是产业间的分工，但在最近的二十年间，分工从产业间的分工发展到产业内的分工，产业内的分工发展到产品内的分工，甚至进一步发展到产品的生产、工艺之间的分工。也就是说，由于技术的进步，分工越来越细。与此同时，运输和通信成本大幅度降低，使很多以前只能放在一个地方的产业，而现在可以在全球的不同国家配置。这就为产业间的分工细化以及国际间产业的（地理）布局变化奠定了一个基础。

第二，经济全球化。这也是过去二十年来的一个新事物。经济全球化的方向为整个产业变迁，全球产业的重新布局奠定了一个基础。为什么呢？我们知道经济全球化有两方面的含义：一是生产要素的跨国流动，如商品与服务；二是资本、技术、劳动力的流动。这是经济全球化最常用的说法。像商品和服务的流动，那就是国际贸易；资本的流动就是引进外资，包括我们企业走出去；技术的流动就是引进国外的先进技术，包括一部分的劳动力流动。由于劳动力这种生产要素在国际间流动跟其他生产要素不太一样，发达国家在不断倡导商品、服务、资本、技术流动的同时，唯独对劳动力的跨国流动是采取限制的。因此，劳动力的跨国流动是局限在一定范围之内的。

可以说在改革开放很长一段时期内，我们在理解全球化问题上是存在一定偏差的。这种偏差突出表现为，简单地把经济全球化理解为贸易、投资、技术的流动。毫无疑问，这是经济全球化很重要的一部分。但是仅仅局限在这一点，不仅可能会对理解全球化本身存在偏差，而且可能对派生出的政策依据有很大的影响。如果我们仅仅相信经济全球化就是商品、服务、资本和技术、劳动力流动，那么我们参与全球化几乎没有任何负面影响。为什么呢？因为我们所缺少的东西如资本、技术都可以通过经济全球化从国外获得。而我们所拥有的优势，像劳动力我们可以通过制造商品、提供服务参与到全球化里面。这样说起来对中国的发展具有非常美好的前景。

但是经济全球化还有另一面。所有这些经济活动，包括商品、服务、国际贸易、国际投资、技术的流动都是在特定规则下的活动，因此，经济全球化的另一面就是国际经济规则的统一对民族国家经济约束力的加强。可能会有人说什么活动都得有个规则，但是所有的规则有一个共性，就是经济上讲的非中性，即同一条规则对不同国家会有不同的影响，因为通过制定规则才能够保障自己的利益。这也就是为什么在国际经济活动中各个大国非常热心参与制定规则的根本原因。

这就是我们面临的在讨论产业结构调整，产业结构变迁或者是产业结构的全球布局时一个基本的前提——经济全球化。经济全球化一方面为这种产业变迁和产业结构的调整创造了条件，所有这些经济活动都是在制定规则下进行的，而这种规则具有很强的非中性。

第三，转变经济发展方式与产业结构调整。党的十七大正式提出经济发展方式的转变，在此之前我们谈论最多的是产业结构的转变。那么经济发展方式与产业结构的调整是什么关系呢？

我们知道，按照党的十七大报告，转变经济发展方式有三个方面的内容，一是经济增长结构的转变；二是产业结构的转变；三是投入要素结构的转变。所谓增长结构的转变，长期以来我们的经济增长主要是靠投资跟出口来拉动，今后要逐渐过渡到消费、投资和出口的协同拉动。换句话说，实际上在今后一段时期内，从经济增长贡献这个角度来说，更多地要注重发展内需。下面我们会提到，尤其是在过去一段时期内，在全球经济增长速度放缓和次贷危机的影响下，很多地区已经主动地开始调整增长的结构，从最初的投资跟出口的拉动逐渐调整到开始注重消费的发展。第二个方面就是我们今天要介绍的产业结构的转变。长期以来我们的经济发展模式主要是依靠第二产业的拉动，也就是制造业的拉动，第一产业基本上处在总体上萎缩的状态。今后更多的是三大产业协同发展。第三个方面是投入要素的转变，用学术语言表达就是由主要依靠物质资源的消耗向主要依靠技术进步、劳动力素质提高和管理新的转变。

经济发展方式的这三个方面实际上是相辅相成的。产业结构跟其他方面是紧密联系在一起的。首先产业结构属于三大经济转变发展方式的重要组成部分，其次产业结构的转变又是跟投入要素结构转变紧密相关的。产业结构转变包括产业结构的调整和产业结构的升级。无论是产业结构的调整还是升级，最终都得依靠技术的自主创新，而所谓技术的创新是与投入要素的结构是紧密相关的。

简单地说，转变经济发展方式的基本要求，一是经济增长结构的转变；二是产业结构的转变；三是投入要素结构的转变。下面我们来进入第二个主题。

二　工业经济向服务经济转型趋势增强

服务业在经济发展中的地位上升。首先来看全球服务业的基本发展趋势。我们知道，自工业革命以来，全球范围内一个基本的共识是工业现代化等同于工业化，工业化等同于制造业的发展。从英国工业革命到美国二战以来成为全球霸主，实际上他们都是首先发展制造业，在全球制造业当中处于统治地位进而成为全球经济霸主。但是，在过去二十年间，发达国家的经济结构发生了根本性的变化。世界上经济最发达的国家经济结构已经不再是以制造业为主体，已经转变为以服务业为主体，换句话说，服务业在整个经济中的地位不断上升。这个上升可以用三个指标来衡量。一个就是服务业占 GDP 的比例在上升。按照世界发展报告最新的统计显示，1990 年跟 2005 年相比，高收入国家服务业的比重从 62% 上升到 72%；而中低收入国家、中等收入国家从 46% 上升到 53%；低收入国家平均数从 41% 上升到 50%。中国是多少呢？截至 2007 年，我们的服务业在整个经济中的比例一直停留在 49% 左右，低于整个低收入国家的平均数。

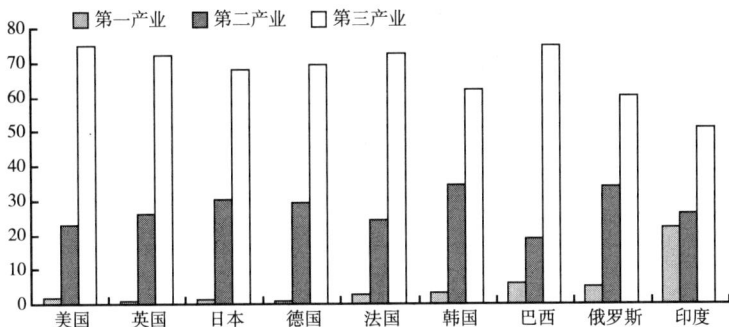

图 1　部分国家一二三产业所占的 GDP 的比重 (%)
数据来源：根据世界银行数据库整理

　　第二个就是服务业的就业在整个就业中的比重在不断上升。看部分国家一二三大产业占 GDP 的比例。美国第三产业已经在 75%—76% 之间，主要发达国家都在 70% 或者 70% 以上。我们常说的所谓"金砖四国"中，第三产业比重最低的印度也都超过 50%，而巴西的比例已经赶上了发达国家。

　　第三个衡量的指标就是服务业的贸易增速在加快。以前服务贸易发展速度是很慢的，因为在经济学上有一个概念，对于传统的服务业而言，服务提供者跟消费者在时空上必须是统一的，但现在这种情况正在发生变化，一个原因就是技术进步致使全球服务贸易的增速在加快。1990 年至2005 年期间，全球服务贸易的出口额从 7827 亿美元上升到 24588 亿美元，

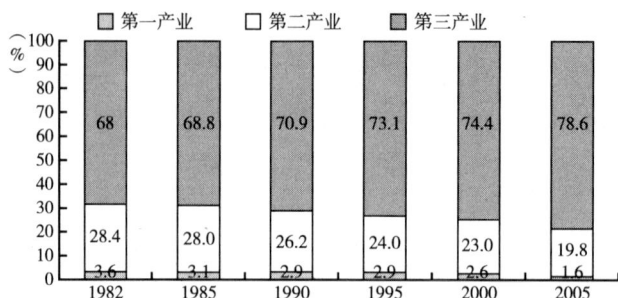

図 2　1982 年至 2005 年美国各产业就业人数比例

资料来源：OECD，Iabour Force Statistics 1985—2005，DD.S2-S5

仅就增速来说它比同一时期的全球货物贸易的增速要快。

推动工业经济向服务经济转型的主要因素。第一个因素生产性服务业成为产业链中价值增值的主体。最常提到的一个概念叫微笑曲线。什么叫微笑曲线呢？它的纵轴反映一个企业或者产品的增加值，横轴按照上游、中游、下游分成三个阶段。一个产品生产过程的上游主要包括研发、材料采购、设计，解决早期的活动；下游就是售后服务、品牌、融资、物流等等；而中游就是我们长期以来所理解的狭义的制造业，解决加工、组装、制造。按照在整个产业链中附加值的大小来衡量，上游的生产活动跟下游的活动所占的比例越来越高。20 世纪 90 年代以前这个图大致是平的，这三部分也就是上游、中游、下游大致是平均分配的。但是到了 90 年代以后，在大多数产业里面，上游跟下游占产品或者产业的附加值的比重越来越大，就像一个人咧着嘴笑一样，所以叫微笑曲线。

从这个图可以看出，上游产品和下游所谓的生产性服务业占整个产业

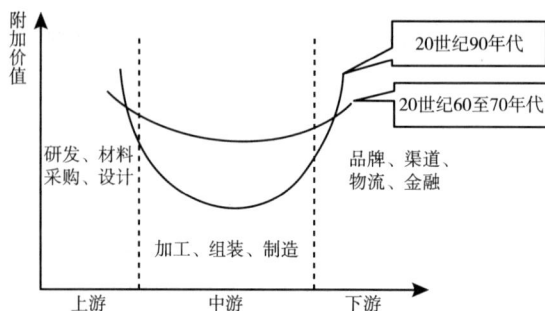

图 3　微笑曲线

链中的附加值不断地上升，这就是发达国家越来越多地把重心放在服务业的一个根本原因。之所以称作生产性服务业，就是因为它本身是为"狭义的制造"生产活动服务的。目前，为制造业服务的人和生产活动比制造本身所获得的收益更大，这就是全球产业链的一个基本格局。

第二个以金融保险、信息服务为代表的现代服务业成为资源配置效率高低的主要因素。现代服务业和生产性服务业这两个概念我们官方的文件里都在交叉着使用，只是强调的重点不一样。生产性服务业主要对应的是消费性服务业，就是刚才我们提到的餐饮、住宿这种传统的消费性服务业；而现代服务业对应的概念是传统服务业。现代服务业更多强调的是金融、保险和信息、服务、咨询等等这一类。从各国 GDP 构成可以看到，现代服务业在过去二十年间增速非常快。它对一个国家资源配置效率的高低发挥着至关重要的作用，而市场经济的核心是什么，就是资源配置的效率。

人们常遇到的一种问题即中国跟很多发展中国家一样：一方面我们用外汇储备去购买美国的国库券；另一方面又不断地从美国引进外资，这种现象怎么解释？它的根源就是跟金融、保险、服务等现代服务业的发展有很大的关系。我们现行的体制，或者说经济结构不具备把资金转化为投资的能力。从经济学角度看有钱不等于有能力投资，储蓄跟投资不是自动转化的，把储蓄转化为投资的能力就是一个国家资源配置的能力。为什么会有上面提到的这种现象？这就跟现代服务业的发展有很大的关系。

我们来看美国在过去二十年中，从产业结构上看整个经济 80% 都是服务业。为什么还能成为全球经济的霸主？其中一个重要的解释，就是美国以前是世界银行家，现在变成世界风险资本家。作为世界银行家，美国是其他国家的贷款人，因此只有当其他国家需要借款时才会求助于美国。作为世界风险资本家，美国是其他国家的投资者，因此只要其他国家需要经济发展就需要求助于美国。这种角色的转变反映了美国成熟的金融市场体制是其最大的竞争优势。这种竞争优势给美国带来了巨大的经济利益！

下面我们来看一个具体的例子，看看金融业的发展给美国带来的真正经济收益是什么。从数字上看，上世纪 80 年代以前，美国是一个债权国，也就是说外国人在美国的投资跟美国在外国的投资相抵以后，美国是个正数。80 年代以后，美国每年都有 1000 亿美元以上的贸易逆差，2007 年一年的贸易逆差达五六千亿美元。这二十多年间，美国累计的贸易逆差为 4.5 万亿美元。它在 1980 年以前的海外净资产是多少呢？是 3650 亿美元，约 4000 亿美元，45000-4000=41000，那么应该欠全世界 4.1 万亿美元，但实际上统计显示只欠 2.5 万亿美元，中间的差额是 1.6 万亿美元的资本收益，也就是赚的钱没汇过来直接投到国外了。这些都还能理解。问题是什么呢？就是美国在 1980 年有 3650 亿债权的情况下，那一年美国获得的净投资收益是 300 亿，而到了 2004 年美国在它的统计表上有 2.5 万亿债务的情况下，美国那一年的投入收益也是 300 亿。看起来很荒唐，作为世界上最大债务国的时候每年仍然有净投资收益？其中一个最重要的解释就是说美国在海外的投资收益率要远远高于外国人在美国的投资收益率。为什么会有这种情况？因为美国有成熟的发达的金融市场体系，钱只有到他那儿以后才能获得高收益。我们只要看一看，中国购买美国的国库券年收益率也就是 3%—5%，而美国跨国公司在中国的投资收益率、利润率是多高呢？虽然官方没有统计，但一般估计整体不会低于 20%，可能 30% 甚至更高。这种差距造成了一方面欠你钱，但是另一方面又能从你这儿赚钱，这就是金融的魔力。

为什么各国那么极力地都在发展所谓的服务业、发展金融业呢？因为它给一个国家带来的利益不是杜撰出来的结果，而是有切切实实的收益。

第三个原因，就是信息技术的发展改变了服务业不可贸易的特征，服务贸易增速加快，服务贸易外包成为一种世界潮流。全球服务贸易在过去十多年间获得了迅速的发展。以前我们说服务跟商品不一样，服务要求时空的一致性，而现代信息技术的发展打破了服务不可贸易的特征。有一个例子，就是在四川抗震救灾的时候，新闻报道说上海医院的医生可以通过视频来指导成都的医生做手术，隔着十万八千里替病人做手术这在以前是不可想象的，是做不到的，但是现在互联网的存在完全可以做到，只要四川那边外科大夫具有一般的技能，会缝线、会动刀子，有一个高手在这儿指导。这就是跨地区的服务。

还有一个例子，北京有一种跨国保安服务，在北京设立一个保安公司，只要美国小区的摄像头安得足够科学，只要发现里面出现不正常的情况，通过互联网通知美国警察就可以了，替美国小区看门。这就是信息技术发展带来的。当然这都是极端的例子，但从这里面可以看到，信息技术将服务的不可贸易性的特征彻底打破了。

第三个问题就是支持服务业发展的主要措施。我们大致分为三类：一类是放松管制。服务业跟传统的制造业不太一样的一点就是，它的保护不是靠关税，而是靠市场准入，你的竞争力再强，我这个行业不让你随便进，那你没辙。所以服务业的发展其中一个最重要的措施就是放松管制。上世纪 80 年代以来，全球范围内服务业的放松管制是一个基本的发展趋势。像日本的铁路以前是国有，日本的邮政也是国有的，最后就私有化。私有化意味着什么呢？就是对本国私人资本开放，同时也对外资开放。除此之外，像金融业，很多国家的金融业实际上在早期也是管制非常严的，不仅仅是限制外资的进入，更重要的是不同业务之间也有很多的限制，像美国金融业 90 年代以前是分业管理，商业银行业务跟投资银行业务是分离的，但是 90 年代以后，1999 年美国通过《金融服务现代化法》允许商业银行跟投资银行合二为一经营。这种做法使美国金融业获得了巨大的发展，现在证明这种做法可能是正确的，因为这次次贷危机，我们发现欧洲的所谓全功能银行，也就是说银行既可以做传统的商业银行业务，也可以做投资银行业务，没有出现多大的问题。

我们说服务业的发展主要是靠放松管制，但这种管制有没有界限呢？在过去二十年中，全球尤其是金融业的放松管制被认为是政府管得越少越好，我们国内很多经济学家也在倡导服务业的管制政府应该退出。我认为政府的管制放松是有界限的。这一轮次贷危机很重要的一个教训就跟政府放松过头有很大的关系，包括对中介机构的管理，对投资银行业务的管理，甚至包括对投资银行高管人员行为的管理，包括对他们的报酬、行为等一系列的管理，都是不到位的。所以，在金融业放松管制里头存在一个合理的界限问题。一方面整个服务业，尤其金融业的发展需要放松管制。但是，政府放松管制并不是意味着不要管。

第二类措施就是多边贸易体制内的服务贸易协定。在乌拉圭回合全球范围内多边贸易是没有服务贸易规则的。世贸组织制定了服务贸易的协定，通过这个措施推动了全球服务贸易投资和贸易的自由化，这是在国际领域的一个重要的举措。

除此之外，第三类措施主要是指发展中国家通过推进国内对外和对内的市场化改革来推进服务业的发展。比如印度是一个成功例子，这跟它上世纪 80 年代以来一直推进服务业领域的市场化改革有着很大的关系。

三　制造业向高附加值环节集中

发达国家制造业的产业升级趋势。刚才我们提到工业化以来，一般认为一个国家经济发展程度的高低跟工业化程度有很大的关系，工业化程度又是看制造业的发展水平。似乎一个国家的制造业发展水平越高，它就越发达。在工业革命以来的上百年历史里面的确是这样的。但是最近二十年这种趋势正在发生变化，制造业在整个发达国家经济中的比例正在不断下降，因为服务业在不断上涨，在增加。发达国家制造业一个基本的发展趋势就是制造业越来越多地向高附加值环节集中。这种集中的第一个表现就是发达国家制造业产业升级的趋势。这种升级表现在两个方面：一个是新产业的出现；第二个就是新技术在传统产业的应用。新产业出现这点很容易理解，目前信息技术产业已经发展成为新的主导产业群，2000 年全球信息与通信产业的产值已达 2.1 万亿美元，约占全球产出的 7%。据福布斯杂志预测，2020 年全球信息技术市场年产值将增长到 20 万亿美元。生物技术产业群也正在蕴育过程之中。

第二个就是信息技术的应用带动了传统产业的升级。前不久，美国一个经济学家提出一个命题，说究竟是薯片的技术含量高，还是芯片的技术含量高。我们知道英文都叫 Chip。根据我们一般人的想象，这芯片能带动电脑，计算机里头那么复杂，一般人连在计算机拆开以后找都找不到，那肯定技术含量高。但是他就在那儿分析，他说我们且不算它的研发比例，他说你只要看一看美国薯片的制造，这边土豆推进去，那边就能出薯片，几乎见不到工人。而看看芯片制造，看看东亚的制造商，我们看看沿海长三角地区很多做芯片的就知道，整个生产工业、生产线上，生产工人站得一个挨一个。就自动化程度来说，毫无疑问是薯片的技术含量高。因此，新技术在传统产业的应用有着巨大的空间，这是产业升级很重要的组成部分。2003 年美国商务部发表的《数字经济》揭示，当年美国信息技术产业创造的产值约占 GDP 的 8%，对经济增长的贡献率约为 30%。

发达国家制造业在转移的同时仍然控制全球制造业的发展方向。这表现在两个方面：一方面制造业产值在发达国家经济中的比重下降。发达国家制造业产值 / GDP 从 1990 年的 21% 下降到 14%。美国从 19% 下降到 17%；日本从 27% 下降到 21%；欧盟从 24% 下降到 19%。而另一方面发达国家制造业占全球的比例却基本上没有变化，这就反映出它牢牢控制着高附加值那一部分。过去十年期间，美国制造业产值 / 全球制造业产值一直维持在 21% 左右。

我们看图 4，这张图是一个计算机产业的链条分布。像这种生产活动都是上游和下游的活动，真正的核心制造业。而制造生产里头又可以分为几个，像核心的元器件主要是在美国、日本生产，高端的产品会分布在中

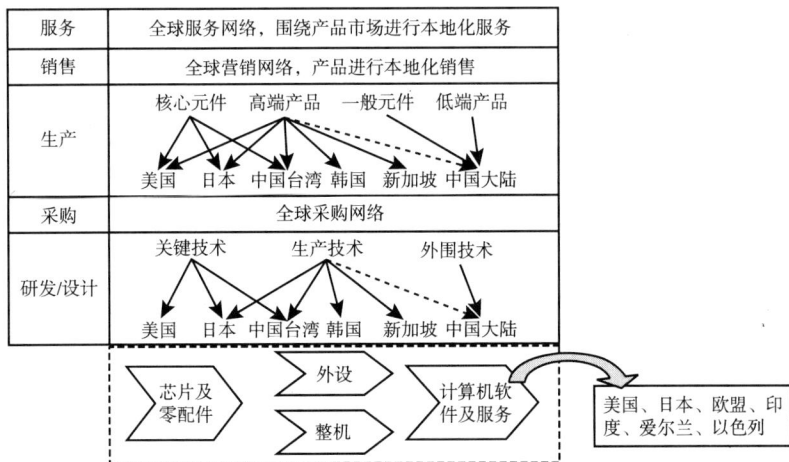

图 4 微机制造价值（增加值）链分布

国台湾、韩国、新加坡，而一般的元件和低端的产品会放在中国的大陆。像这种研发，我们看到关键技术会在美国、日本，一般的生产性技术会放在新兴市场经济体，只有一些外围的技术会放在中国的大陆。所以，无论是从技术角度来说，还是从生产工艺来说，它都有一个从发达国家到中等收入国家，再到低收入国家的国际间产业的价值链分工。

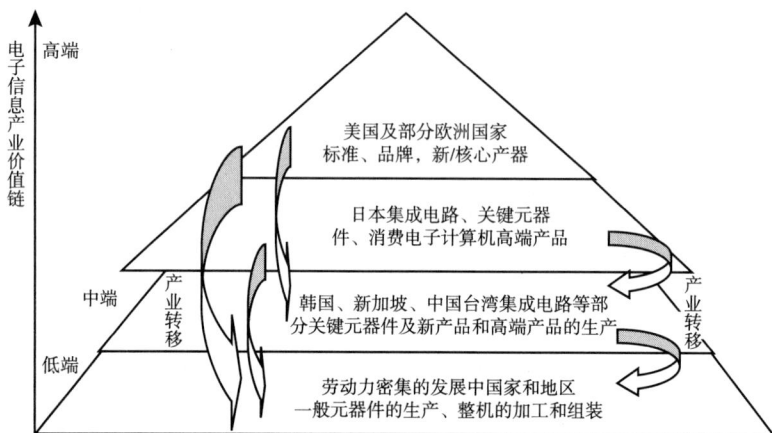

图5　全球电子信息产业价值链金字塔结构

　　这是一个更具体的价值链分布及其产业在不同生产工艺之间的转移，处在最高端的像标准、品牌、新的核心的生产器件，会放在美国以及其他少数欧洲国家，很多电子产品的品牌都是由发达国家来垄断的，像手机、电脑、笔记本电脑等等，他们拥有这种品牌，控制着整个生产的标准，包括技术标准、产品标准、卫生标准等一大套标准。再下面像集成电路这种高端的消费电子产品会放在日本，底下的集成电路的关键元器件会放在韩国、新加坡、中国台湾，只有这种低技术的或者是加工组装的会放在中国大陆、越南等。从产业转移角度来说，是从高向低逐步转移的，但是并不是机械地从第一级转到第二级。我们看到美国向日本在电子行业几乎没有产业的转移，为什么？因为日本所需要的一些东西是美国根本就不愿意转移的，而美国能够转移给日本的东西几乎没有。所以像美国会向韩国、新加坡转移，它的加工、组装可能直接向中国大陆转移。日本的高端产品一旦过时以后会放在韩国、新加坡、中国台湾，韩国、新加坡、中国台湾有些再过时以后会放在中国大陆。同时，他们的加工组装也会放在中国大陆，所以总体来说是从高向低的转移，但是并不是那么机械的，一步一步的。这跟各国在产业链中的分工和地位是直接相关的。

下面我们来看，为什么美国制造业占国内 GDP 的比例在下降，而在全球制造业中的比重却一直是保持着高位？

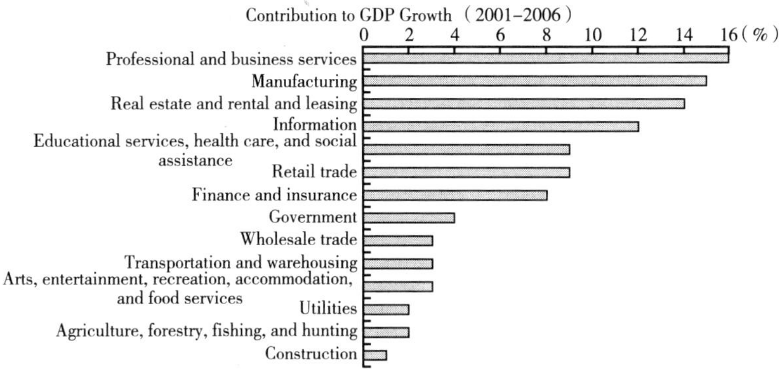

图 6　美国制造业对经济增长的贡献（2001—2006）

这张图表是 2001 年至 2006 年美国各个产业在整个经济增长中的比例，制造业大概也就占 15% 左右。但是美国研发支出中制造业却占了 45%，占整个美国研发总和的 45%，如果把政府这一块扣掉的话，整个制造业研发占美国研发的比例会更大，因为政府这一块本身就有可能服务于制造业。这意味着美国制造业的真正优势是美国背后有大量的巨额研发投入，是受到这个支撑的。这种高研发投入带来的结果呢？就是制造业的高生产率。

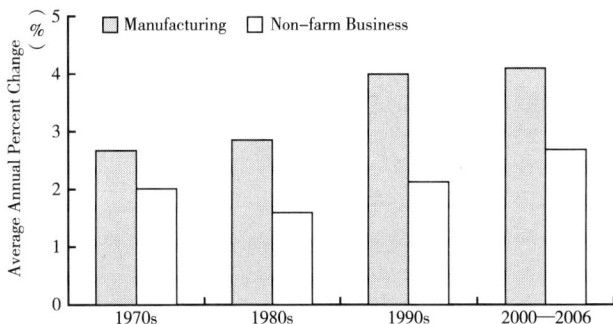

图 7　美国制造业与非制造业生产率比较

这是从 1970 年代到 2006 年这三十多年期间美国制造业跟非制造业生产率的年度变化情况。我们看到长期以来美国制造业生产率的增速一直高于平均增速和其他行业的增速。与这种高研发投入和高生产率相对应，美国制造业工人的工资相对也是最高的。图 8 反映的是美国制造业与非制造业工人工资的一个比较。这是 2005 年的年度工资，全时工人的年工资由两部分构成，一个是奖金，一个是工资。制造业工人的工资 2005 年大致在 6.5 万左右，而其他行业只有 5.5 万左右。

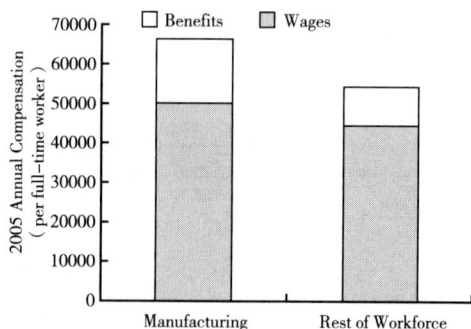

图 8   美国制造业与非制造业工资水平比较

这就是有关制造业一个基本的发展趋势，发达国家制造业在向外不断转移的同时仍然控制着全球制造业的发展方向。

全球制造业转移的主要推动因素。 主要由两类因素推动，一个是信息技术的发展，信息技术的发展和应用改变了经济活动的组织结构和区域配置。这一点前面已经间接地提到了，以前的分工更多的是产业间的分工，现在国际间的分工越分越细，很多生产企业只是承担一个产品的某一个生产工艺，像计算机、手提电脑我们只承担最后的组装加工，或者是外壳的生产，或者是只承担鼠标的生产。而它的设计可能是在日本，核心元器件的加工可能放在韩国或者中国台湾。最后这种元器件运到我们国内来，进行简单的加工组装。也就是说生产工艺越分越细，进而可以配置在不同的区域内。第二点，跟全球化相关，跨国公司通过国际生产网络充分利用不同国家的比较优势。国际产业转移由产业结构的梯度转移逐步演变为增值环节的梯度转移。在美国企业中，业务外包到海外的比例从 2003 年的 5％提高到 2007 年的 23％，90％的美国公司内部业务中至少有一项被外包。

目前，基于国际生产网络的全球共享型生产规模大体相当于世界制造业贸易总量的30%。

四 | 初级产品产业影响力提高

初级产品产业在经济发展中的地位。为什么没有使用第一产业呢？因为在理论上，采掘业属于第一产业，但是在我们官方的统计里头，采掘业属于第二产业，可是采掘业很多特征又跟第一产业中的其他产业有相似性，所以在这里为了分析的方便，我把它叫做初级产品产业，这种初级产品产业既包括农业也包括采掘业。随着技术的进步，随着经济工业化程度的提高，第一产业在整个经济中的比例在下降。无论从就业还是占GDP的比例第一产业在发达国家都是微不足道的，但是这种情况近几年正在发生变化，初级产品产业在今后一段时期内占整个GDP的比例仍然可能处在一个不断下降过程中，但是它对整个经济的发展、对整个经济的影响力可能会呈现提高的趋势。

为什么？跟全球初级产品供求的基本变化是有关的。影响初级产品产业地位提升的因素除去周期性的因素外，还有一些中长期的因素决定着、影响着初级产品价格和供求关系的走势。

第一个因素就是初级产品的稀缺性和不可再生性。初级产品的不可再生性是非常明显的，像煤炭采一吨少一吨，大家都知道，过去没有人关注过这个问题，但是现在已经成为价格的一个重要因素。2007年国际能源署的世界能源报告做出了一个可以说迄今为止最明确的判断：2010年至2015年将是世界石油产量的一个峰值，此后从理论可采量以及可储量可能都呈现出一个不断下降的过程。这种判断已经成为影响价格的重要因素。在2007年12月欧佩克的峰会上第一次提出所谓石油的供给安全问题。而此前只讲需求安全问题。什么叫供给安全呢？主要来自两个方面，一是油挖完以后怎么办？再一个就是替代能源如果大量出现，在未来10年到20

年间占据全球能源消费的重要组成部分的时候，石油的垄断地位怎么办？既然担心供给安全，就要通过产量来调整产品的价格。所以在这一轮的油价上涨过程中，欧佩克一直拒绝跟国际能源署和世界主要消费国协商调节油价，所以，不可再生性表现得越来越明显，并且成为产品价格中长期走势的重要决定因素。

第二个中长期因素就是发展中国家的工业化与城市化进程加快。多年来人们认为现代化等同于工业化，工业化等同于城市化。毫无疑问，到现在这种模式仍然在延续。我们国家的发展过程已经充分证明了这一点，就是经济最发达的地区，城市化进程也是最快的。工业化和城市化的进程必然带来的是对农产品，对初级产品需求的不断增加，而初级产品供给，尤其是农业的供给相对减少。随着经济全球化的发展，越来越多的发展中国家步入到工业化和城市化进程中，这种潮流是不可阻挡的。

第三个因素就是全球初级产品垄断性增强。这种垄断性我想各位都有感觉，石油最明显，欧佩克就是个跨国的垄断组织。上世纪 70 年代的时候还有所谓的石油七姐妹，主要是发达国家石油公司，那些石油公司这几年都不行了，因为他们原来控制的在中东、在南美的石油、油田都被国有化了。现在能源领域、石油领域有一个所谓的新的"石油七姐妹"，我们的中石油算是其中一家。新的"石油七姐妹"一个重要的特征，就是清一色的国有企业，包括沙特的皇家石油公司，伊朗、委内瑞拉、俄罗斯的全都是国有石油，他们控制了全球石油储量跟产量的 1/3 以上。

在初级产品行业，市场的供给方对价格的控制力越来越强。对我们国家来说，最近的就是铁矿石，铁矿石价格这几年连着涨幅都在 60% 以上，2007 年价格还要大幅上涨。巴西淡水河的公司还要涨，中方不同意，巴西对华的铁矿石供应中断，还不知道最后谁输谁赢，因为最终取决于中国是否能找到替代供给者，如果找不到还只能接受他继续涨价的要求。

还有一个因素就是农业增加了新的产业功能。人类社会自产生以来，农业就是两种功能：向人类提供纤维和食物，现在出现了一种新的功能即向人类提供能源，这就是生物能源的发展。由于全球能源供给的短缺和油价的不断上涨，迫使生物能源的发展速度越来越快。生物能源的发展速度

经济全球化与对外开放

之快这几年非常明显，截止到 2007 年全球的生物能源产量大致在 800 亿升左右。800 亿升是个什么概念呢？消耗了 1 亿吨的粮食，相当于全球总产量的 5%，这 5% 的粮食实际上把全球粮食供求的基本格局给打破了。未来生物能源的发展速度是势不可当的，主要大国已经通过立法的方式来发展生物能源，并且预计将保持 20%—30% 的产量。带来的一个结果就是，全球农产品价格上升在未来一段时期内是不可避免的。

全球生物能源发展背后的利益格局。 价格上升不仅对油价，对初级产品的产业构成了很大的影响，同时对全球不同国家的利益也会产生重大影响。生物能源的发展是各种利益集团不同类型国家利益博弈的结果。首先是，生物能源发展与国际能源市场的利益博弈。长期以来，石油的消费国的代表即 OECD 下面的国际能源署，生产国主要就是欧佩克，两大集团遇到涨价或者是石油危机的时候，最终都能坐下来谈判，平抑油价，而唯独在这一轮油价上涨几乎谈不成，从十几美元涨到一百多美元翻了 10 倍，而欧佩克拒绝进行增产或平抑油价。实际上生物能源的生产者主要是发达国家，美国是最大的生物能源生产者，还有欧洲、日本，在未来十年内如果生物能源占发达国家能源消费量超过 10% 或者达到 15% 的话，发达国家就能够在全球能源价格上跟欧佩克讨价还价，欧佩克的垄断地位就有可能受到挑战，所以生物能源的发展实际上最终将扩大石油消费国，尤其是发达国家消费国在未来能源市场上的博弈能力。

其二是，生物能源的发展又是农业农产品的生产国和消费国之间的利益博弈。长期以来，全球农产品是过剩的，美国是全球最大的农产品出口国，也是生产国。而在世贸组织里面，美国一直倡导推进其他国家开放农产品市场，为什么呢？为的是给农产品找市场，它虽然农业生产力非常高，但是产品经常卖不出去，而通过用农产品生产燃料，一下就完全改变了全球农产品的基本供求格局。所以发展生物能源对美国这样的农产品生产国具有巨大的利益。

其三是，生物能源发展与环境保护领域的利益博弈。以石油为主的化石燃料污染程度要远远高于生物燃料。发达国家之所以现在敢冒着造成全球农产品价格上涨的骂名继续发展生物燃料，能拿得出的理由，道德上能说服自己的理由就是说生物能源的污染程度小，出于全球环境保护的目的，发展生物能源道德上具有合法性。所以，生物能源看上去是个技术问题，但它背后反映的实际上是利益集团，不同国家利益集团，或者是国际市场利益博弈的结果。

总之，初级产品这一轮的价格上升的因素，并不是周期性的，并不会随着这一轮周期性的回落而消失。

五 关于我国调整产业结构的思考

为了实现中国的产业结构调整或者升级需要方方面面做出调整，我们主要从六个方面来谈一下。

第一个方面，提高开放水平，积极承接全球产业转移。继续开放，承接全球转移，这是一个基本的要求。要实现产业升级，不是说要关起门来自己做，这是不会改变的。针对承接全球产业转移，到目前为止，中国仍然是全球外资的主要目的地。在前 30 年间，中国引进外资的主要比较优势是我们廉价的劳动力成本优势，也就是低成本优势，这种低成本优势面临着一个背后的基础，即参与国际分工的比较优势原则。在新的时期我们要参与国际分工就必须要以比较优势、比较利益、比较成本为基础，但是又不能安于这一点，必须创造出新优势，党的十七大报告里面实际上已经正式提出来了，就是说要提高，要创建我们参与国际分工和国际合作的新优势。这种新优势实际上十七大文件没做真正的解释，就是说我们未来的新优势到底是什么，要创造什么样的新优势？新时期我国引进外国直接投资的比较优势表现在迅速增长的市场规模和高技能劳动力比较优势。

随着经济的增长速度加快，经济规模扩大，我们的市场规模也在不断地扩大，而市场规模在国际直接投资中是一个重要的考虑因素，因此迅速增长的市场规模将成为我们新时期引进外资，承接全球转移的一个重要优势。虽然我们总体上劳动力素质还比较低，但是我们每年毕业一百多万大学生，跟 30 年前相比已经是取得了很大的成绩，并且我们毕业的一百多万大学生每年还有 30% 甚至 40% 找不到工作。实际上，这为我们在新的时期利用所谓高素质的劳动力来引进外国投资奠定了一个基础。

从今后一段时期内我们承接全球产业转移的方向来看，服务业、高附加值制造业将成为我国引进外国直接投资的主要行业，重点将是服务业跟高附加值的制造业。在此之前，我们引进的是高耗能、高污染、低技术的传统制造业为主，服务业引进外资的数量很少，为什么呢？因为我们的服务业不开放，是受管制的，包括公用事业，尤其是金融业，长期以来是对外不开放的。随着服务业的开放程度提高，今后一段时期内服务业的外资流入将会大幅度增加，从这几年外资流入的部门分布来看，服务业已成为引进外资的一个主要行业。与此相对应的，放松管制在今后一段时期内仍然是我们改革的、承接全球产业的基础，就是说必须继续放松对服务业的管制。

还有一个方面需要关注的问题就是我们的经济发展在为引进外资提供了很多新优势的同时，也给我们目前的引进外资模式带来了新的冲击。

第一个冲击表现为工资成本不断提高。在改革开放前三十年期间，我们引进外资主要是依靠劳动力成本低，而现在农民工的成本，农民的工资在不断提高，过去五年表现得非常明显。沿海地区的农民工工资在不断上升，2001 年至 2005 年期间广东的最低工资涨了 60%。

第二个冲击就是对外资的超国民待遇在逐渐减少。在前三十年期间我们引进外资，给予了外资很多所谓超国民待遇。按照世贸组织规则，应该是给予所谓国民待遇原则，但是实际上我们各个地区基于就业、税收考虑等等，盲目地引进外资，给予外资很多超国民待遇。比如说土地的低价，甚至是零地价，特殊的税收待遇。从去年开始，我们的内外资合并，中资企业跟外资企业的所得税统一了，外资超国民待遇就在逐渐减少。

第三个冲击就是国内生产要素价格扭曲格局在改变。什么叫生产要素的价格扭曲呢？虽然我们改革开放了三十年，但是在很多领域，尤其是生产要素价格并没有完全实现市场化。比如说污染，谁污染谁治理，这是天经地义的事情，但是，长期以来都是企业污染政府治理，带来的一个结果实际上就是对企业的补贴。随着今后加强环境保护，企业的环境保护成本会提高。同样，以前很多农民工的社会保障，企业实际上是不承担的，随着社会保障体系的健全，这一块企业的成本也要提高。因此，随着生产要素回归到正常的水平，外资进入中国原来看重的成本优势会逐渐减少。这对今后一段时期内引进外资，承接全球产业转移构成新的挑战。

第二个方面，推进改革，为产业结构调整创造制度环境。产业结构调整之所以这么多年没有取得预期的成果，服务业要增加没有上来，而制造业想降又没有降下去，跟我们的体制有很大的关系，其中最重要的就是目前的税收体制。我们的税收体制是在改革开放以后逐步建立起来的。第一个特征就是中央跟地方的税收是分开的，实际的考虑就是增加地方政府发展经济的积极性；第二个特征，我们的税收体制基本上是一个以生产主导型的、间接的税收体制。什么叫生产主导型呢？就是我们的税收征税的主体是对生产环节征税，在国外主体是对消费环节征税，他们的税收征收重点是对消费领域征收。所以外国的市长、州长关心的是这个地方只要有富人就行，因为有富人就有消费能力。而我们是对生产环节征税，你这个地方没有生产活动你就征不来税，征不来税在这种体制下地方政府就没有发展经济，因此，各个地区都愿意发展生产制造业，这是利益所驱动的。按照比较优势原理，在国际范围内有些国家可能适合促进劳动密集型的生产，有些国家适合从事技术密集型产品的生产，有些国家适合从事资本密集型的生产，同样在一个国家内部也是这种情况。但是在中国我们看到，无论是沿海地区还是中西部地区都愿意发展制造业，

名词解释

税收体制

税收体制就是中央和地方之间税收管理权限划分的制度，是国家税收制度的重要组成部分，也是国家财政体制的重要内容。其内容包括税收管理权限的划分、税务机构的设置以及机构隶属关系等。

名词解释

劳动密集型生产

劳动密集型生产是与资本密集型（工业/产品）相对，指耗用资金较少，使用人工劳动较多，以手工劳动为主的一种生产活动类型（或产品），其对劳动力的需要比对资本的需要多。

经济全球化与对外开放

根本就不管本地区的比较优势到底有没有，因为他受利益所驱动。因此，税收体制的改革是产业结构调整的基本前提。税收体制改革的方向是从生产主导型向消费主导型的转变；从间接税体制向直接税体制转变；建立以财产税为主体的税收体制。

在与税收体制相关的财政体制里面有一块就是转移支付。我们刚才说不同地区发展经济的比较优势是不一样的，比如说西部地区可能主要功能是服务于国家的环境保护，为中部地区服务，就是对国家最大的贡献。怎么让他来安于做这些事情呢？必须依靠完善的转移支付体系，而我们现在的转移支付体系严格来说是远远不到位的，我想从中西部地区来的都有这种体会，虽然有转移支付，但是目前的转移支付的力度只能让你有所发展，但是不能实现所谓的跨越式发展。而每个地区都要实现跨越式发展，很显然这种转移支付必须到位，也就是说中央政府通过转移支付鼓励那些地区，有些地区就得靠财政来支持，支持它来进行环境保护，否则大家都愿意发展制造业。

创造制度环境就是服务业的放松管制与开放。垄断性服务业的放松管制与开放是整个服务业发展的基本前提，如果没有放松管制与开放，服务业发展就是一句空话。一个垄断行业如联通跟移动两大集团，无论是分成南方区还是北方区都只是内部的区域分布，根本上没有行业的自由介入。不允许进入必然导致高价，其他企业发展空间必然要受到控制。中国已经加入世界贸易组织了，放松管制跟开放是连为一体的，对内资开放的同时也就自动地对外资开放了，这是国民待遇原则的一个基本的要求。

转变政府职能，在推进制度建设过程中要正确地确立政府的职能。政府的职能最主要的是完善市场机制，而不是作为运动员直接干预或者是直接参与到产业结构调整的具体过程之中。

第三个方面，充分认识现行国际经济规则的本质，防止陷入"分工陷阱"。如果刚才谈的是国内

名词解释

放松管制

管制（Regulation），是指国家以经济管理的名义进行干预。放松管制（Deregulation）又称取消管制，是指放松或取消一些管制，如削减产业进入壁垒。放松管制的主要特点是向受管制行业引入竞争机制，目的是提高服务质量，降低收费水平，促进技术创新等。

经济体制约束的话，那么中国的产业结构改革在国际范围内同样面临着制度的约束。

国际经济规则的"非中性"特征。我们对全球化的认识长期以来有一个误区，认为国际经济规则没有负面约束或者忽略规则对我们的负面约束。毫无疑问，有规则比没规则强，但是必须认识到规则是为规则制定者服务的，这就是规则的非中性。非中性是经济学上的一个概念，简单地说就是同一条规则对不同国家有不同的影响。像知识产权保护，对创新者是有利的，但对一个技术的应用者，知识产权保护越强，实际上越不利。即使加入世贸组织以后，认为世贸组织规则非常公平，对谁都一视同仁。我们说一视同仁实际上造成的结果也是不一样的。被人们称作是国际规则里面最公平的规则实际上对不同国家的影响也是不一样的。这个争端解决机制说起来多好，大国和小国像建了一个法院一样，大国可以告小国，更重要的小国可以告大国，到那儿一判谁输了，对方就可以实施制裁，看起来是非常公平的，但即使是这样，这条规则现实中的不合理性也是非常明显的。这个东西看起来很公平，但是小国经常得不到具体利益。大国私下在别的领域反报复。在现实中你虽然能够赢得官司，但经常无法获得收益，因此，各个国家都愿意参加规则的制定，各国都想把自己的利益放进去，让规则反映自身的利益。总体上目前的国际经济规则是由发达国家来主导的，发达国家制定或者主导规则的目标是要保护他在国际分工中的主导地位，它的上游地位不能受到挑战。前面我们说到美国人在制造业领域牢牢控制着制造业附加值最高端那一部分，在国际分工链条上处在最顶端。怎么来保护它这个利益呢？靠规则。所以现行的一整套规则目的都是为了保护现行的国际分工体系不至于发生改变。这就是发达国家的基本立场。

发展中国家则相反，作为中国，我们希望提高我们国际分工的位次。我们要实现产业的升级和调整，实际上就像排队，后进国家想加塞，领先站在前面的就说："遵守点规则，别加塞。"国际产业分工说白了就是这么个道理。在产业转移过程中，发达国家就要通过目前的国际经济规则不损害它在上游的地位。发达国家靠知识产权规则，一方面大量的研发活动国际化，另一方面又通过严格的知识产权保护规则牢牢控制着研发活动的最终专利的所有权。国际经济规则尽管有很多，最核心的就是知识产权保护规则。如果严格按照知识产权保护规则的话，你在国际分工中的地位就只能安于现状。所以，这几年，中国跟主要贸易伙伴之间的贸易摩擦，中美、中欧谈到最后说其他方面都可以免谈，只要遵守知识产权保护法就可以了，你别挑战目前的国际经济的格局。知识产权保护规则将成为未来贸易争端的核心领域。

就国际经济规则的发展方向看，除世贸组织规则以外，规则是个非常广义的概念，贸易与环境保护规则、贸易与劳工标准规则、企业社会责任规则、温室气体排放规则都会加强。像环境保护方面有《京都议定书》，现在正在进行的 2012 年以后新的《京都议定书》的第二阶段，要把环境保护跟贸易挂钩。很显然像中国这种发展中国家对环境保护能力比较差，就面临一个巨大的挑战。

这就是我们面临的基本的格局，也就是说目前的国际经济规则是由发达国家主导的，而发达国家主导的国际经济规则目标是维护目前产业分工的链条不能改变。中国如果安于目前的分工，就有可能被锁定在低水平的链条上，在经济学里面有一个"分工陷阱"，这几年国内经济学界讨论的一个问题。一个国家离开比较优势，不顾一切地参与分工是不可能的。但是如果甘于做到这一点，又面临着永远被分工锁定或者说分工陷阱的危险。这就是在国际范围内我们面临的一个基本的环境。

第四个方面，加强自主创新，提升我国在国际产业分工中的地位。这就是我们党的十七大报告把提高自主创新跟科学发展观结合起来的一个基本的考虑。提升我们在国际分工中的地位，实际上就是要避免分工陷阱，创造出新的优势。不论如何，最终得反映出我们的技术优势，也就是说必须有强大的自主创新能力。这里面又面临着一个问题，就是引进技术跟自主创新的关系。

在说这个问题之前，我们想强调，提升在国际分工中的地位，是一个必然的要求，同时，也是可持续发展、科学发展观的必然要求。我们看一张表格，这是 2005 年全球能源消费的基本分布情况。

2005 年世界能源消费结构现状

单位：百万吨油当量

国　　家	石　油	天然气	煤	核　能	水　电	总　计
美　国	944.6	570.1	575.4	185.9	60.62	2336.6
法　国	93.1	40.5	13.3	102.4	12.8	262.1
德　国	121.5	77.3	82.1	36.9	6.3	324.1
俄罗斯	130.0	364.6	111.6	33.9	39.6	679.7
中　国	327.3	42.3	1081.9	11.8	90.8	1554.1
印　度	115.7	33.0	212.9	4.0	21.7	387.3
日　本	244.2	73.0	121.3	66.3	19.8	524.6
世　界	3836.8	2427.7	2929.8	627.2	668.7	10490.2
占世界能源总量%	36.58	23.14	27.93	5.98	6.37	100

把各种各样的能源消费折合成油当量，美国是世界能源的第一大消费国 2336.6，中国是世界能源的第二大消费国 1554.1，第三是俄罗斯，第四是经济规模位居世界第二的日本，只有中国能源消费量的 1/3。而俄罗斯是世界主要能源的生产国。所以就能源领域讲，我们要实现可持续发展，按照过去的这种发展模式很显然是不行的。而我们的能源消耗之所以这么高，又跟我们的产业结构，跟我们在产业结构中国际分工中的低端地位又是紧密联系在一起的。因为从三大产业来说我们主要是制造业，制造业能源消耗大，而在制造业里面又是在低端的高能耗生产环节。

如果这个表还有一定的局限性，我们再看一个更具可比性的。

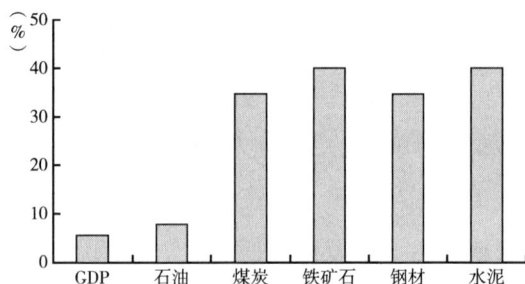

图 9　2006 年中国 GDP 及主要物质消耗占世界比例

这张图是 2006 年中国的主要几项指标。我们的 GDP 占全球的比例也就 5%，不到 6%。而我们的石油消费量占全球的 8%，煤炭消费量占 35%，铁矿石消费量占 40%，钢材消费量占 35%，水泥消费量占 40%。不考虑别的因素，按目前的产业结构，按目前的发展模式，中国经济再翻一番是个什么结果？能不能持续？即中国的 GDP 再翻一番，我们能不能把全球铁矿石的 80% 都拉到中国来？这是想一想就知道很荒唐的结果。这就是我们面临的巨大挑战，我们目前的发展模式如果没有产业结构的调整，没有自主创新，也就是我们整个经济发展方式不转变，我们的经济根本就没法可持续发展。这是我们面临的一个基本的问题。不是我们想不想的问题，而是我们要发展就必须进行调整。

在加强自主创新方面面临的第一对矛盾就是引进技术跟自主创新之间的关系。毫无疑问，从国家层面来说我们需要自主创新。前三十年期间的发展可以说很大程度上是依靠引进技术来完成的。发展自主创新并不是说不要引进技术，这一点我想是没有人会提出疑问的，中国加强自主创新战略不是关起门来自己做，而是必须在开放的条件下实现自己的创新。在开放的条件下进行自主创新就是在国家层面强调自主创新，但是在企业层面没有义务，企业没有义务来服务于国家。尤其是私人企业没有义务来响应国家号召，牺牲自己企业的利益来自主创新。如果自主创新不能给他带来最大收益的话，他就会毫无疑问地选择引进技术。所以技术创新最终的落脚点必须落到微观层面，也就是落到企业层面，企业如果没有动力进行自主创新，那么一切都是空谈。所以这里面又有一个如何为自主创新创造良好的制度环境的问题，这是一个非常非常重要的问题。

第五个方面，在经济全球化背景下制定与实施符合我国实际的产业政策。无论是产业结构的调整还是产业的升级，都必须有相对应的国家产业政策。产业政策我们都很熟悉，过去很多年一直在喊，但是产业政策跟现行的国际经济规则是相悖的。所以国外的产业经济学里面，产业政策这个领域逐渐地在萎缩，已经不再讨论产业政策的目标、模式、手段、渠道，可是各国实际上都在采用。

在产业政策方面面临的第一个问题就是产业安全，这也是一个热点问题。在开放的早期阶段，我们引进外资主要叫绿地投资，也就是外国人运进来设备在中国建工厂、从事生产，雇员纳税等等。这些事好像对中国有影响，但是最多就是把竞争力差的企业赶出这个行业，但是这几年引进外资出现了一种新的模式，就是购并，外国人直接拿钱购买现有的有竞争力的企业。这两天讨论最多的就是汇源果汁被可口可乐收购的事。果汁还好点，反正喝谁的也无所谓，但在一些事关国家安全领域，像前年的机械装备公司徐工机械购并案就引起了很大的争议，那可以说是中国政府从决策层面关注产业安全的第一个案例。此前有很多类似的情况，但是都没有引起足够注意。

在封闭条件下一个国家的产业安全很容易做到，什么行业你都做，什么产业你都有，这是最安全的。但是在全球化条件下，国际间的分工从产业间的分工发展到产业内、产品内、生产工艺内的分工。一个产品可能就分布在很多国家生产，追求所谓产业链条的完整性已经不可能做到，几乎中国的产业没有哪一个从头到尾都是在中国国内的。此外，如果都是中资控股好像也安全，但是现在也做不到了，几乎每个产业都有外资控股。也就是说你既做不到产业链条的完整性，又做不到完全控股或者是多数控股，那么如何实现产业安全就是一个难题，所以在理论上存在产业的所有权跟产业的控制权的争论。

现在发达国家越来越重视通过产业的控制权来实现产业的安全，就是很多产业它不需要有完整的产业链条，也不需要本国企业多数控股，它只要控制产业最顶端的部分，比如说控制产业的研发、控制产业的标准、控制产业的商标，那么这个产业无论在哪儿都无所谓，我就可以保证国家的产业安全。像航空业在美国是一个事关产业安全度极高的产业，可是它的生产链条遍及世界上几十个国家，大部分零部件生产都在国外，但是他能够牢牢控制着航空制造业的产业发展方向。所以，制定产业政策或者是保护我们国家的产业安全，应该在全球化条件下从原来的静态标准逐渐过渡到动态的标准，最终的出路应该是一个国家的基础创新能力。因为在产业链条上处在末端，你这个产业规模再大还是没有产业安全可言。

所谓安全不安全是什么标准呢？是不可替代，找不到第二家，那就是安全的。而中国从事的生产活动时刻可以替代，这几年日资企业在中国搞1+1的投资，在中国建一个厂，在越南建一个辅助厂、备用厂，实际上那就是完全可以替代。中国从事的生产活动在周边的很多发展中国家完全可以替代，那就完全没有安全性可言了。像刚才提到的铁矿石，如果我们国内的钢厂钢铁的需求是刚性的，钢铁的生产是刚性的，那么对铁矿石的需求就是刚性的，你找不到可替代性，因为你在国外没有自己的矿山，没有自己的矿山来源地，没有替代，在讨价还价过程中就没有控制权。

第二个问题就是国际经济规则对产业政策的约束。世贸组织定期地要对各个国家的贸易和产业政策做出评估。为什么说产业政策跟世贸组织规则是不符的呢？因为任何产业政策最终就是要进行歧视性的干预，要优先发展这个产业，不然的话就没有意义，按照市场原则发展搞什么产业政策？要制定产业政策实际上就是要优先发展某些产业，优先发展某些产业必然就构成歧视，所以跟世贸组织原则是相冲突的。

第三个问题就是产业政策与政府干预的关系。产业政策之所以必要，是因为存在所谓的市场失灵。完全按照市场原则，有可能产业安全出问题。但是政府制定产业政策如果过头的话，同样面临的一个威胁就是政府失灵，也就是说政府干预，制定产业政策进行产业调整应该是有一定的界限的。

第六个方面，推动国内地区间产业分工与区域间协调发展，这是实现产业结构调整和产业升级的一个不可或缺的问题。我们已经提到，在一个国家之内各个地区的经济发展实际上比较优势是有很大差距的，有些地区可能适合发展劳动密集型产业，有些地区

> **名词解释**
>
> **市场失灵**
>
> 市场失灵，是指市场在资源配置方面的低效率，单纯依靠市场无法解决。其后果是社会资源被扭曲配置从而无法实现帕累托最优。不完全信息、不完全竞争、不完备市场都可能导致市场失灵。市场失灵是政府干预的理由。

可能适合发展技术密集型产业，有些地区干脆不适合发展制造业，甚至都不适合发展经济，这就必须要把产业结构政策跟区域发展政策协调起来。从国外成功的产业政策实施经验来看，产业政策跟区域政策必须配套起来，比如二战以后德国鲁尔区的产业升级。鲁尔区长期以来是德国的重工业区，二战以后尤其是上世纪60年代以后德国要改变鲁尔区传统的重化工业的局面，当时德国联邦政府对鲁尔区几个州给予了特殊的区域发展政策，甚至社会保障政策等相配套，因为重工业基地的调整必然有大量的失

业工人出现。传统产业向高技术产业的升级，还面临着工人技能水平的重新培训与重新就业，这都是靠产业政策来完成的。

第二点就是产业结构的调整也要和社会保障联系起来。大量的失业工人存在就必须给予特殊的地区特殊的社会保障政策，如果实施统一的社会保障政策就无法应对这种大规模的产业调整。实际上中国像东北地区的振兴等实际上都面临着这种问题，它的产业政策的调整必须给特定的区域以特定的社会保障政策相配套。

> **名词解释**
>
> **比较优势**
>
> 比较优势是主张以各国生产成本的相对差异为基础进行国际专业化分工，并通过自由贸易获得利益的一种国际贸易理论。如果一个国家生产某种产品的成本比另一个国家低，那么，该国在这种商品的生产上与另一个国家相比就具有比较优势。

第三点就是产业结构的调整必须和财政政策相协调。刚才提到这里面既有税收政策也有财政的转移支付政策。实际上对区域间的发展国家已经在不断地出台政策，不久前发改委制定了政策，将不同的区域划定为优先发展区、禁止发展区等等，对国家不同区域的发展已经开始按照区域的比较优势做了一些划分。相应地，对不同区域给予不同的政策，尤其是对政府绩效的考核给予不同的标准，对禁止发展区，考核政府的目标可能更多的是环境保护方面指标，就不再考核GDP、财政收入等等这些指标了。所以，推动产业结构的调整必须跟特定的区域发展政策相协调，尤其是对中国这么一个发展层次差别很大，水平差别很大的国家来说，没有区域间的协调发展，所谓的产业政策的协调、产业政策的调整和升级也是一句空话。

总之，中国产业结构的调整和升级并不是一朝一夕能够完成的，制约中国经济产业结构调整和升级更多的是体制方面的约束，既有国内的经济体制调整不到位，更有现行的国际经济规则的约束。我们现行的产业结构调整必须放在全球化开放的条件下进行，这就是我们在介绍产业结构调整的时候必须要跟全球产业的变迁结合起来讨论的一个根本原因。

（根据课堂录音整理，有删节。）

经济全球化背景下
本土产业的发展
——以中国银行卡产业和中国银联为例

许罗德

演讲时间： 2009 年 4 月

作者简历： 许罗德（1962—　），经济学学士，高级会计师，现任中国银联总裁。中国金融学会常务理事、中国钱币学会常务理事、中国金融标准化委员会委员。

1983 年起在中国人民银行系统工作，历任中国人民银行办公厅秘书处处长、办公厅副主任、支付结算司司长。2007 年 8 月任中国银联总裁。

内容提要： 作为当代经济与金融运行的资金流高速公路，银行卡支付系统已成为当代经济与金融的重要基础设施。银行卡产业全球化是经济全球化的必然要求，对于全球银行卡产业来说，其国际竞争的制高点就是品牌竞争。中国银联作为银行卡组织处于我国银行卡产业的核心和枢纽地位，但与国际卡知名品牌相比差距巨大。本文从从全球化背景下的银行卡产业发展特征、中国银行卡产业发展历程、中国银联作为自主品牌成长过程以及中国银行卡产业的国际化战略等几个方面分析了如何使我国银联卡成为主要国际银行卡品牌的具体做法。

感谢大家给我机会就中国银联的发展历程谈《经济全球化背景下本土企业的发展》。今天，我主要从全球化背景下的银行卡产业发展特征、中国银行卡产业发展历程、中国银联作为自主品牌成长过程以及中国银行卡产业的国际化战略等几个方面向大家汇报。中国银联成功发展到今天有赖在座各位的鼎力支持。下面我就从全球银行卡产业发展特征谈起。

一 | 全球化背景下的银行卡产业发展特征

全球银行卡产业呈现市场规模化、品牌集中化态势。从市场规模来看，截至 2008 年末，全球银行卡发卡量超过 46.8 亿张，同比增长约 9.7%；交易笔数累计约为 1180 亿笔，同比增长约为 12.0%；交易金额累计达到 10.5 万亿元，同比增长约 14.1%。其中，中国本土银联标准卡的发卡量累计达到 9.12 亿张，同比增长 65%；交易笔数累计达到 34.2 亿笔，同比增长约 83%；交易金额累计达到 2.1 万亿元，同比增长约 100%，远远高于国际市场平均增长水平，既验证了银行卡产业的发展的规模化特征，又说明了中国银行卡产业巨大的发展潜力。

从品牌结构来看，全球范围内，VISA 和万事达双品牌高度垄断的市场结构已持续多年，因而引起了各国监管当局的普遍关注。2008 年末，VISA 和万事达的发卡量合计约占全球总量的 65%。2008 年 VISA 和万事达的 POS 交易量合计约占全球总量的 91%；POS 交易额合计占比约为 82%；ATM 交易量合计占比约为 93%；ATM 交易额合计占比约

> **名词解释**
>
> **VISA**
>
> VISA 公司是一家提供多种商业支付品牌、商业支付解决方案、跨机构交易转接清算服务以及银行卡风险管理、欺诈防控、积分、争议处理和借记卡发卡处理等增值服务的商业支付服务公司，其交易处理网络遍布全球 200 多个国家和地区，连接了全球范围内 160 万台 ATM 机和 2500 万台 POS 机。VISA 公司总部位于美国加利福尼亚州圣弗朗西斯科市，前身是会员制、非营利的 VISA 国际银行卡组织，具有 50 多年的发展历史。

经济全球化与对外开放

为94%。银联品牌作为全球银行卡品牌的新生力量，已经成长为全球发卡量第二大、交易笔数第四大、交易金额第三大品牌。

银行卡正在成为国际经济金融竞争的重要内容。世界上，很多国家的政府高度重视银行卡产业发展，并将提升银行卡产业的国家竞争力作为一项国家战略。

美国、欧盟的情况。这主要源于以下几个方面的原因：

第一，银行卡产业全球化与经济全球化密切相关。经济全球化（Economic Globalization）是指贸易、投资、金融、生产等世界经济活动超越国界，通过对外贸易、资本流动、技术转移、提供服务、相互依存、相互联系而形成的全球范围的有机经济整体。

银行卡产业全球化服务于经济全球化，是经济全球化的重要载体。作为第四次支付革命主要标志的银行卡，是传统零售银行业务与信息技术结合的产物，已成为零售银行业务的主要载体和统一运作平台，成为零售银行业务的基石，成为一种综合性金融支付工具。银行卡产业作为新兴金融服务产业，就是服务于经济金融活动，是经济金融活动的重要载体。

银行卡产业全球化是经济全球化的重要组成部分。银行卡业务，已经独立发展成当代银行业的一项重要零售银行业务，银行卡支付更是成为当代金融业的重要组成部分。

经济全球化背景下本土产业的发展

名词解释

万事达

万事达公司（MasterCard）也是一家提供多种商业支付品牌、商业支付解决方案、跨机构交易转接清算服务、基于交易处理的增值服务以及信息咨询服务的商业支付服务公司，其交易处理网络遍布全球210多个国家和地区。公司总部位于美国，前身是会员制、非营利的万事达国际银行卡组织，具有50多年的发展历史。

名词解释

POS机

POS机（Point of Sales），即销售点终端，是一种与银行卡账户系统相连用于受理银行卡的终端设备，可以实现消费、预授权、余额查询和转账等金融支付服务。

名词解释

ATM机

ATM机（Automatic Teller Machine），即自动柜员机，是一种与银行账户系统相连，为持卡人提供取现、转账等个人金融服务的金融自助设备。

因此银行卡产业全球化是经济全球化的重要组成部分。

银行卡产业全球化是经济全球化的必然要求。作为当代经济与金融运行的资金流高速公路，银行卡支付系统已成为当代经济与金融的重要基础设施。贸易、投资、金融、生产等经济活动以及旅游等非经济活动的全球化，要求为之服务的银行卡产业必须全球化。经济全球化必然要求有与之相称的全球化的银行卡产业，银行卡产业全球化是经济全球化的必然要求。

第二，银行卡产业主导权竞争是大国竞争的重要方面。产业的品牌是产业核心竞争力、产业价值的象征，在国际竞争中更是一个国家经济实力的具体象征。对于全球银行卡产业来说，银行卡产业国际竞争的制高点就是品牌竞争，银行卡支付品牌成为金融业国际竞争的重要内容，银行卡产业主导权竞争更是成为大国竞争的重要方面。

目前的国际银行卡市场竞争格局是，VISA、万事达等跨国银行卡公司凭借其近半个世纪经营取得的品牌优势，不仅垄断了全球银行卡跨境转接市场，而且通过在各国银行卡市场上大力推销其品牌和标准的银行卡，轻而易举地控制了大多数国家国内银行卡市场的主导权。

许多国家和地区由于在银行卡市场发展初期对创建品牌的战略价值认识不足，面对本地消费者持续增长的境外用卡需求，放弃自主国际化，选择"借船出海"的道路，完全依靠跨国银行卡公司的全球网络来实现本地银行卡在境外商户的受理，从而逐渐丧失了本国或本地区的银行卡产业标准的话语权，产业标准逐渐被跨国公司所控制。境内银行卡组织的转接网络只能沦为跨国公司全球网络的区域组成部分。国内的银行卡自主品牌逐渐衰落，例如法国的 CB，加拿大的、澳大利亚的 BankCard，中国台湾的梅花以及被万事达收购的欧洲银行卡支付品牌 Europay。

近年来，世界各国积极支持创建本地银行卡支付品牌，并加大了对本地品牌的保护力度，以提升本土品牌的市场竞争力。一些本土银行卡网络开始跨境发展，并联合起来成立了区域性网络，以寻求在国际银行卡产业中拥有一席之地。例如 2004 年成立的东南亚区域性支付联盟 ASEANPay 和 2007 年11 月成立的泛欧银行卡网络 EAPS（the Euro Alliance of Payment Schemes，欧元支付组织联盟）。ASEANPay 和 EAPS 都是参与国中央银行主导并推动的区域性支付联盟。在东南亚地区，2004 年，印度尼西亚、马来西亚、新加坡和泰国的中央银行共同组建了 ASEANPay 指导委员会，正式启动 ASEANPay，到目前为止，构成 ASEANPay 本土银行卡网络的有五家，他们分别是：新加坡 NETS、马来西亚 MEPS、泰国 NITMAX、印尼 Artajasa 和 Rintis。

欧盟和欧洲央行于 2002 年开始正式推进单一欧元支付区（SEPA）建设，旨在打通国别分割的市场，实现欧元区各国国内交易与跨境交易一体化。在此基础上，在欧盟及各国央行的支持下，2007 年德国 electronic-cash、意大利 PagoBancomat/Bancomat、葡萄牙 Multibanco、西班牙 Euro 6000、英国 LINK 和泛欧 ATM 网络 Eufiserv 等欧洲六家网络在比利时首都布鲁塞尔发起成立欧洲支付组织联盟（EAPS），实现 ATM 和 POS 终端互联互通，银行卡的跨境受理。EAPS 是一个开放的网络，任何银行卡网络只要承诺遵守《SEPA 卡框架》，都可以申请加入 EAPS，预见随着欧盟 SEPA 计划的不断推进，欧洲本土银行卡跨境网络 EAPS 将会不断扩张，但目前进展仍然比较缓慢。

中国在全球银行卡产业发展中占有重要地位，并将持续成为影响全球银行卡产业格局的重要力量。经济全球化是当代世界经济的重要特征之一，也是世界经济发展的重要趋势。经济实力和综合国力日渐强盛的中国，正在成为世界经济发展的主要引擎，并成为经济全球化的积极参与者和推动者。一个日益强大的中国，需要创建与自身国际地位相称的强大、自主的银行卡产业和银行卡的国际品牌。同时，银行卡具有典型的规模经济和网络经济特征，银行卡品牌具有广泛的受理性和普遍的可接受性，而作为大国的中国具有大国市场优势和巨大发展潜力，在创建国际主要银行卡品牌方面具有得天独厚的条件，是世界上极少数有条件、有能力创建银行卡自主品牌的国家之一，中国应在世界银行卡产业发展中占有重要地位。

改革开放三十年来，中国经济持续强劲增长，人民生活水平稳定提升，为我国银行卡产业和创建国际银行卡品牌奠定了坚实基础。我国人口总数的全球市场份额超过 1/5，2008 年末我国城镇人口总数已经超过 6 亿人，超过欧盟的总人口数 5 亿人和美国的人口数 3 亿人。2008 年，我国经济总量位居世界第三位，并且人均国民总收入达到 3300 美元，我国已经

经济全球化背景下本土产业的发展

处于低中等收入国家的高端。估计再过两年，也就是 2010 年，我国人均 GDP 将超过 3600 美元，届时我国将进入高中等收入国家行列。

我国经济发展的巨大潜力将为创建国际银行卡品牌创造更为广阔的发展空间。国际知名会计师事务所普华永道预测，中国最早将在 2020 年超过美国，成为全球最大经济体，到 2030 年很可能将继续领先美国，中国、美国、欧盟和印度占全球 GDP 的比例将分别为 19%、16%、15% 和 9%。麦肯锡的经济学智库"麦肯锡全球研究院（MGI）"的最新研究表明，到 2025 年，中国城镇人口将超过 10 亿人，中等收入人群将会达到 5.2 亿人。MGI 指出，中国的城市家庭将成为全球最大的消费市场之一，每年消费能力达 20 万亿元人民币。同时，我国将拥有全球最大规模的银行卡持卡人群体。

中国已经为创建国际主要银行卡品牌积累相当的基础。中国银行卡发卡量超越美国，中国成为全球第一大银行卡发卡市场，收单市场、银行卡交易规模、国际受理网络规模方面，中国银行卡产业已经成为全球银行卡产业重要组成部分，并已成为全球重要的银行卡产业大国。而银行卡自主品牌——银联卡更是发展迅速，成为具有相当国际影响的银行卡品牌，正在得到越来越多国家和地区持卡人的认可。

二 全球化视野下的中国银行卡产业发展历程

我国银行卡产业与改革开放同时起步，伴随着中国经济逐步融入全球经济而不断发展，大致经历了萌芽、起步、形成和发展四个阶段。

萌芽于满足境外持卡人在国内用卡需求（1979—1984）。 随着中国打开国门，同各国交流日益频繁，境外来华的各界人士刷卡结算的意愿越来越强烈，提供银行卡服务成为国际交流中不可或缺的重要组成部分。1979 年，经香港东亚银行提议，中国银行总行批准中国银行广东分行代理东美信用卡外卡收单业务，从此中国有了银行卡这一新生事物。1980 年，中行上海分行开始开展外卡收单业务。1981 年，中总行与汇丰银行等 7

家境外机构签约，在中行全国系统内开展外卡收单业务。此后，中国工商银行、中国农业银行、中国建设银行等陆续开展了外卡收单业务。这一时期，各银行仅扮演国际银行卡公司在中国的代理收单机构的角色，既无自主权，也没有话语权，在全球银行卡产业格局中处于从属地位。

探索发展于跨国银行卡公司的品牌垄断中（1985—1992）。中国经济社会的快速发展，需要现代化的支付工具——银行卡，发挥其应有的积极作用，特别是，国家经济实力的不断增强，呼唤中国人自己的银行卡产品，扭转完全受制于跨国银行卡公司的被动局面，已成为业界共识。1985年3月，中国银行珠海分行发行了中国第一张银行卡"中银卡"，标志着中国银行卡产业迈出了发展性的第一步。1987年和1989年，中国工商银行先后发行了红棉卡和牡丹卡。借鉴中行、工行的经验，中国建设银行于1990年在广州发行了龙卡；中国农业银行于1991年2月5日在广州、佛山、中山地区发行金穗卡；1992年，深圳发展银行发行了发展卡。与此同时，各商业银行电子化建设起步，投资建设了大量的计算机业务处理系统，为银行卡业务发展奠定了系统和网络基础。这一阶段，我国银行卡业务从无到有快速发展。截至1992年底，全国银行卡发卡量达190万张，当年交易额（含消费、转账）达600亿元。

联网通用产业格局初成于金卡工程（1993—2001）。1993年以前，发卡银行各自单独建立银行卡交易处理系统，但开展银行卡业务的投入大、门槛高，严重影响了银行卡的大规模发行。并且，各发卡银行布放的POS终端无法通用，导致居民持有的银行卡无法跨行或异地使用。相对于发达国家和地区基本实现银行卡跨地域、跨品牌、跨机构受理，中国银行卡应用水平已明显落后，中国银行卡产业在"联网通用"的时代召唤下，应运而生。在江泽民总书记的亲自倡导下，国家"金卡工程"于1993年正式启动，为加速银行卡资源共享，中国人民银行组织各商业银行编写了《关于在我国实施电子货币工程（即金卡工程）的总体设想》等一系列规划、标准和规范，确定在18个试点城市（后追加6个）组建地方性的银行卡网络服务中心以实现银行卡的同城跨行共享共用。首批12个试点省市的信息交换中心在1997年9月全部投入运行，其中10个省市实现了

名词解释

"314 工程"

2001 年 12 月 19 日，温家宝副总理视察银行卡联网通用工作时，对 2002 年银行卡联网通用工作的目标和工作重点提出了明确要求：各商业银行系统内银行卡业务要在 300 个以上地市级城市实现本系统内银行卡的联网运行，跨地区使用，使网络运行质量和交易成功率明显提高；依靠现有的银行卡交换网络，进一步抓好联网通用工作，力争在 100 个以上城市实现各行各类银行卡的跨行通用；力争在 40 个以上城市推广普及全国统一的"银联"标识卡，全面实现跨地区、跨银行的联网通用。

同时，股份制银行纷纷发行银行卡。其中，广东发展银行于 1995 年 3 月发行了国内第一张贷记卡——广发银行卡。1995 年 7 月，招商银行推出"一卡通"，是国内首张集多账户、多功能于一体的银行卡。在此阶段，我国发卡机构数量、发卡总量、银行卡产品种类、交易规模都快速增长。

为实现银行卡的异地使用，1997 年 10 月 30 日，中国人民银行牵头、组织各商业银行共同发起成立了银行卡信息交换总中心，并在 1998 年 12 月底建成了异地跨行信息交换系统。中国人民银行还积极支持各家商业银行加速系统内的联网通用步伐，支持商业银行的总行、18 个城市的银行卡网络服务中心分别与总中心联网。1999 年 9 月中国人民银行正式成立"全国银行卡工作领导小组"，和 12 家商业银行联合开展金融认证中心（CA）的建设，并积极支持开展网上银行业务。鉴于跨行、异地联网通用步伐缓慢，中国人民银行在 2001 年 2 月组织召开了全国第一次银行卡工作会议，提出开展"314 工程"，并开始筹建我国的银行卡组织——中国银联。

金卡工程的实施推动了全国统一的银行卡业务规范和标准的形成，推进了全国统一的银行卡跨行、跨地转接网络的建设。这一阶段，我国银行卡业务规模迅速扩大。到 2001 年底，全国银行卡发行量达 3.83 亿张，其中借记卡 3.59 亿张，准贷记卡 2311 万张；特约商户超过 15 万家，POS 终端 21.8 万台，ATM 3.8 万台，当年交易总金额 8.43 万亿元，银行卡消费占社会商品零售额的比重提高到 2.7%。在这期间，发卡量平均年增长 64%，交易量平均年增长 76%，特约商户数量平均年增速为 51%。

全面发展于掌控产业发展主导权和制高点（2002—   ）。 全球化时代的银行卡产业竞争，已从简单的技术、业务层面上升到品牌、标准、规则层面，要在未来的全球产业格局中掌握同中国发展实力相适应的话语权，打造国际化的自主银行卡品牌已成为中国银行卡产业发展的历史必然。中国银联是自主银行卡品牌的创立者、推广者，中国银联的成立，标志着中国银行卡产业加入到全球银行卡产业竞争的大潮中，也推动中国银行卡产业进入全面发展的新阶段。在中国银联与各家商业银行共同努力下，我国银行卡受理市场规模小、投入不足、覆盖面有限、交易成功率低的问题在较短的时间内得到了极大改善。我国银行卡联网通用不断深化，银联网络不仅在东部地区和大中城市日益普及，更进一步加速向中西部地区、中小城市和广大农村地区延伸。

与此同时，各商业银行为了提高产品和服务的竞争力，纷纷借鉴国际同业的实践经验，调整内部架构，建立区别于其他产品的银行卡专业化分工体系，后台业务实现高度集中的规模化、专业化处理，前台业务通过市场利益驱动机制，由此实现银行卡业务专业化经营管理机制。

2002 年 5 月，中国工商银行在北京成立牡丹卡中心；2002 年 10 月，招商银行信用卡中心落户上海；2002 年 12 月，中国建设银行信用卡中心在上海成立。信用卡中心的成立，对于商业银行银行卡业务从粗放经营向集约经营的转变、提高经营效益、防范和控制金融风险、加快业务创新等起到了直接推动作用。

同时，国内商业银行也开始注重发展和规范、竞争和合作的关系，注重规模、结构、质量和效益的平衡。国内银行卡发卡市场的参与主体逐渐多元化，越来越多的全国性股份制商业银行、地方性银行加入到发卡队伍的行列。

2009 年末，中国银行卡发卡量预计将超过 21 亿张，是 2001 年底的 5.6 倍，超越美国，成为全球第一大发卡市场。受理商户接近 157 万户，是 2001 年底的 7.5 倍；POS 机 241 万台，是 2001 年底的 8 倍；ATM 机接近 20 万台，是 2001 年底的 5 倍，均跃居世界前列。2009 年实现银行卡交易金额预计超过 166 万亿，跃居世界第三位。中国已经跃升为全球重要的银行卡产业大国。

图 1　我国银行卡发卡量变化图

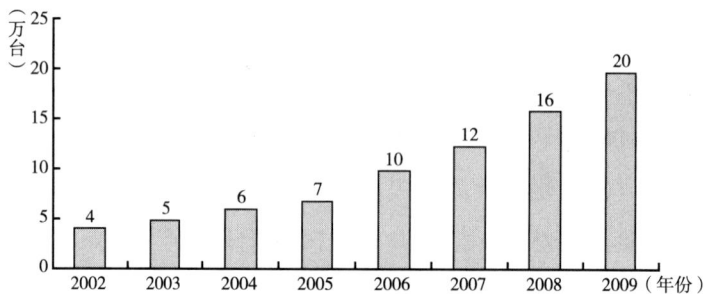

图 2　我国 ATM 终端数变化图

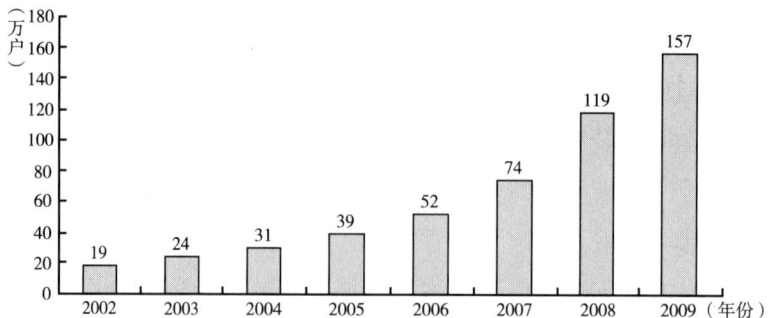

图 3　我国商户数变化图

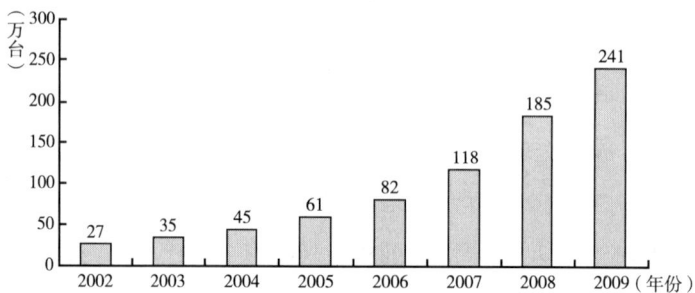

图 4　我国 POS 终端数变化图

经济全球化与对外开放

三 | 中国银联：自主品牌成长案例分析

中国银联是中国的银行卡组织，肩负着推广银行卡自主品牌的历史重任。中国银联的发展成为中国自主品牌成长的典型之一。

成立背景与主要职能：我国银行卡业务从 1985 年已开始起步。但到中国银联成立前，银行卡发卡量、交易量、受理市场都实现了很大发展，但当时情况是，全国没有统一的银行卡市场，没有统一的银行卡品牌，没有统一的银行卡转接网络，没有统一的银行卡标准，特别是各银行自行发卡、自行收单，只有部分城市实现了同城联网通用、异地联网通用，交易成功率低。一方面，社会公众反应强烈；另一方面，为跨国银行卡公司加紧渗透国内市场提供了便利。正是在此背景下，经国务院同意，人民银行批准，中国银联成立，负责推动银行卡联网通用。

中国银联主要负责提供银行卡跨行交易信息转接、清算数据处理服务，进而为社会大众提供优质、高效、安全的银行卡联网通用服务。同时联合商业银行，在与跨国银行卡公司竞争中掌握我国银行卡产业的话语权和主导权，维护国家经济、金融信息安全。中国银联处于银行卡产业的核心和枢纽地位。重点履行四项职能：一是制定和推行统一的银行卡标准——银联标准，创建银行卡自主品牌——银联卡；二是通过银联银行卡跨行交易清算系统，实现银行卡联网通用；三是推动银行卡普及和应用；四是会同有关方面维护银行卡市场秩序，防范银行卡风险。

发展历程：中国银联成立以来，在联网通用、自主品牌建设、国际化方面取得显著成绩，不仅自身实现了超常规、跨越式发展，而且为中国银行卡产业发展做出重要贡献。

统一人民币银行卡标准，创建我国银行卡自主品牌——银联卡。建立起了具有自主知识产权，与国际通行标准接轨的人民币银行卡标准体系——银联标准。目前，这一标准体系在国内全面推广，改变了中国银联成立前各银行采用跨国公司标准或自行确定标准的状况。商业银行发行银联标准卡近 13 亿张，占国内银行卡发卡总量 60% 以上，占确立银联自主标准以来国内银行卡发卡量 90% 以上。据国际调研公司 AC 尼尔森的调查，银联品牌在中国大陆地区的品牌知名度高达 96%，持续领跑中国银行卡市场。与此同时，伴随着银联卡受理网络的全球延伸，银联品牌正服务越来越多国家和地区的持卡人。与此同时，银联标准逐步成为重要的国际银行卡标准，日本、韩国、俄罗斯等 10 个国家和地区 50 多家机构发行当地货币银联卡。

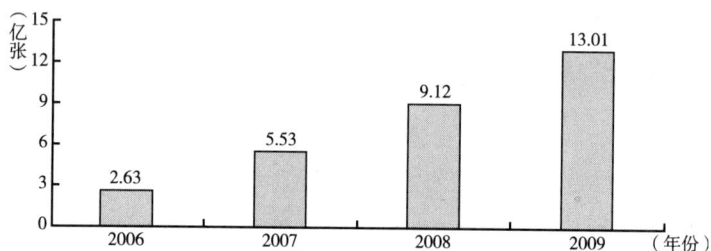

图 5　银联标准卡发卡量变化图

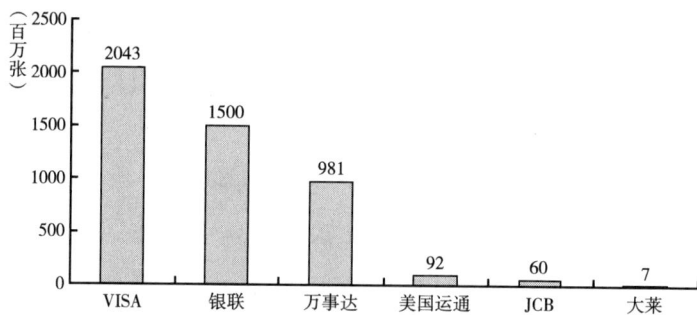

图 6　VISA、万事达、银联标准卡发卡量

实现银行卡联网通用，为社会大众提供支付便利。联网通用经过三个阶段，第一阶段，是重点城市同城联网通用。第二阶段，是重点城市之间的异地联网通用。第三阶段，全国联网通用。银联成立以后，到 2002 年底，基本实现了温家宝总理提出的联网通用"314"目标：即在 300 个城市实现商业银行行内银行卡业务联网运行；在 100 个城市实现银行卡的跨行通用；在北京、上海等 45 个大中城市实现各类银行卡的异地跨行通用和发行银联标识卡。随后，中国银联自主建成具有国际先进水平的银行卡跨行交易清算系统，兼容借记卡和信用卡、国内卡和国际卡、磁条卡和芯片卡。系统处理能力和安全性、稳定性都达到国际先进水平，每秒最大处理能力 1.3 万笔。目前，日均处理银行卡跨行交易2300 万笔和 200 多亿元，交易成功率稳定在 99% 以上。通过该系统，实现了银行卡在全国范围内跨地区、跨银行联网通用，特别是通过农民工银行卡特色服务，把联网通用延伸到所有省份的农村地区，实现了"一卡在手，走遍神州"。

初步建成银联卡全球化受理网络，服务国家"走出去"战略。顺应我国经济发展和"走出去"需要，积极拓展银联卡国际受理网络。从 2004年开通银联卡在中国香港的受理业务开始，经过几年努力，银联卡已在中国人常去的 83 个国家和地区实现了受理，覆盖全球主要国家和地区。目前，境外受理商户达到 55.7 万户，POS 机达到 69.8 万台，ATM 机达到71.9 万台，成为全球规模最大的银行卡受理网络之一。汇丰、渣打、花旗等 120 多家国际知名机构成为银联的成员机构，银联的国际影响日益扩大。银联卡国际化，促进了中国对外交往和人民币国际化。

推动银行卡普及应用，促进经济社会发展。目前，大中城市规模以上商户普遍受理银行卡，中小城市受理商户普及率迅速提高。2009 年，实现银行卡跨行交易笔数为 69 亿笔，交易金额为 7.7 万亿元，分别是 2001 年的 29 倍和 84 倍。

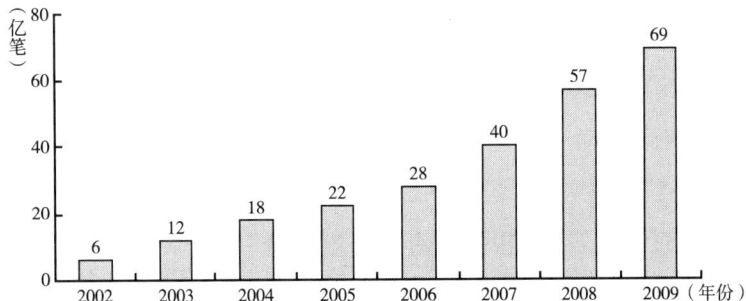

图 7　中国银联跨行交易笔数

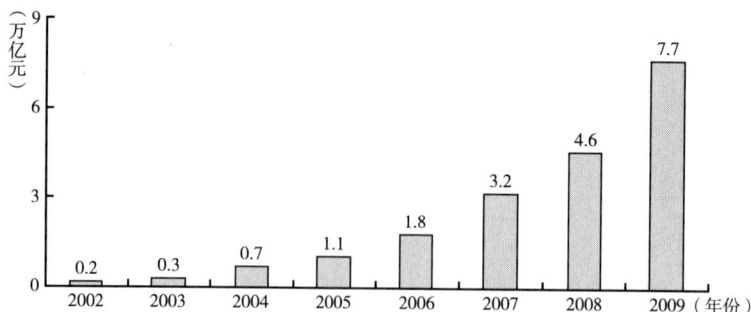

图 8　中国银联跨行交易金额

积极防范银行卡风险，银联卡是全球最为安全的银行卡品牌之一。银行卡用卡安全，关系广大民众切身利益，关系社会安定、社会和谐。近年来，中国银联积极采取措施，着力解决银行卡风险突出问题。特别是会同有关方面，建立了银行卡风险共享机制，开发了涉案银行卡查询监控、银行卡欺诈侦测等风险管理系统，对打击银行卡违法犯罪发挥了重要作用。2006 年以来，协助有关方面查处各类银行卡犯罪案件 2 万多起，帮助商业银行和持卡人挽回经济损失上亿元。目前，我国是全球用卡最为安全的国家之一。

四　努力走向国际银行卡产业中的中国银行卡产业

尽管中国银行卡产业和自主品牌取得很大发展，但与处于寡头垄断地位的国际卡品牌的差距仍然较大。一是银联标准信用卡发卡量和境外发卡量远远落后于 VISA 和万事达。发卡量方面虽然处于全球第二大的市场地位，一方面实际活动卡量仍将在 VISA 和万事达之后；另一方面，90% 以上银联标准卡属于借记卡，银联标准的信用卡发卡量远远落后于全球主要银行卡品牌；最后，银联标准卡境外发卡量只有 693 万张，大大落后于 VISA 的 14.2 亿张、万事达的 5.9 亿张。二是银联国际市场竞争力远远低于 VISA 和万事达。银联卡境外受理终端（POS 和 ATM），约是 VISA 或万事达的 5.9%，银联卡境外交易笔数和交易金额分别约是 VISA 的 0.08% 和 0.37%，约是万事达的 0.23% 和 1.08%。

当前和今后一段时间，中国银行卡产业应该按照胡锦涛总书记 2010 年 1 月 16 日考察中国银联的重要指示精神，即不断扩大业务领域，提高服务水平，加快国际化进程，打造国际主要银行卡品牌，共同建设与中国国际地位相称的强大、自主的银行卡产业和银行卡品牌。

中国银联作为中国银行卡产业和自主品牌的协调者、推动者和参与者，将努力提高作为银行卡组织的公信力，持续锻造作为公司制企业的竞争力，做精、做深国内市场，做大、做强国际市场，巩固和强化在传统支付领域的优势，尽快形成和确立在创新支付领域的优势，把中国银联建设成为全球具有影响力的国际性银行卡组织，使银联卡成为国际主要银行卡品牌，为建设与中国大国地位相称，强大、自主的银行卡产业做出应有贡献。

一是在受理市场方面，建成覆盖全国、延伸国际的银联受理网络。通过不断努力，使国内受理网络像电力网络、电信网络一样，延伸至千家万户。国际受理网络覆盖中国人经常到访的国家和地区，延伸到中国人经常到访的城市和商户，实现"中国人走到哪里，银联卡用到哪里"。

二是在品牌建设方面，联合国内商业银行及相关机构，共同"构筑银行卡高速路，服务海内外持卡人"，把银联品牌建设成为具有全球影响力的金融自主品牌。

三是在支付创新方面，建立较大规模的支付创新研发中心，使银联成为国内领先，具有重要国际影响的银行卡支付创新研发基地，满足广大民众个性化支付需求。

四是在服务质量方面，建立健全服务机制，完善服务体系和服务网络，实现服务质量全面提升，使广大民众享受满意、超值的服务。

五是在风险控制方面，形成技术先进、覆盖全面、监控有效、手段有力的风险控制体系，使风险监控能力不断提高，让广大民众放心用卡。

以上是我对中国银联作为本土企业以及中国银行卡产业在经济全球化背景下发展的一些体会和认识，不对的地方请大家批评和指正。借此机会我也要感谢各位在中国银联开拓国际市场中给予的支持和帮助，也感谢中国浦东干部学院给我这个机会和大家进行交流。中国银联的口号是"中国人走到哪里，银联卡用到哪里"！谢谢大家！

（根据讲课录音整理，并对最新数据进行了必要补充。）

国际**金融危机**及其对**中国经济**的影响

曹远征

演讲时间： 2009 年 5 月

作者简历： 曹远征，现任中银国际控股有限公司董事兼首席经济学家，中国人民大学经济学院教授、博士生导师，美国南加州大学客座教授，复旦大学兼职教授，北京大学中国经济研究中心研究员。曾先后在青海省对外贸易局、青海省政府、中国经济体制改革研究所、国家经济体制改革委员会经济体制研究院工作，中国经济体制改革研究院原常务副院长。曾任世界银行、亚洲开发银行、联合国开发计划署经济专家，自 1990 年以来，担任多个经济转型国家（如越南、蒙古、捷克、哈萨克斯坦、乌兹别克斯坦、吉尔吉斯斯坦等）的经济顾问。

内容提要： 主要从三个方面来谈国际金融危机及其对中国经济的影响。第一，从操作层面谈国际金融危机的过程及其对世界经济的影响；第二，国际金融危机对中国的影响；第三，国际金融危机对国际货币体系的挑战以及中国的角色，包括人民币国际化安排的一些设想。

我主要想从三个方面来谈国际金融危机及其对中国经济的影响。第一个方面是从操作层面上谈国际金融危机的过程及其对世界经济的影响；第二个方面国际金融危机对中国的影响、对亚洲经济的影响是什么？第三个方面金融危机对国际货币体系的挑战以及中国的角色。关于人民币国际化的安排，也给大家介绍一下情况。

一　国际金融危机的过程及其对世界经济的影响

首先我们简单回顾美国次贷危机引发全球金融危机的过程。这次金融危机应该说是始于两年前，当时就已经发现有问题了，但问题严重化是在2008年9月份以后，其中经历了几个阶段。

第一个阶段（2007年8月至2008年3月），这一阶段通常称之为流动性全面短缺阶段。所谓流动性全面短缺是指由于危机开始爆发，债务链条非常紧，大家相互欠钱，谁也还不了谁，谁也不还谁，资本市场危机引发流动性严重短缺，迫使各国的中央银行开始联手补充流动性，以防止债务链条崩断。但是，当时出现问题是非银行金融机构。①而非银行金融机构生存是靠产品买卖。出现危机后，产品卖不出去了，严重的困难就开始出现。

第二阶段（2008年3月至2008年9月），信贷市场全面紧缩阶段。尽管向市场补充流动性，缓解了债务链条，但出现了严重的"惜贷"现象。从2008年3月份以贝尔斯登倒闭为标志，危机开始进一步升级，从非银行金融机构蔓延到商业银行。一个最重要的表现就是信贷全面冻结，各个商业银行不仅不对外发放贷款，而且互不放款。市场利息高企但也借

---

① 目前有两类金融机构：银行类金融机构和非银行金融机构。银行类金融机构主要做存贷业务，通过吸收存款放贷款，它的流动性比较好，加上风险是按时间来配置，一旦出现风险，就把风险推向未来或者说化解。非银行金融机构是在资本市场做业务，它的风险配置是按时点对冲，是通过金融产品不断地买卖，然后把风险分散在整个市场上。这种机构从来是不接受央行的贷款，也没有机制来接受央行贷款。美国创新了一下，开始给这类机构发放贷款。美国的创新主要体现在两方面：第一个是扩大范围，第二个就是延长期限。

不到钱，此外，大家还互相逼着还钱。在这个过程中，美国的商业银行开始出现了倒闭浪潮，一直持续到 2008 年的 9 月 15 号，以雷曼兄弟公司倒闭为代表，金融危机进入一个新的阶段。

第三阶段（2008 年 9 月至现在），危机深化到货币市场并开始影响实体经济。这个阶段就不仅仅是金融危机，而是金融危机引发的整个经济衰退，金融危机扩散到整个世界。从那时起金融危机在蔓延和深化中。

什么叫金融危机？要理解这个概念就要先了解金融机构操作手法。金融机构与其他的商业机构一个最大的区别就是通过杠杆操作。所谓杠杆操作，举例来说，一般的企业负债率不能超过 70%。按照银行标准，如果企业资本金不能达到 20% 或 30%，就不具备借款的条件。换句话说，即你要做一百块钱的生意要出 30 块钱的本钱，那么，100 除以 30，杠杆倍数是 3。但银行不一样，按照巴塞尔协议的规定，资本充足率满足 8% 以上就可以了，即用 8 块钱在做 100 块钱的生意，它的杠杆倍数是 12.5。而投资银行的杠杆倍数通常都在 30 倍、40 倍，也就是说，用 3 块钱的本钱做 100 块钱的生意。

对冲基金的杠杆倍率更高了，可以达到上百倍，可能用几毛钱在做 100 块钱的生意。这意味着什么呢？意味着如果你赚几毛钱，你的资本回报率是 100%；但是如果你亏几毛钱，那你的本金就荡然无存。

这次的金融危机最重要的特点就是去杠杆化。杠杆过去是有多大的倍数就放多大，现在是有多大的倍数就收缩几倍。由于去杠杆化使整个金融市场紧缩，致使整个经济萎缩。到目前为止，去杠杆化的趋势尽管在趋缓，但是还在进行之中。由于去杠杆化，金融机构纷纷出现亏损，形成倒闭浪潮，金融活动规模收缩从而引致了经济衰退，这就是我们现在面临的金融形势。在经济全球化、国际金融一体化的情况下，发达国家的金融危机把经济衰退全球化了。

说到这儿，我们就有一个问题，为什么这么小小的一个次级按揭贷款引发成这么大一件事？既然大家都知道这件事风险这么大，为什么还要铤而走险做这件事？换句话说金融机构为什么会垮？要回答这个问题，就需要了解引发次贷危机的金融产品的形成过程及其对金融系统的影响。

次按—次债的基本流程

申请银行贷款需要三个条件。第一个条件，银行不会 100% 给你发放贷款，你一定得有首付；第二个条件是银行要检查你未来收入证明，看你的未来收入是多少？有没有稳定的工作？有没有稳定的收入？第三个，即使前面两个条件满足了，住房必须抵押给银行，款还完后，银行才把产权证还给你。

什么叫首付？举例来说，中国现在第一套住房首付 30%。如果这个房价不跌破 30%，你大概不大会赖银行的钱。首付是防止自愿性违约的款项，首付比例越高，自愿性违约率就会越低。

第二个是未来收入，它是防止被动性违约。房子被动性违约是指并不是我不愿意还银行的钱，确实是没钱。你的未来收入构成银行的还款来源，你未来的收入越稳定，收入越好，意味着银行的还款越安全。

第三，房子抵押给银行，一旦你由于种种原因，不愿意还银行的钱了，或者还不起银行的钱了，银行可以把房子拿出去卖掉来还银行的钱。这就是银行住房抵押贷款的一般安排。

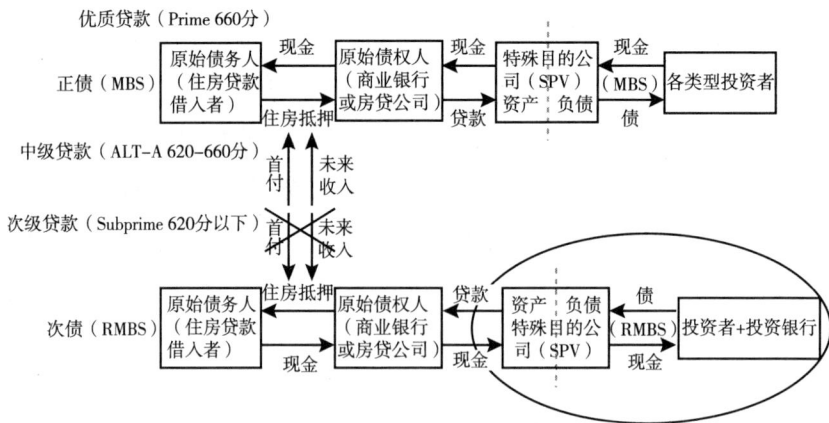

图 1　次按—次债的基本流程

了解银行住房按揭过程后，我们就来看看上面那一栏。这是全世界金融机构住房按揭贷款的一般流程。如果你是一个消费者，按照银行的要求提供相关证明，银行就给你发放现金，然后你可以拿着钱去买房子。对消费者来说除了还款就不用和银行打交道了，但现在银行遇到一个困难，因为房子按揭 30 年，意味着银行发放这笔贷款后 30 年内没法再干活了，因为资金有限，等钱还回来银行才能发放第二笔贷款。特别是在美国的小额贷款公司，是用自己的资本来发放贷款，当把自己的资本发放完了以后，住房贷款就不能延续下去。于是金融市场就要求创新，出现了经常听说的资产证券化。

什么是资产证券化？即商业银行把住房按揭贷款打包做成一个债券并通过特殊目的公司 SPV 卖出去。由于贷款有利息，收益不错，因此有投资人来买这类债券。卖债券的现金返回商业银行，商业银行就可以继续发放贷款。持有债券的人获得放贷中间的利息收益，形成一个新的循环，这个过程就是资产证券化过程。使用住房按揭贷款打包的债券也就是通常称的住房按揭债券，即 MBS。在中国国内也有这个产品，如建设银行的住房按揭债券，只不过债券没有从建行的住房资产负债表剥离出来，不是真正意义上的住房按揭债券，一旦出了问题，大家还是会去找建行承担偿付责任。

次级按揭贷款过程跟正常的贷款过程是一样的，但有两个区别：它不需要首付，不需要未来收入证明，我们称之为零首付。按照我们刚讲的逻辑过程，把次按打包卖到市场上去，这样形成的打包的一个债券就是次债（RMBS）。

次债衍生品再衍生的基本流程

在这样一个衍生的过程中间，人们会说，尽管经过加工，但是原料都是烂菜叶子，都有毒，加工出来的东西还是有毒的——是有毒资产。凭什么我要买？这时候市场就出现了另外产品 CDS——信用违约调期合约。这个产品，从过程上讲非常复杂，其原理也很简单，它就是给次债买个保险。用通俗的话来说，刚才锅里做出来的菜，你害怕有毒，你先给我付点钱买个保险，然后一旦出了问题，我赔偿你。

有了 CDS 这种产品，风险可以被担保，问题由别人来买单，购买的人趋之若鹜。大家知道，美国著名的保险公司 AIG，它的问题全部都出在 CDS 上。

既然次按是一个你放松条件的贷款，没有首付，没有未来收入证明，它的风险比较高，打包成债券卖出去，为什么会有人买？其中很重要的原因是一个大的评级机构做了一个安排，做了一个转换。

在西方国家有 SPV（Special Purpose Vehicle）这样一种特别目的公司。这种公司的法律含义是破产隔离制度，可以使利益相关方"不因他人过失而受到损害"。换言之，这等于所有的债权全部打包卖出去以后，债权就跟放贷银行毫无关系了，即不在银行的资产负债表上反映。反过来，这家SPV公司可能会委托银行去收贷，但是那只是银行的一个服务，它跟银行放贷没有任何关系。了解这一点对理解金融危机是非常有帮助的。

SPV把各种各样的债权加在一块来重新分类，经过一个安排后重新处理。有点类似把所有债权弄在一个大锅里煮一下，然后把稠的捞出来说这是一个价钱，中间的不稠不稀是一个价钱，更稀的是另外一个价钱，这样一个打包出来的产品叫债务抵押债券，即CDO。

CDO典型的处理方式有多种。比较典型的一种是按优先偿还顺序来处理。什么是优先偿还顺序？比如说分五个等级的债券，最好的等级是只要有20%的人还钱，你买的那个等级最高的债券的收益就保住了；最差的等级是只要20%的人不还钱，你买的最低等级的债券什么收益都没有了。

在不同等级债券的分类中，风险高者收益也高。依照这个原理，继续把CDO再加工，变成CDO的平方，CDO的立方，无限下去，这就是次债向衍生工具方向发展。

我们知道，这次问题并不直接发生在次按次债本身，而是发生在整个流程上。在每一个局部，每一个细节，都是对的，但是在整体上是错的，出现了典型的1+1＞2的问题，即出现了系统性风险。从局部上来看，任何一个风险是可以被分散被转移的，但是所有风险转移在系统中，当这些风险积累到一定程度，整个系统就爆发危机，这就是本次金融危机实质。

美国住房市场的变化

从2006年以后，美国的房价开始下跌，次级按揭贷款就开始出了问题。为什么住房贷款会导致美国经济如此的混乱呢？还得从我们经常讲的一个关于美国老太太和中国老太太故事上去理解。

话说美国老太太年轻的时候，就开始借钱买房子，到年老去世的时候，正好把钱给还完。中国老太太是年轻时候就攒钱，然后刚买了房子没几天就去世了。这是个笑话，但它确实体现了两个经济体制下不同的消费方式和市场的运作方式。

美国的家庭收入主要是靠资产性收入，而资产性收入主要部分是住房。

在中国花一百万买了房子，如果房价涨了 50 万，想获得这增加的收益，就得把这个房子卖掉。在金融发达的美国不需要这样麻烦。直接把由于涨价增加的 50 万抵押给银行，从而再获得银行的贷款。于是，房价涨，美国家庭的收入就涨。从这个意义上讲，资产价格支持着美国居民的消费。美国家庭不需要什么储蓄，只要资产价格上涨，一切 OK。一旦房价下跌，整个过程就反过来。不仅有丧失住房、丧失财产收入的危险，可能下顿饭钱在什么地方都不知道了。消费会极度萎缩。从上述过程就能理解次贷形成的危机对美国经济的影响为什么会如此之大。

去杠杆化的恶性循环

目前，金融市场常用的会计制度叫"按市对价"。这种会计制度具有顺周期性，为应对金融危机，现在很多国家已经停用。按市对价是什么意思呢？就是不管购入价格是多少，所持有证券必须按当前价格来对价，这是全球会计制度的准则。在这种会计制度下，一旦价格下跌，所持的资产会缩水，账面出现亏损，就得用资本金来填补。金融企业又有特殊问题，金融企业的资本金计算方法是按风险权重计算的，即根据资产暴露在市场风险的大小来计算对价的资本需要的量。当金融危机出现，所有资产风险都在加大，当资本金不能满足需要的时候，就得抛出资产，资产的价格下跌就更快。于是市场上出现一个恶性循环：越抛售越低，越低越要抛售。这就出现了典型的去杠杆化倾向。

名词解释

按市对价

按市对价，即公允价值，是指在公平交易中，熟悉情况的交易双方自愿进行资产交换或者债务清偿时达成的交易金额。其中，以市价为基础确定公允价值的方法，被称做市值计价（mark to market）；如果市场不够活跃，缺少可参照的市价，则采用估值模型等技术确定资产或负债的公允价值，这叫估值计价（mark to model）。

名词解释

风险权重

风险权重是一种衡量投资组合总体风险大小的方法，通过估算不同种类投资的风险大小，给每种投资一个权重值，表示它在多种投资方式中的重要性。

名词解释

去杠杆化

"去杠杆化"（Deleveraging）是指公司或个人减少使用金融杠杆的过程，把原先通过各种方式（或工具）"借"到的钱退还出去。

国际金融危机及其对中国经济的影响

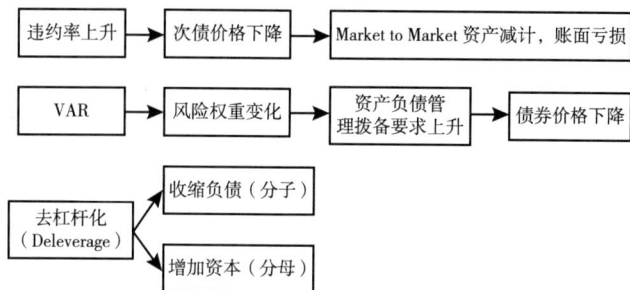

图 2　危机在资本市场的表现

去杠杆化向两个方向发展：一个发生在资本上，当金融危机爆发以后，全球所有的金融机构都感觉到资本不足，于是在全球寻找资本。所有金融机构都想增加资本，但增加资本谈何容易？去杠杆化的另一个方向就是减少负债，把手上的资产变卖。在减少负债的过程中间，差的卖不出去就卖好的，好的卖不出去就卖更好的，越卖价格越低，越低就越卖，最后成了"一边倒"的市场，整个市场上没有交易对手。市场上没有任何交易。全球的资本市场陷入瘫痪。

当资本市场陷入瘫痪，去杠杆化就从资本市场转向信贷市场，银行问题严重化。我刚刚说 SPV 即特别目的公司，这种公司如果是银行在资产负债表外设立的公司，通常向市场上融资，比如说发行短期商业票据，从商业银行那里借钱，再到市场上买高回报的产品，比如说 CDO、CDS，通过差价获得收益。这就是对冲基金的雏形了。这样一种公司会有两种风险。风险之一，若 CDO 或 CDS 收益低于短期商业票据的成本，则 SPV 资不抵债。风险之二，若市场流动性短缺，难以融资则需抛售资产，导致价格下降。无论哪种情况发生，SPV 都会破产。破产以后它的负债就开始向母公司转移，这就是通常说的

名词解释

CDO

CDO（Collateralized Debt Obligation　担保债务权证），资产证券化家族中重要的组成部分。它的标的资产通常是信贷资产或债券。这也就衍生出了它按资产分类的重要的两个分支：CLO（Collateralised Loan Obligation）和 CBO（Collateralised Bond Obligation）。前者指的是信贷资产的证券化，后者指的是市场流通债券的再证券化。它们都统称为 CDO。

资产负债表外经营亏损表内化，必然导致向其母公司借款融资，从而挤占母公司的其他贷款，同样会出现去杠杆化。转移到母公司表内的时候，如果是母公司资本很雄厚还能支撑；如果母公司资本不雄厚，母公司立刻就被拉下水。在次贷危机中，很多商业银行出的问题并不是商业银行投资了次债，而是被 SPV 拉下水。最早出现的案例就是 2007 年九十月份英国北岩银行和后来的花旗、汇丰的倒闭。在这样的情况下，资本市场的暴跌导致了银行投资的亏损，而银行的亏损又使其偿债能力减弱，牵连到其他银行，一环扣一环，全球就出现了金融机构的倒闭浪潮。

金融机构为什么会垮？

金融机构倒闭的原因，尽管都说是由金融危机引起来的，事实上倒闭的直接原因并不完全相同。我在这里给大家列举几个例子：

杠杆率过高的例子。当杠杆用到不适当的时候，风险是非常大的。金融机构与一般商业机构相比，其特殊性在于它的资产负债相对很高，即自有资本较少。根据巴塞尔协议要求，商业银行资本充足率仅为 8% 以上，在非银行金融机构其资产充足率就更低。这一方面意味着其杠杆倍数很大，另一方面意味着抗风险能力很弱。

1933 年大危机以后，政府发现有居民消费不足的现象。调查发现居民最大的需要是住房，但攒钱买房子时间太长，对当下经济

名词解释

CDS

CDS（Credit Default Swap 信用违约掉期）是一种金融衍生产品。金融衍生产品的价值都是以其他金融产品的价值为基础的。我们可以把信用违约掉期合约看做是保险单，保险的对象是投资者的投资风险。CDS 的价值由公司的经营状况决定。如果公司经营状况好，卖方可以通过相当于保险费的权利金获得收益；如果公司破产了，买方可以从"保险"中得到偿付。这和贷款差不多。当您在一个公司投资时，您其实就是贷款给这家公司，而这家公司可以通过现金红利和股票增值来偿还贷款。如果这家公司破产了，它的股票变得一文不值，这家公司就丧失了向您还款的能力，也就是"违约"了。一旦发生信用违约事件，CDS 的买方就可以要求根据其提供的投资额获取赔偿。然而保险和信用违约掉期之间最大的差别就在于，保险市场受到严格监管，保险公司必须向监管部门公布财务状况，以表明它们有足够的抵押品来赔付所有保单，而信用违约掉期市场却根本没有任何监管措施，CDS 卖家所承担的风险是否超出它的支付能力人们不得而知。

振兴意义不是很大。于是就出现了住房按揭贷款。当银行贷了一笔，第二笔就发生困难了。怎么办？就把贷款打包当证券卖掉，然后银行源源不断地获得现金把这个过程持续下去。美国的"两房"即房利美（Fannie Mae）与房地美（Freddie Mac）就是作为政策性机构出现于这个流程中，它是美国政府为了支持商业银行的贷款而成立的机构，也是国家独资的，后来也上市了，人们认为它所卖出的债券是仅次于国债，这就是通常说的机构债。这种债由于信用好，为各国投资者所青睐。据美国统计，在中国两万多亿的外汇储备中大概有七千多亿是美国国债，还有三千多亿是美国的机构债——两房债。

根据"两房"2007年年报，第三方持有"两房"担保按揭证券 3.5 万亿美元，"两房"自身持有 1.45 万亿美元，共计近 5 万亿美元。相比之下，其股本权益只有 710 亿美元，其资本充足率仅为 1.5%。这表明 1.5% 的资产损失就会令两房资本荡然无存，违约率的微小上升也令其流动性处于糟糕的境地。2007 年 7 月 7 日，美国会计准则 FAS140 条款变动，"两房"还需募集 750 亿美元补充资本金。消息传到市场，人们恐慌抛售"两房"的股票。根据按市对价原理，越抛售价格越低。不到两周时间，"两房"就倒闭了。有人认为是会计制度加速了这样一个倒闭的过程。由于"两房"是连接美国资本市场与信贷市场的中枢，所以美国政府收购进行资本重组。

信用无限担保的例子。与一般商业机构相比，金融机构还可以创造信用。如果信用无限度使用，会使其本身置于危险境地。我们再来看看 AIG 的例子。AIG 公司是全球最好的保险公司，到现在它的保险业务也是全球最好的。基于这点，它发明了新的产品——CDS，由下面的子公司来做，母公司给子公司提供了无条件的全额担保。即 AIG 用集团信用为子公司 AIGFP 的所有借款和表外负债提供无条件担保，以支持其 CDS 业务。AIGFP 发售在外的 CDS 名义额达到 5800 亿美元，而集团的资本金只有 300 多亿美元。当 CDS 出现危机时，所有的分析师能给出的唯一建议是剥

经济全球化与对外开放

离 AIGFP，但作为无条件担保人，AIG 集团被其子公司 AIGFP 牢牢拴住。最终只能向美国政府求助，并承诺出售运营良好的寿险和融资租赁业务以偿还政府贷款。

经济资本使用例子。 根据 VAR 模型，两个业务单元组合起来的资金额少于两个业务单元独立运营时所需资本额的简单加总，即经济资本的使用。在这一理念下，共用资本的使用比例较大，每个独立业务单元独立资本额较小，集团整体的杠杆率就变大，从而出现了欧洲大型银行的杠杆率超过专业化投资银行杠杆率的情况。如瑞士银行（UBS）它的业务单元如此之多，每个业务单元资本都是不充足的，一旦一个业务单元出现问题，会牵扯整个业务出现很大的问题。2008 年第一季度，UBS 在次贷危机中损失惨重，不得不重新计算各业务单元最低的资本需求。结果显示，财务管理单元需要 129 亿瑞郎，商业银行单元需要 41 亿瑞郎，资产管理单元需要 30 亿瑞郎，投资银行单元需要 280 亿瑞郎。总计需要 480 亿瑞郎，而当时 UBS 只有 258 亿瑞郎资本金，缺口达 222 亿瑞郎。到第二季度增资后，缺口减少 55 亿瑞郎，但仍有 167 亿瑞郎的缺口。

金融危机类型

我们说金融危机到现在开始向全球蔓延，但是又有不同的类型，我们可以看到有传统的欧美类型，也有亚洲类型，还有一种过去从来没有见过的转轨国家类型。我们分别来介绍。

传统的欧美类型。 这是典型的金融危机发生的过程。在去杠杆化的过程中，各个机构纷纷抛售，让市场完全冻结，流动性急剧短缺，接着就是中央银行不断地向市场补充流动性。补充流动性像水倒进了沙漠一样收效甚微。到目前为止，各个政府机构还是在不断向市场提供流动资金，但似乎市场并没有像预期的那样很快恢复起来。谁也不知道底在哪里？由于金融去杠杆化，紧缩是全面紧缩，对实体经济造成了沉重打击。通用、克莱斯勒公司在融资方面都遇到极大的困难，不得不申请破产。于是出现了很奇特的现象，美联储越过商业银行直接向企业发放贷款。这次全球经济衰退的原因不再是传统的生产过剩，而是由于金融机构的资产负债表衰退引起的，即金融危机导致经济危机。这也带出了另外一个启示，就是小国办不了大金融。例如冰岛，只有30万人口的国家，过去以打鱼为主，近年来开始大力发展金融业。冰岛金融业没有钱、没有储蓄，就向全球借钱，然后再发放贷款，一时做得很大。当金融危机出现以后，冰岛的国家小，财政收入少，出问题后政府根本兜不起来，于是它仅有三家银行全部宣布倒闭，而且宣布国家破产。很有意思的是这也引发了外交问题，英国政府提出诉讼。因为英国的安全机构有两千万英镑反恐经费存在冰岛的银行。英国政府派代表团到冰岛去谈判、威胁，有点诉诸武力的味道。很多国家，比如说奥地利、瑞典，同样会出现这样的问题，这是传统类型的金融危机。

亚洲类型危机：最主要是巴基斯坦、印度，还有越南，这些国家长期国际贸易逆差，要想支持进口就需要有外汇，外汇收入又是靠国际收支中资本项目来支付。国际金融危机爆发后，外国资金锐减，国际收支贸易逆差恶化，货币大幅度贬值，导致货币危机。如果这个形势再严重下去，11年前的亚洲金融危机景象会再现。

巴基斯坦反恐形势的恶化是和金融危机非常相关的。巴基斯坦目前的外汇储备大概能支持进口一个月，如果国际上不能提供援助，没有更多的资本流入巴基斯坦，那么巴基斯坦的进口就会崩溃，整个国内的形势就会更加混乱。印度跟这个国家基本类似，越南去年5月份也出现过类似的情况。

再比如说韩国，韩国的问题与十年前亚洲金融危机遇到的问题一模一样，韩国存贷比为136%。它意味着银行只有100块钱存款，贷出去136块钱。那36块钱全是借的。如果在全世界借不到钱，就很麻烦了。去年金融危机出现了以后，韩国无处筹资，于是韩元就出现大幅度的贬值。

里加流感。这一类是我们从来没有见过的危机，是以拉脱维亚、爱沙尼亚、立陶宛、乌克兰、匈牙利等等为代表的中东欧国家出现的严重的金融困难，以拉脱维亚最为典型。里加是波罗的海三国之一拉脱维亚的首都，故这类危机称之为里加流感。

波罗的海三国曾经被西方视为东欧的明星，这与它们的历史相关。很多国家曾经跟普鲁士有密切的关系，甚至是东普鲁士的一个联盟，也跟波兰有很密切的关系。这些国家民族情绪非常强烈。这些国家很晚才加入苏联，有的晚到上世纪 30 年代才加入。80 年代末 90 年代初，苏联崩溃的时候，这些国家首先宣布独立，成为苏联崩溃的导火索。正因为这个历史原因，欧洲国家对这些国家的支持也是非常之大的，无论在政治上、经济上给予很多的支持。如有几个国家，一个是奥地利，主要对匈牙利的贷款，这两个国家传统上属于奥匈帝国；第二个是瑞典，主要对波罗的海三国放款；第三个希腊，在巴尔干半岛，主要对罗马尼亚、保加利亚等贷款。于是这三国就成了波罗的海的明星。

里加流感背后是一个什么原因呢？就是欧洲国家金融机构大量撤资。历史上波罗的海这些国家改革中国内的金融机构几乎全军覆没，金融机构全部是外资经营。除此而外，更重要的是这些国家政局不稳定，很多人在外资银行借的是外债，用外币而不是计价。这个规模大概有 1.4 万亿欧元，相当于 1.7 万亿美元。金融危机爆发了，这些欧洲的银行纷纷从东欧撤资，加上贸易逆差急剧扩大，货币贬值，外债负担更加重。很多国家就像冰岛一样出现国家破产迹象。这种情况反过来也把西欧的问题严重化了。据统计，曾是东欧的明星拉脱维亚，2002 年至 2007 年，年均经济增长为 9% 左右。2008 年 9 月后，外资大量流出，贸易逆差扩大，国内银行间信贷市场干涸，国债违约风险大幅提高。2008 年第四季度，拉脱维亚经济增长为 –10.5%，出现了国家破产风险。国际货币基金组织（IMF）和欧盟不得不紧急贷款 75 亿欧元，相当于给冰岛的两倍。所以把这种类型的危机命名为里加流感。

西欧变成腹背受敌。人们担心，一旦小国破产以后，马上会传导到欧盟中间比较小的国家，这些小的国家可能也救不起它的银行，这个风暴扩大后会传到整个欧美，于是欧元遭到极大的挑战。

欧元目前还在持续贬值。我们知道欧元的形成的两个支柱：一个就是各国财政赤字不能超过 GDP 的 3%，另一个就是各国国债不能超过 GDP 的 60%。目前许多欧盟国家都超过了这两个规定指标，并引致欧元汇率的波动，欧元面临挑战。我们说欧盟虽然在货币上实现了一体化，但财政上并未一体化，内部的协调困难重重。如果金融危机深化，尤其是东欧问题严重化，欧盟内部的裂痕会加深，欧元和欧盟的前途令人担忧。这就是我们说的第三类金融危机。

当前金融危机的发展态势

现在这个金融危机究竟是怎么样的？我们看到，从 2008 年开始到目前为止，金融危机还在深化，但是也有新的变化。去杠杆化由次按等个人消费贷款转向公司类贷款，工商产业困难；去杠杆化由资本市场转向信贷市场，银行问题严重化；去杠杆化由美国转向欧洲，欧元面临挑战；去杠杆化由投资者转向消费者，居民储蓄率急剧攀升。

首先去杠杆化，从过去的个人消费领域次按开始转向公司领域的贷款，工商企业开始出现债务危机，比如说克莱斯勒的倒闭就跟这个相关。这种工商类的贷款，特别是美国商用房地产形势会怎么样？需要密切关注，去杠杆化进一步深化还是基本稳住，就要看美国工商业贷款坏账特别是商用房地产的状况怎么样。

第二个去杠杆化就是资本市场转向信贷市场，银行的问题变得复杂化了。2009 年以来，很多过去赫赫有名的银行，像花旗、美洲银行都出了问题，而且汇丰银行也有问题。2009 年 3 月份，汇丰银行非常紧张，当时很多港澳的人大代表和政协委员紧急呼吁中央政府采取措施。汇丰银行令人担心的问题跟冰岛银行相似。冰岛银行是因为国家太小，没有能力，救不起。汇丰银行是流浪儿，没有国籍。汇丰银行最大的股东是巴克莱的基金大概占 5% 股份。汇丰银行尽管注册在英国，但是汇丰银行的全部收入的70% 来自亚洲。人们担心，如果汇丰银行出了问题，倒闭了以后会带来非常严重的后果。当时很多人呼吁，要求中国政府去救汇丰，但是汇丰表示要自救，要在市场再融资。后来汇丰通过自己救自己解决问题了，但是它确实凸显了小国办不了大金融的观点。金融一定跟本国市场深度、厚度联结在一起。小国本国市场非常小，财政非常弱，如瑞士银行有几百年的历史，但是瑞士银行资产表上的负债是瑞士 GDP 的数倍，一旦这家银行出了问题，瑞士政府想救，心有余而力不足。不管怎么说，银行问题开始变得比较严重，去杠杆化开始由资本市场转到商业银行。

第三个刚才也谈到了，去杠杆化由美国转向欧洲。人们曾担心里加流感会导致金融海啸第二波，这次 20 国金融峰会中很多救援资金大多用到中东欧去了。目前尽管东欧形势趋于稳定，但是问题依然存在，欧元还是在面临着挑战，欧盟在面临着挑战。

第四个去杠杆化由投资转向消费者，居民消费率在下降，储蓄率在急剧上升，这对亚洲是最大的危险。美国历史上储蓄率正常水平维持在 6%—8%。两年前，它的储蓄率是零甚至是负的，到 4 月份它的储蓄率已经超过 4%。美国的储蓄率上升，是由于金融危机使美国老百姓把口袋捂紧了不敢花钱了呢，还是整个美国的消费行为发生了变化？也就是说，它是否会变成长期行为到现在还不能判断。但是，如果美国的储蓄率提到美国历史上的一个水平即 6%—8% 的话，全球意味着少了一个 6000 亿市场，这对中国的出口来说绝对不是好现象。欧盟居民储蓄率现在稳步提高，消费率在稳步下降。由于这么个去杠杆化，金融危机在某种程度上还是在深化。到了 4 月份以后，形势有所转变，一方面是 20 国金融峰会，各国政府重新宣誓要不惜代价促进经济增长。第二是去杠杆化基本趋于稳定，特别是美国抛出了一系列的政策，用 1 万亿美元收购金融机构不良资产，市场的预期开始稳定，信心有所恢复。目前美国的银行业开始进行压力测试，其中有九家银行据说问题不是很大，这意味着银行开始转入资产负债表修复阶段。

全球的经济学家认为，现在金融系统不会再出现意外，也就是不会出现金融海啸第二波了。尽管去杠杆化还在进行，我们对形势做了一个评估：就去杠杆化来说，全球经济开始趋于稳定，经济进入可预见的衰退。美国经济大概最迟在 2009 年年底会见底。2009 年全球经济增长可能是负增长，如果是正增长，不会超过 1%。其中发达国家的经济增长应该在 –2% 以上。美国经济可能率先见底，欧洲的经济可能还会滞后一段时间见底，日本经济也在 2010 年年中会见底。但并不意味着 2010 年经济开始出现积极复苏，不排除衰退之后可能伴随着长期萧条。在这样的情况下，不排除很多国家尤其是非洲会出现严重的人道主义危机，全

名词解释

人道主义危机

人道主义是起源于欧洲文艺复兴时期的一种思想体系，提倡关怀人、爱护人、尊重人，做到以人为本、以人为中心的这样一种世界观。人道主义危机指人的尊严和基本权利受到严重威胁或践踏。

球经济增长基本就看亚洲国家，而亚洲国家的合作和团结被视为是全球经济增长的希望。

以上是我们讨论的第一个问题，为什么这么一个小小的产品导致这么大一个问题，其实总结一下很简单，概括为几句话：

第一，这次危机的出现是一个系统性问题，它给人们提示：每一个风险在局部上可以化解，可以分散，可以转移，但是它可能会累积到系统中间，出现了典型的 1+1 > 2。

第二，次贷产品是从一个信贷产品逐渐延伸到资本市场，延伸到全世界，链条如此之长，在链条如此之长的过程中间，没有人知道它的问题出现在什么地方，到目前为止始终还争论不休。由于链条这么长，各个经管环节都是铁路警察各管一段，然后，在监管跟监管之间出现了一个盲点，出现了监管不力，导致大的风险的出现。

第三，在这个过程中间，由于欧美发达经济国家，资产性收入占家庭收入绝大比重，而且房子又是资产中最重要的收入。于是这场危机就是由次贷金融产品导致，它整个破坏了这些国家的居民收入基础，并且使居民负债消费难以为继。在这个情况下，对中国和亚洲国家说，意味着消费市场的极大萎缩使发展中国家的出口非常困难。

二 ｜ 国际金融危机对中国、亚洲经济的影响

这次金融危机不应该单从金融角度观察，即把它看成是一个金融产品导致的金融危机，并由金融危机引起实体经济的衰退，更重要的是要把金融危机放在经济全球化结构的变动中来观察。金融危机既是经济全球化结构变动的产物，同时也预示着已经形成的经济全球化结构正在发生一个新的调整。

如何来理解这个经济全球化？我们知道，以苏联东欧崩溃、冷战结束为标志，世界经济从上个世纪 90 年代后进入一个新的全球化时代。这大

概是人类历史上第三次经济全球化。这个全球化在我们经济学家看来，它是两个含义：

第一个含义是市场机制的全球化。最明显的一个标志就是关税贸易总协定（GATT）变成现在的世界贸易组织（WTO），投资贸易自由化。这个转变是很深刻的转变，它意味着无论交易品种、交易手段、交易范围都是按着市场机制来做的。在这样的一个全球化过程中间，出现了一种很特殊的现象：全球的贸易的增长速度远远快于经济的增长速度，而全球金融市场的发展速度又远远快于国际贸易的增长速度，于是这次全球化首先表现为金融市场的一体化。这样的一种机制扩展到整个世界，是市场机制的全球化。

第二个含义是，工业化生产方式扩展到全球。生产全球布局，不再是过去的垂直分工和水平分工，而是在全球形成产业链条。作为全球的生产力布局中一个重要表现的形式，特别引人注目的外包，一个产业链条上的任何一个片断、任何一个环节都可以外包到另外一个地方，然后再组合在一块。这就是工业化生产方式扩展到全球。

名词解释

关税与贸易总协定（GATT）

关税与贸易总协定（General Agreement on Tariffs and Trade, GATT），世界贸易组织（WTO）的前身，1947年成立，1995年为世界贸易组织替代。GATT的目标是要在世界范围内提高人们的生活水平和扩大国际贸易。为达此目标，要求在国际贸易中大幅度削减关税和其他贸易障碍。

名词解释

世纪贸易组织（WTO）

世界贸易组织（World Trade Organization，WTO）是当代最重要的国际经济组织之一，被称为"经济联合国"。1995年1月1日正式开始运作，其前身是关税及贸易总协定，总部设在瑞士日内瓦。中国于2001年12月11日加入世界贸易组织。

◢ 经济全球化及其红利的分享

由于市场机制扩展到全球，降低了整个市场的交易成本，由于工业化生产方式扩展到全球，提高了整个经济的规模效应，于是全球就出现了一个高速增长时期，我们称之为全球化的红利。这个红利是可以统计出来的。2002年到2007年的五年间，全球经济增长4.3%，高于过去30年平均 3.3% 的水平，多了一个百分点，那么这一个百分点就是全球化的红利。在我们所在的亚洲国家也是如此。在过去五年中间，也增长了一个百分点。就中国来说，在 2002 年到 2007 年，经济增长速度平均 10.5%，而在过去 20 年中间，经济增长速度平均 9.7%，这 0.7 到 0.8 个百分点，就是中国加入世贸组织的好处，我们分享了全球化的红利，提高了经济增长。

全球化带动了全球的经济增长速度的提高，各国的经济增长速度都有不同程度的提高，在这样的一个过程中间，就形成了全球经济中三个相互依存又各有特点的三个板块：

第一个板块，是一个以中国和印度为代表的新兴经济体，把低成本的制造业优势纳入到全球化的过程，降低了全球的物价，降低了全球的通货膨胀率。于是进入本世纪以来，全球进入一个经济高增长、低通胀的黄金时期。另一方面在贡献的同时，中国也分享了全球化的好处，即成为全球制造业的基地，成为世界工厂，得到了巨额的贸易顺差。

第二个板块是以美国为代表的发达国家。欧美国家跟中国、亚洲国家相比特点不一样，它最大的优势是金融服务业。一方面，把金融服务业纳入全球化的过程，为全球化也做出贡献，改善了全球资源配置的效率；另一方面，欧美也分享了经济全球化的好处，全球的储蓄资源流入欧美，支持了这些国家的负债消费，当然这些国家不仅透支了自己，也透支了全世界。

与此同时，还有跟过去不一样的第三个板块加入到这个全球化的过

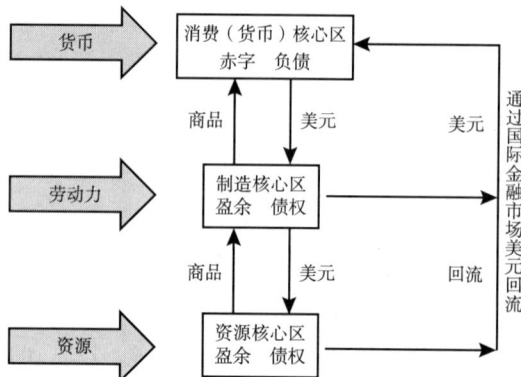

图 3　经济全球化下国际分工新模式

程。我们称之为资源出口国板块。俄罗斯、澳大利亚，巴西包括石油输出国组织。这些国家资源禀赋比较丰富，资源比较多，随着亚洲国家工业化的发展，对资源的需求越来越多，于是这些国家出口大增，这些国家以自然资源支持全球化，为全球化做出贡献的同时，也分享了全球化的好处，积累了大量的贸易顺差。

从货币上来看，美国是一个货币的制造者，创造了美元。由于美元是国际货币，它的赤字，无论是国家财政赤字还是家庭赤字，都意味着在全世界融资。通过负债形成的消费市场，构成亚洲国家以制造业产品出口的市场。亚洲国家收到了大量的美元，不仅形成促进制造业发展的资本，而且带动资源出口国家的资源出口；美元流到资源出口国家形成了贸易的顺差；制造业出口和资源出口形成美元顺差反过来通过国际金融市场，又回流到美国，形成了世界经济的循环。这个循环的典型标志，就是说美国的负债消费构成了劳动力和资源国家的出口市场。这些国家的贸易盈余反过来流到美国，支持了美国的负债消费，然后循环就无限地扩大下去。

我们遇到的问题就是这个循环断了——金融危机。尽管美国人指责说由于中国的高储蓄支持了美国的负债消费，然后形成中国的一个出口市场。这个话从因果关系上讲是不对的，因为中国储蓄率上升在后，美国储蓄率下降在前。两者之间不存在因果关系，但是从客观上观察，的确存在着这样的循环结构，在某种程度上是互为因果的。在这样的一个循环中间，我们看到美国就变成了一个高度负债的国家，负债支持了美国的消费经济。举例来说，美国的私人消费占 GDP 的比重在上世纪 80 年代的时候大概只有 60% 左右，到现在已经接近 80%。中国只有 35%。

美国经济好像没有什么实体在支撑，但是美国经济表现得不错。经济学家一直认为这是个谜：美国经济是靠消费拉动的，消费哪来的？靠负债，负债哪来的？全球的储蓄资源流入到美国，怎么把这个储蓄资源流入到美国？美国发明一系列金融工具，其中次贷功不可没。原来不够借钱标准的人可以借到钱，然后，借到钱就花钱，来支持美国经济的增长。私人消费在美国的 GDP 的贡献占绝大部分，达到了 80%，于是美国就成为一个高度负债的国家。

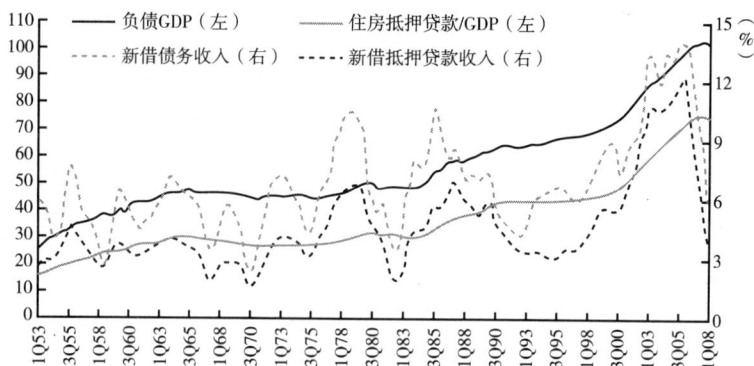

图 4　美国家庭部分的负债情况

　　我这里列一个表，是美国家庭部门负债情况。大家可以看到，进入本世纪以后，家庭负债率上升了，其中美国住房抵押贷款，也在上升。美国的家庭负债率上升主要是住房抵押贷款上升引致。美国家庭这样的一个负债结构使美国家庭资产结构发生了变化（这跟美国金融创新是连在一起的）。据统计，美国家庭收入中财产性收入占的比重非常高，达到43.4%。

　　我们知道房子是不可能无限涨价的。有人开玩笑，除非美国人把国境打开，全世界人都到那里去买房子，这个房价还可能支撑几十年。即使如此，全球几十亿人都在美国买了房子，房价也不会再涨。何况美国有移民限制。两年前，房子价格开始下跌，不仅财产梦破灭，而且实际生活受到威胁。最后是消费减少，最后导致了亚洲经济出口的困难，中国经济的困难。

② 经济全球化形成中美经济的新格局

　　中国经济和美国经济是高度相反的经济，我们称之为镜像关系。这个反向表现在哪里呢？表现在两点：

　　第一点中国以实体经济为主。中国经济依然处在工业化的进程中。第二产业的比重不仅在GDP中间占的比例很大，而且增长速度也快于其他部门。它反映了这么一个趋势，即第二产业在中国不可遏制的增长趋势，而制造业在美国GDP中仅占12%。第二，伴随工业化进程的进出口结构变动。和第一个情况相关，中国制造业在进口方面从上世纪80年代到现在比重有所增加，但并不是很快。而制造业在出口方面却增加很快，电子、家电等制造业出口已成为中国最主要的出口类别。与此同时，原材料、农产品出口比重在迅速下降。这意味着中国工业化的结构在升级，从这个意义上讲，中国是工业化的国家。

第二点，中国的储蓄率较高，中国文化崇尚节俭，加之在经济体制转轨时期，社会保障不完善等因素，中国的储蓄倾向较高。与此同时，在过去 30 年中计划生育的成功实施，降低了人口的抚养比例，再加上收入增长，使中国储蓄率高于一般亚洲国家，促使中国经济更依赖投资和出口"两驾"马车（理论应该是消费、投资和出口"三驾"马车）。特别是加入世贸组织以后，中国的工业出口部门全部盈利，出口的顺差从 2003 年以后急剧上升，外汇储备也急剧上升。如同亚洲跟欧美国家的结构一样，中美经济结构就是那个结构缩写版。即美国的负债消费构成了中国的出口，中国贸易顺差，投资美国的资本市场，然后形成了美国可供负债的来源，并降低了美国成本。

我们算过，中国的资金涌入使美国的利息下降了，在利息成本方面，大约节省了 300 亿美元。这个循环是从二战以来从来没有见过的很特殊的结构。

我们知道宏观经济无外乎有四个目标：经济增长，物价稳定，就业充分，国际收支平衡。中国有这么巨额的顺差，国际收支是不平衡的，美国有这么大的巨额逆差，国际收支是不平衡的。但是这两个不平衡，又在国际上形成了一个平衡，美国的逆差就是中国的顺差，中国的顺差就构成了美国的逆差。中美这两个国家都是国际收支严重失衡的国家。这表明中国经济内外的非均衡既是美国经济内外的非均衡结果，也是其原因。两国经济互为前提，中美经济从未有现在这样的高度依赖性。所谓 G2，即中美共治世界的概念也是从这个角度提出的。它表明，中美两国的不平衡需要从外部，即在世界范围内才能达到均衡。它同时也隐含着一种担心，这种世界范围的均衡是脆弱的，中美必须共同努力加以维护。

美国人也注意到这个情况，2003 年美国的助理国务卿，现在的世界银行总裁佐利克就提出了中美是利益攸关者概念。什么叫利益攸关者？就是中美既不是朋友也不是敌人。既不能不算账但也不能把账算得太清楚。为了使一些重大的问题取得一个共识，中美开展战略经济对话。奥巴马上台以后，这个对话级别更加提升了，不仅有副总理之间的中美对话，而且有国务院牵头的中美关系上的对话并形成一种安排。在对话过程中间，有对话也有斗争。

大家知道，国际收支严重失衡，按照传统经济学的一个理解，它一定要在汇率上做调整，才能把失衡状况减轻。人民币汇率升值是否应该成为一个主要调节手段，就成为当时中美两国争论的焦点之一。但是还没争论出结果，美国由于自己先进入金融危机把问题搁置了。不过，这个问题依然存在，即进入上个世纪90年代以后，发展中的亚洲国家经常项目余额和美国经常项目余额高度相反、高度对称的链条关系格局是否需要改变？换言之，这样一个高度相反、高度对称的循环构成了这几年世界经济繁荣包括中国经济增长，亚洲经济增长的一个外部条件。这样一种高度失衡的情况能否得以维持？

金融危机爆发说明这个条件不可维持，那么它需要全球的结构再发生调整，当新的结构没有产生以前必然是混乱。首先我们不知道未来的世界经济应该是什么样的结构，其次形成新的结构还需要很长的时间，这预示这次金融危机以及由其引起的世界经济危机可能持续的时间相当长。换言之，这个冬天不太冷，但是这个冬天可能非常长！这对我们的工作有个提醒，我们一定得有长期的考虑，长期的安排，这个危机绝对不是一时之危，可能是一个结构的长期转变的开始。这次金融危机给我们带来的很深刻的启示是，全球结构正在发生重大调整，新的结构尚未显现，各国在这个重新洗牌的过程中间，重新调整自己的定位，重新塑造一个新的结构，我们现在处在这么一个历史时期。

三 | 金融危机对国际货币体系的挑战

这次国际金融危机深刻地暴露出国际货币体系和金融体系存在的问

题。二次大战后，全球秩序有几个支柱：一个是政治安排，以雅尔塔协定建立的联合国机制；第二个是全球经济制度安排，就是当年的关贸总协定（GATT）演变到我们今天看到的世贸组织（WTO）；第三个就是布雷顿森林国际货币体系。这个货币体系很复杂，但记住两点就行了：

第一个它是双挂钩。第一个挂钩是美元和黄金挂钩，当时规定1盎司黄金等于35美元，美元由此取得了世界中心货币的地位。美元成为国际性通货，成为国际支付手段和储备手段。

第二个挂钩是各国货币跟美元挂钩并通过美元间接跟黄金挂钩。由于这么一个挂钩，各国的货币从属于美元。由于美元是中心货币，美国的联邦储备银行——美国的中央银行，就变成了全世界的中央银行。各国的货币从属于美元，各国的中央银行就变成了美国联邦储备银行的分支机构。这两个挂钩连在一起就构成了第二个特点，即各国的汇率实行固定汇率制，同时附加义务。如果汇率不稳，各国政府都有义务维持美元的汇率稳定。因此，这是双挂钩下的固定汇率制度，由于是固定汇率，不存在着汇率风险，也就不需管理风险的衍生工具，也就不需要额外的监管。

这个货币体系在当时对世界经济恢复发展起了很大作用，但是这个货币体系也有一个很大的内在矛盾，我们称之为特里芬难题。什么叫特里芬难题？一国货币，即主权货币，如果作为世界货币来使用，该国对外

名词解释

布雷顿森林体系

布雷顿森林体系是指第二次世界大战后以美元为中心的国际货币体系。其实质是美元—黄金本位制，即美元与黄金挂钩，成员国货币和美元挂钩，实行可调整的固定汇率制度。

名词解释

汇率

汇率也叫汇价，是两种货币兑换的比率，或者说是一种货币以其他货币表示的价格。汇率的存在是因为世界被划分为众多的货币区。汇率上升称为升值，表示该货币的购买力或者相对于其他货币的价值提高。反之，汇率下跌则称贬值。

名词解释

固定汇率

指根据一国货币的含金量而形成的与其他货币之间固定汇率比值的制度。

名词解释

特里芬难题

美国经济学家罗伯特·特里芬在《美元与黄金危机》一书中提出，任何一个国家的货币如果充当国际货币，则必然在货币的币制稳定方面处于两难境地。这就是特里芬难题。

名词解释

主权货币

主权货币，又称主权信用货币，是以某一主权国家的货币为基准作为国际储备货币。如现今世界上通用的美元、英镑等，都属于主权货币的范畴。

名词解释

马歇尔计划

马歇尔计划（The Marshall Plan），又称欧洲复兴计划（European Recovery Program），是二战后美国对被战争破坏的西欧各国进行经济援助、协助重建的计划，对欧洲国家的发展和世界政治格局产生了深远的影响。

必须保持逆差。道理很简单，如果它没有逆差，对方手上没有钱，这个体系没法运转。但是，如果一国长期保持逆差，那么它的货币一定是趋向贬值、一定是不稳定的，最后导致整个货币体系稳定性出问题。二战后到目前这个难题在不断地演变，这次危机是它的总爆发。

那么，我们来看看这个难题它带来什么问题？第一个问题，是由于双挂钩，各国中央银行实际成为美联储的分支机构或执行机构，共同维持美元的稳定。

但是，由于特里芬难题的存在，情况是在不断发生变化中。上世纪40年代末期，世界性美元流动性短缺，出现了美元荒。为此，美国通过诸如马歇尔计划等向国外提供支付手段，让欧洲拿这个钱去美国买产品。当年美国对蒋介石政府的军援，除政治原因外也是沿用这个思路。从经济上来讲，通过这种手段，使国际收支资本项下逆差转变为对方的支付手段，形成经常项目的逆差。

到了50年代，美国出于世界警察的需要和对外提供支付手段的义务，美国的国际收支中资本项目仍呈现逆差，经常项目仍维持顺差，经常项目的顺差大于资本项目的逆差，因此美国的国际收支还是顺差。

到了60年代，美国国际收支中资本项目与经常项目均呈逆差之势，国际收支总体开始出现逆差。其后果就爆发了抛美元、购黄金的危机，即美元危机。根据布雷顿森林体系的机制，各国抛售本国货币收购美元，以维持美元的稳定。这个过程持续了十次，最后还是挡不住美元危机的深化。

1971 年，经过十次美元危机后，美元难以维持对黄金的比价关系，宣布黄金美元脱钩。世界进入浮动汇率制的后布雷顿森林时代即国际货币浮动汇率的时代。整个世界处于通货膨胀的状况，美元在不断地贬值。1971年还是 35 美元兑换 1 盎司黄金，现在 1 盎司黄金将近 1000 美元。在过去 40 年间，美元实际购买力价值贬值 30 倍。美元在全球滥发。

中央银行最重要的责任是稳定币值，但是美联储是美国人的中央银行，不是全世界的中央银行，它对全世界不负责任。美元的滥发，一个直接的后果就是以美元标价的资产全部大幅度上涨。特别是进入本世纪以后，随着亚洲经济的发展，对资源的需求越来越高的时候，以美元标价的资产价格大幅度上涨。去年以美元标价的石油，曾经涨到 147 美元一桶。

此次金融危机凸现了这一体系的不合理性，国际金融体系需要重建，金融危机后提出的第一个问题就是国际货币体制改革。国际货币体制改革的核心就是美元的水龙头如果自己关不住的话，我们帮你关。在 20 国峰会上讨论的时候，国际货币体系改革就讨论了这个问题。比如，周小川行长说特里芬难题唯一逃脱办法就是建立超主权货币机制。但是，这个超主权货币也不是一天两天能做成的。尽管现在特别提款权能发挥一点功能，但是毕竟还不能形成一个全球的单一的货币。在这种情况下唯一的解决办法叫美元这种货币水龙头关紧一点，如果关不住，大家来帮你关一下。

从长远角度说，当前怎么来控制美元的发行速度？中国也非常担心这件事。我们知道，

国际金融危机及其对中国经济的影响

名词解释

国际货币体制

国际货币体制是各国政府为适应国际贸易与国际支付的需要，对货币在国际范围内发挥世界货币职能所确定的原则、采取的措施和建立的组织形式的总称。包括汇率的确定、国际储备资产的确定、国际收支的调节等内容。现行国际货币体制是牙买加体系，从布雷顿森林体系 20 世纪 70 年代崩溃后沿用至今。

名词解释

超主权货币机制

即不以一国主权货币作为全球贸易的尺度和参照基准，而是创造一种与主权国家脱钩、并能保持币值长期稳定的国际储备货币，从而避免主权信用货币作为储备货币的内在缺陷。

名词解释

特别提款权

国际货币基金组织于1969年年会上正式通过决议创设的一种账面资产，目的在于增加国际储备手段，以调节国际收支逆差。会员国在发生国际收支逆差时，可用它向基金组织指定的其他会员国换取外汇，以偿付国际收支逆差或偿还基金组织的贷款，还可与黄金、自由兑换货币一样充当国际储备。它是一种有黄金保值的记账单位，创设时每一单位含金量为0.888671克，与当时的美元等值。

名词解释

浮动汇率

国家或地区的中央银行不固定其货币与其他货币的官方汇率，汇率由外汇市场供求关系决定。在浮动汇率制下，影响汇率的主要因素有：货币本身的价值、国家或地区的国际收支、利息率、政府和中央银行对外汇市场的干预以及政治、社会、投机等因素。

中国是美国的第一大国债持有国，美元的这种发行速度意味着美元的价值还会继续贬，我们在美国的资产安全就受到威胁。尽管数量可能还在增加，但是购买力在下降。在人大开会的时候，温家宝总理答记者提问的时候说，我们对美国的政策感到担心，对我们在美国的资产安全感到担心，就是指这个问题。

第二个问题跟监管相关，在双挂钩所形成的固定汇率制，国际贸易中不存在汇率、利率及其他波动率的问题，对金融活动的监管因而是被动的，各国金融监管只是服从美国金融活动的规则，成为被动监管。

我们知道，做生意需要一杆秤，在固定汇率制下，各国的秤是统一标准的，形成我们常说的统一价值尺度。在浮动汇率下，大家发现这个秤是可伸缩的，没有统一价值尺度，这对国际贸易的妨害非常大。在交易过程中，人们就发明了衍生工具。如果汇率变动的话，就买入或者是卖出远期来对冲汇率风险。如果是利率变动的话，就一定要做货币互换，比较稳定的货币来对冲不稳定货币的汇率风险。

不仅汇率是浮动的，由于各国央行不再是美国央行的执行机构，有自己独立的货币政策，利率也是浮动的。这个浮动利率和汇率之间的波动就出来了，衍生工具是作为一个风险管理工具。衍生工具有一个特点，如果你100%的复制，它的风险是零，正好对冲掉了。但是，如果你不是100%的复制，就会出现杠杆，就意味着你可以做投资。你复制部分越少，杠杆就越大；杠杆就越长，那么可能的回报就越高，同时风险也越大。

布雷顿森林体系崩溃以后，美元跟黄金脱钩以后，美国人不准美元回国，在境外形成了很大的欧洲美元市场，后来有石油美元市场，又在亚洲形成了亚洲美元市场。这些国际金融市场发展，恰恰为衍生工具发展提供了一个机会。衍生工具出现以后，国际市场也发生了很重大的变化，很多养老基金就利用衍生工具在这样的市场赚了不少钱。投资银行通常是收费业务，发现做衍生产品很赚钱，所有的投资银行开始对冲基金，做各种各样的衍生工具。商业银行也发现这条道，开始加入其中——商业银行批发银行化，即它放弃了传统业务——存贷款业务，而是借钱炒产品。

欧美银行与中国银行有什么区别？区别就在欧美银行资金来源基本不是靠储蓄存款，而是靠它在市场上筹钱；它的放款对象不完全是企业，而是去买企业发行的各种各样的证券产品。在这样一个情况下，最重要的一个变化就是全世界的企业都开始进入金融市场，实体经济的企业行为也发生了变化。

这个变化是非常深刻的，到现在我们不能理解这个变化意味着什么？企业的财务总监、财务管理开始资本运作化，不太关注成本经营而是考虑风险可以通过什么衍生工具把它分散出去。企业管理开始强调资本运作。实体经济部门也开始参与到金融市场，最为典型的表现就是大宗商品都变成金融工具，石油、铁矿砂等等都变成衍生工具。石油公司也不完全是为了生产石油，而是通过石油这个载体获利。这时候就出现了全球金

名词解释

杠杆比率

　　指公司偿还财务能力比率，量度是债务与收入之比，用于反映公司履行债务的能力。杠杆比率越高，则公司越容易受到市场景气状况的影响，股东承担的风险也越高。

名词解释

金融工具

　　金融工具又称交易工具，是指在金融市场中可交易的金融资产，是证明债权债务关系并据以进行货币资金交易的合法凭证，是货币资金或金融资产借以转让的工具。分为两大类：现金类和衍生类。

名词解释

衍生工具

　　衍生工具，是由另一种证券（股票、债券、货币或者商品）构成或衍生而来的交易。主要类型有期货、期权、权证、远期合约、互换等，这些期货、期权合约都能在市场上买卖。

融市场的发展速度远远快于国际贸易的发展速度。

当这个泡泡开始吹起来以后，突然发现市场必须得扩大，必须拉更多的人参与游戏。随着交易规模的扩大，为了保持可持续性，要求其他国家开放金融市场。过去中美谈判中间很重要一点就是要求开放中国金融市场。

这次金融危机爆发于衍生工具，人们对监管的要求呼声日益提高。按照20国金融峰会的说法，要求在2009年年底前制定全球统一的监管标准。尽管这个标准现在不太很清楚，但是方向很清楚。

第一个方向是缩短杠杆，全球出现要求提高金融机构资本充足率，用提高资本充足率来缩短杠杆。第二个是要求监管无盲点，所有东西都纳入监管的视野。金融监管已经变得非常之细，包括会计准则，包括金融机构的薪酬，也包括各国的优惠安排，都在监管行列。全球不允许再有监管盲点，不准再有逃税天堂，以此来保护公共财产和金融系统的安全。比如说过去对冲基金是不在监管之中的，现在必须纳入监管。第三个监管的方向金融创新要与实体经济相一致。也就是说衍生工具的发展是为实体经济服务的，而不是倒过来。由此，有了一个新概念的出现，叫宏观审慎监管，其目标是防止系统性风险的再次出现。

20国金融峰会一个最重要的共识就是创立全球金融系统所需的通过国际社会一致认可的高标准监管框架。这种监管是第一次覆盖全世界的。各国政府的监管自由裁量权显然是受到约束，我们认为会出现类似像巴塞尔协议那样的，每一个行业的特定的监管标准。

名词解释

宏观审慎监管

宏观审慎监管是与微观审慎监管相对应的一个概念。后者更关注个体金融机构的安全与稳定，前者则更关注整个金融系统的稳定。2008年金融危机爆发以来，主要经济体和国际组织都在着力加强以宏观审慎监管为重要内容的金融监管改革。

名词解释

巴塞尔协议

巴塞尔协议是一个统一的国际银行资本充足率标准协议，1988年正式发表，协议要求从事国际业务的银行，其资本充足率（capital adequacy ratio）维持在8%以上。随着跨国银行间日趋激烈的竞争，银行业务的多样化和复杂化，巴塞尔委员会推出了新巴塞尔协议（Basel II），新协议的各项基本原则普遍适用于全世界的所有银行，并于2006年底全面实施。

经济全球化与对外开放

四 | 再介绍一下人民币国际化问题

如果这次金融危机对全球经济的打击都是一模一样的话，那么对中国来说，可能还有一个机遇，就是中国的货币可能被国际化。人民币国际化的战略意义和长远利益我就不想多说，我只想就短期好处简单提一下：

第一，从近期看，现在汇率不断的波动，特别是美元滥发导致美元价值在急剧变化，那么寻求稳定以满足目标计价需求。人民币是相对稳定的货币，如果用人民币结算，那么中国的出口企业就能避免汇差的损失。这个汇差损失平均 3% 到 5%。这对出口企业是一个很大的福音，现在利润能挣到 3% 到 5% 是很不容易的。

第二，从长期看，尽管中国经济一定得调整结构，得走以内需为主的路子上来，但内需为主并不一定说不要外需，但在外需萎缩的状况下，你得去创造外需，而人民币在贸易上的使用，可以稳定周边市场。目前，人民币已经可以在一些国度如东南亚和中亚地区使用，这两个地区对中国来说是非常重要的。东南亚有好几亿人口，这是庞大的市场，中亚、上海合作组织地区，有很多的资源。如果在这些地方使用人民币，可以增加贸易量，对稳定中国的出口和增加中国的资源供给都是有战略意义的。

从这个意义上来讲，人民币很早就有一个国际化的需求，只不过这次金融危机提供了这个机会。如果讨论人民币的国际化，从理论上，实际是在讨论以下几个问题：

第一个是国际化的目标。我们说国际化是一个过程，它的目标是从目标贸易上开始，但是作为一个国际货币它最终是要进入对方储备，即成为储备货币。目前，全球储备货币只有四种，即美元、欧元、英镑、日元。那么人民币会不会变为第五种储备货币？

第二个是国际化的路径。现在认为有三种可能：一种就是大家说的超主权货币。比如说人民币作为一篮子货币中的重要组成部分，进入一个超主权货币定值中；第二种是区域货币。在亚洲区域中间，能不能形成

名词解释

超主权货币

超主权货币，与主权货币相对，意指一种与主权国家脱钩、并能保持币值长期稳定的国际储备货币。二战以前，黄金发挥着类似的作用。1999年欧元的问世使现代意义上的"超主权货币"成为现实。2008年金融危机暴露出现行国际货币体系的一系列问题，"超主权货币"的呼声再起。

名词解释

离岸市场

主要以外币为交易（或存贷）标的，以非本国居民为交易对象的银行体系，即为离岸市场，典型的如欧洲美元市场。这种专门从事外币存贷款业务的金融活动则称为离岸金融。离岸金融业务兴起于二战后，属于批发性银行业务，存贷款金额大，交易对象通常是银行及跨国公司，而与个人无关，其业务通常为引进外来资金，再将资金贷给外国。

亚元？人民币能不能成为亚元的主要构成成分？第三种就是人民币单独的国际化。

第三个是人民币怎么出去？人民币怎么回来？也就是对方拥有人民币，人民币就必须出境，随后人民币也必须有回流机制安排。从目前看人民币出境有三种形式：

第一种是正式的官方安排，中国和很多国家签订多边、双边金融合作协定，根据清迈协议，中国已与东盟国家有人民币结算协定，并且与韩国、白俄罗斯、阿根廷等有货币互换协定，总额达6500亿人民币。

第二种安排就是我们看到的边贸。边贸在中国周边地区都有发展，其中比较大的是东南亚地区，主要是两个省份，广西和云南。边贸主要靠人民币计价，结算和支付的人民币是通过这个途径流向海外，比如说越南北部地区，河内以北地区几乎是人民币区。我们统计过，在周边国家邻近中国的省份，人民币在当地的货币替代率大概超过70%，这是人民币非正式安排，地摊银行模式，而且不同的口岸不同的地方有不同的结算方式。在云南一个省大概就有三种，对越南的，对老挝的，对缅甸的。

第三种方式是大陆和中国香港人民币安排。香港出境比其他两种形式更为独特。2002年以后，中国政府为了支持香港经济的发展，大陆和香港建立了更紧密的经济贸易合作机制（CEPA），特别是发展了自由行。估计每年有两千万的内地居民到香港去旅游，人民币可以在香港使用。香港银行已经在收售人民币。在香港，人民币不但在贸易项下，而且在资本项下也有安排，其中一种是中国各大金融机构发行的人民币债券。香港人民币离岸市场已初具规模。

由于人民币在国际上的广泛接受性，也由于要应对金融危机，去年中国政府开始人民币国际贸易结算试点，其中广西、云南是对东盟结算试点，珠三角、长三角都是港澳地区结算试点，2009 年 4 月份这个试点正式起动。目前试点有两种模式，一种是上海代理行模式，一个是深圳跟香港直接结算模式。

人民币出境的加快，马上就带来了另一个问题，人民币怎么回来？人民币资本项目也可兑换。如果人民币不可全面兑换，这种国际使用能不能维持？从整体趋势看，要成为目标货币，全面可兑换是必要条件。而目前人民币国际化已开始于贸易，规划人民币全面可兑换的战略已至关重要。

人民币国际化——基本条件成熟

第一，人民币币值稳定有计价的基础；

第二，人民币在周边国家流通有信用基础；

第三，中国对周边国家存在长期贸易逆差，有支付的基础。比如说在东盟，当然除越南以外，中国对其他国家全部都是逆差，其他国家对中国是顺差，逆差是需要对外支付，只不过这个对外支付现在用第三国货币能不能改成人民币；

第四，香港有国际金融中心，有基础设施，可以把这样一个外面流出的人民币通过香港回流回来，让香港成为一个很大的人民币的市场。这个市场不仅仅是货币市场，而且是个资本市场，也就是人民币债券市场。

我们知道这次在清迈协定中间，亚洲国家同意成立类似于国际货币基金组织的小国际货币基金 1200 亿美元，其中中方占 32%。成立以后，其中，要发展亚洲债券市场，如果香港能成为人民币的市场，亚洲债券市场基本上就快成为人民币主导的市场。

这个市场有什么好处呢？你会看到在东盟国家、上海合作组织国家，有很多的基础设施经济发展的需求，那么这些国家可以通过香港市场发行人民币的债券，然后拿这个钱在中国购买劳务，购买设备，然后加快这些国家的经济发展。这就形成了一个投资贸易自由化的一个区域，我们原来特别期待 2009 年 4 月 10 号，中国跟东盟 10+1 投资自由化协定的签署，后来泰国闹事，这个计划就暂且被搁置了，估计在 10 月份才能签署协定。

如果这个 10+1 中间投资贸易自由化，那么意味着这个区是自由贸易区，必须要有一个主导货币，而人民币国际化恰恰是给这个地区提供一个稳定可靠的计价货币，这不仅使周边国家得到稳定发展，中国也可以有一个稳定的市场。

从历史上来看，这个人民币国际化进程一定会被关注。前两天，在上海陆家嘴召开的国际金融论坛上，这个问题也是一个热议的话题，因为中央政府已经批准上海市成为国际金融中心，上海市也决定利用人民币国际化，特别是人民币结算，把上海打造成一个国际金融中心，以本地国际化来提升上海金融机构的发展。

（根据讲课录音整理，有删节。）

以**改革开放**应对危机

许小年

演讲时间： 2009 年 5 月 7 日

作者简历： 许小年（1953—　），经济学博士。1981 年获中国人民大学产业经济学硕士学位，1991 年获美国加州大学戴维斯分校经济学博士学位。

1981 年至 1985 年，在中国国务院发展研究中心任研究员。1991 年至 1995 年，在美国马萨诸塞州 Amherst 学院担任助理教授，讲授经济学和金融市场学。1996 年，在美国华盛顿的世界银行担任咨询师。1997 年至 1998 年任职美林证券亚太区高级经济学家。1999 年以来，担任中国国际金融有限公司的董事总经理兼研究部主管。2004 年，加盟中欧国际工商学院，被聘为经济学和金融学教授。

研究领域包括：宏观经济学、金融学、金融机构与金融市场，过渡经济以及中国经济改革。1996 年由于对中国资本市场的研究，荣获中国经济学界最高奖"孙冶方奖"。2002 年他领导的研究小组被中国机构投资者评为中国本土经纪公司第一名，他本人也被评为最佳经济分析师。曾经发表"中国股市推倒重来论"，引发证券市场震荡；对中国证券市场从"企业本位论"转变到"股东本位论"的言论，引起业界的强烈关注和极大争议。

内容提要： 全球化改变了世界经济的格局，改变了世界各国经济运行的方式。这次金融危机是在全球化的过程中产生的，但是全球化的趋势不会因为这一次危机而发生改变；危机说明市场存在着缺陷，但市场配置资源的基础性作用不会因此而改变；危机动摇了美元的地位，但美元主导国际金融体系的局面不会在短期内改变。目前西方大幅调整但尚未见底，中国经济呈现倒冬暖现象。因此应对危机，要从国家经济的全局和长远发展着想，坚持改革开放，着力进行经济结构调整。

今天跟大家交流的是这场国际金融危机和中国经济的关系以及金融危机对中国经济到底有什么影响？中国经济会不会像目前主流媒体所讲那样触底反弹？要判断中国经济未来的走势，首先应该搞清楚这场危机到底是怎么形成的。如果对危机形成的原因不清楚，我们很有可能产生盲目乐观情绪。现在我们的主流媒体，把这场危机等同于过去一般的经济周期循环，认为经济往下掉两三个季度后就会反弹回来了。我认为他们对这场危机产生的原因没有深刻的认识，这是没有看到这次危机和以前历次危机不一样的地方。

在国际上，金融危机在二次世界大战以后并不是一个很陌生的现象，上世纪80年代，拉美国家爆发债务危机，随后就引起了货币危机，本国货币大幅度贬值，进而金融系统混乱，银行倒闭。以墨西哥为例，墨西哥银行体系90%以上被美国资本控制。1997年亚洲金融危机，结果也是货币贬值，接着银行倒闭。以泰国为例，现在泰国40%的银行控制在外资手里。

到了2007年，亚洲金融危机十年之后，一场范围更大的金融危机爆发了，这场金融危机爆发在世界金融体系的中心地带——美国。从美国迅速地波及全球，特别是发达国家。世界上没有一个国家能够避免这场危机的影响。我把它称做是全球化时代的第一次金融危机，但是绝对不会是最后一次。为什么会产生这样的事情？这次危机和以前各次危机到底有什么不一样？对中国的影响在什么地方？这些问题如果我们没有清醒的认识，可能会对国家经济未来的发展判断上出现失误，在政策应对上出现失误。目前我们已经看到政策上的失误在出现。

谈金融危机对中国的影响，我们的指导思想是什么？2008年在中央经济工作会议上，胡锦涛总书记对这场危机所作的总结，我觉得是目前我所看到的最到位、最准确的描述。总书记讲这次危机是在全球化的过程中产生的，因为有了全球化，所以危机没有局限于美国，而是迅速地从美国扩展到世界其他各国，但全球化的趋势不会因为这一次危机而发生改变，这个趋势会继续下去。这是中央领导同志讲的第一句话。我觉得总结得非常到位，一句话说明了危机产生的原因，以及危机之后全球经济发展的趋势①。总书记第二句话是，这场危机说明金融市场存在缺陷，特别是美国金融市场存在缺陷，但是危机之后，市场配置资源的基础性作用不会因此而改变。这句话讲得也是非常深刻。我们现在探讨金融市场的缺陷，探讨如何改善市场的制度建设？如何加强监管？并不意味着用政府来替代市场，并不是由政府来配置资源，而让市场退居二线，市场配置资源的基础性作用不会因此而改变。第三句话是危机动摇了美元的地位，但美元主导国际金融体系的局面不会在短期内改变，对此我们要有非常清醒的认识。在危机过程中，美国的中央银行利用美元作为全球储备货币的地位滥发货币，向世界各国转嫁成本，对中国的利益造成伤害。为了摆脱这种被动的局面，最近中国和周边各国签订了货币互换协议，采取了具体的措施，一步一步地推进人民币的国际化，增加我们在国际上、国际金融体系中的话语权，增加我们对于国际金融游戏规则制定的影响力。同时，我们已经开始在5个城市试点用人民币进行国际结算，并希望能在更多的国家、在更多的国际经济活动中，人民币可以被接受作为通用货币。这是非常及时的推进人民币货币制度改革的措施，有利于减少美元贬值对我们的影响。

国际贸易的70%还是用美元来结算的。我们现在有2万亿美元的外汇储备，美元贬值就意味着我们外汇储备贬值。冰冻三尺非一日之寒，美元的主导地位不是一天形成的。美国作为经济大国的崛起，经过了近一百年的发展才有今天这样的地位。我们要在国际上强化人民币，也不是一天能够完成的，因此总书记讲，美元主导国际金融体系的局面不会在短期内改变，对此我们要有充分的思想认识。

这三句话高度总结和概括了危机产生的原因，以及在危机之后世界经济、中国经济发展的方向。但是我感觉我们的媒体对这三点精神宣传不力，使得我们在危机之后感觉市场出了问题，现在强调政府要发挥作用。政府确实要发挥作用，但是政府不能替代市场来进行资源配置，市场配置资源的基础性作用不会因此而改变。

---

① 这是总书记讲的，因为我没有找到总书记讲话的原文，所以我不能够打引号地去引用他的讲话，大意是这样的。

总书记的三句话是我们理解金融危机的根本的指导思想，也是我们判断今后经济形势发展的指导思想。我今天讲的实际上是围绕这三点展开的，具体的内容是四部分，第一部分是危机的成因与影响，到底危机是怎么产生的？第二部分，危机之后西方经济经过了大幅的调整什么时候到底？第三部分，这场危机对中国会产生什么样的影响？一季度中国经济数字出来以后，大家有一种乐观情绪，但在我看来是"倒冬暖"，不是Ⅴ型的触底反弹。为什么是"倒冬暖"？为什么中国经济调整还没有到位？在这部分我会详细分析；最后一部分，我讲一下政策的应对。

我是本着"知无不言、言无不尽"的想法来跟大家探讨，有一些观点可能和主流观点、官方的观点不太一致，希望各位能包涵。

一 危机的成因与影响

要想理解胡锦涛总书记说的这次金融危机是在全球化的过程中产生的，我们就要回顾一下在过去几十年间全球化的进程。在第二次世界大战结束之后，经济全球化的进程就开始了，主要表现是世界两大经济板块的逐渐融合、逐渐接近。一个标志性的事件就是2001年中国加入世贸组织，这两大板块正式连接到一起改变了世界经济的格局，甚至改变了世界经济运行的规律[1]。具体怎么改变的？我们先从这张图最下端开始，叫做中国的过度投资。

大家都知道中国经济过去几年间每年百分之十几的高速增长，主要是投资拉动的。我们固定资产投资在过去几年平均每年增长20%以上拉动了经济两位数的增长，意味着生产能力每年增长20%多。但是另一方面

---

[1] 2001年中国加入世贸组织，不仅对中国经济产生了深远的影响，而且对世界经济格局产生了非常深远的影响。这一点我们当时看得不是很清楚。我记得当时中央领导同志到加拿大、美国谈判加入世贸组织的条件的时候，回来居然被国内舆论说成是"当代李鸿章"、"出卖国家利益"，这是一种极其狭隘的民族主义情绪，对中国的发展是非常有害的。但是现在这种狭隘的民族主义情绪还在继续蔓延，我本人对此感到非常地忧虑。

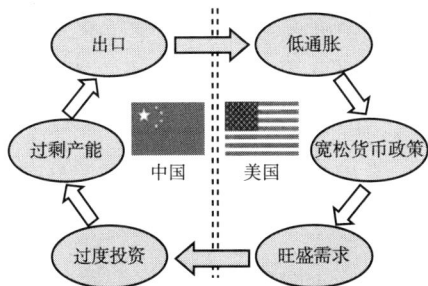

图 1　金融危机的成因与影响

GDP 增长 10%，由国民收入增长决定了需求的增长大概就是 10%。在这里可以看到供给与需求的失衡，两者相差一倍。供给大大超过需求，一定会形成过剩产能，那多余的供给跑哪里去了？过剩产能跑哪里去了？

从 2005 年开始，我写文章说给经济降温、要降低投资的增长速度，避免过剩产能的产生，但是过剩产能的问题没有暴露出来。原因在于 2001 年我们加入了世贸组织，全球化的进程改变了中国经济的运行态势。通过海外市场的开发，吸收了国内的过剩产能，暂时地推迟了过剩产能的爆发。对于这一点，必须实事求是地讲，我是没有看到的，因此我写文章说要给固定资产投资踩刹车，这个判断现在看来是有问题的，没有看到中国加入世贸组织，改变了中国经济的运行方式，延长了经济的景气繁荣期。

上图中间两条线是虚拟的国界线，在这里用中国代表发展中国家这个板块，用美国代表发达国家这个板块。两大经济板块各有特点。以中国为代表的发展中国家板块，这个板块的优势是丰富的劳动力和自然资源。中国和印度两个国家加在一起 20 多亿人口，占了世界人口 1/3，即 40%。它还有非常丰富的自然资源（当然中国自然资源不是很丰富）。以美国为代表的发达经济体板块，它的优势是技术和资本。中国的产品向以美国为代表的发达国家的大量出口，支持了我们国内经济的高速增长，我们的产品出口到美国以后，把美国的物价拉了下来，使美国经济享受了一个高增长、低通胀的繁荣时期。

中国产品到美国，不仅直接地把美国的价格拉了下来，而且间接地影响改变了美国劳动力市场上劳资双方的力量对比。现在美国的资方在工资的谈判中占了上风，美国的劳工想涨工资，资方可以很有底气地告诉他我不给你涨，甚至资方讲你罢工我干脆把这厂关了，把整个厂搬到中国去。所以，全球化改变了发达国家劳动力市场上劳资双方的力量对比，使劳方在增加工资方面，丧失了相当部分的谈判能力。美国劳工现在不仅要和墨西哥、美墨边境偷渡过来的工人竞争，而且要和中国的工人竞争、和印度的工人竞争。不仅是制造业，服务业也如此，比如电话中心的话务员，如果提出要增加工资，资方把话务中心干脆搬到印度去。所以在美国打电话的时候，一拎起来听那个接线生的英文就知道不是美国人。美国人不光是把制造业外包了，把劳务、服务也都外包了，使得美国的劳工处于巨大的竞争压力之下。在过去几年间，随着全球化的向前推进，发达国家的公司盈利都在高速增长，但是工人工资增长缓慢。而在美国的物价中，成本的大头又是工资，工资被压制住了，企业就可以控制成本；企业控制成本，价格就上不去。

美国的经济享受了全球化的"高增长、低通胀"红利，很长时间里没有通胀。这使研究美国经济的人感到疑惑，按照过去的规律，当经济增长高于3%的时候，一定要出现通胀的压力，可是美国经济增长3%、4%、5%也没有通胀。这是怎么回事？难道经济规律发生变化了吗？难道经济规律不灵了吗？他们也没有看到，全球化改变了美国经济的运行方式，使美国可以享受"高增长、低通胀"。正是在这样的形势面前，美联储、美国中央银行在货币政策操作上出现了重大的失误，表现在以格林斯潘为首的美联储长期执行了宽松的货币政策，长期执行了低利率的政策。2001年，当"9·11"恐怖袭击事件发生的时候，美国金融体系一片混乱。格林斯潘、美联储紧急将美国的基础利率降到了战后历史最低水平1%，在此后的两年多的时间里，这个利率基本没变。低利率政策、宽松的货币政策使得美国的金融体系和实体经济中流动性泛滥，超过实体经济的需要。

现在我们回过头来都说美联储错误的货币政策是这次金融危机的直接起因，对此格林斯潘本人予以否定。当然他的辩解是虚弱无力的，他逃不了责任。但是责备他说货币政策操作失误也不太公平，因为美联储面临着全球化的经济新格局，这样的新局面过去谁都没有碰到过，大家都没有经验。我说格林斯潘不是有意犯错误，而是"老革命遇到了新问题"。对这个新问题，很长时间里他感觉到了，但无法理解、无法解释为什么经济增长速度已经比较快了，还没有通货膨胀呢？他把它归结为技术进步，而没有看到全球化过程中来自中国、来自全世界劳动力的竞争压力，使美国的价格上不去。于是长期执行了宽松的货币政策，俗话讲就是滥印钞票。

不光是美联储滥印钞票，美国的商业银行体系也超发贷款。由于为美联储印钞机开动的结果使商业银行手里钱太多了，捏在手里的钱不能生息、不能赚钱，必须把手里的钱变成贷款才能收益，因此在那几年间，美国的商业银行千方百计发贷款，次级按揭就是那个时候发出来的。

什么叫次贷按揭？次贷按揭就是不合格的按揭贷款。比如说张三本来申请按揭贷款被银行给拒了，现在银行因为手里钱太多了，把张三又找回来，说你过去申请贷款被拒了，现在我们有新政策，贷款标准改变了，你可以重新考虑到我们这儿申请按揭。按揭贷款最基本的条件要有稳定的收入，张三根本就没有工作，银行说没关系，你给我你老板的电话号码，张三就给了这个银行李四的电话号码。银行就给李四打了个电话询问张三的工作情况，李四说张三是在我这儿工作，年薪大概 3 万美元吧。好了，收入证明就有了。李四是什么人？大家都知道，李四是张三的哥儿们。

申请按揭，要有首付的，张三说，我拿不出首付来，银行说我给你减一点，从 30% 减到 20%，张三说 20% 的首付也拿不出来，于是首付从 20% 降到 10%，最后降到了零首付。降到了零首付还嫌不过瘾，张三说月供我也拿不出来，银行说月供拿不出来，那我先给你免三个月的月供，从第四个月起开始付月供，张三说第四个月我也拿不出来，最后月供免到六个月。前六个月不必交月供，第七个月开始交。

零首付、没有收入证明，大家可以想一想，这样的贷款风险有多大？有这么好的买卖，零首付，前六个月免月供，大家可以想一想，市场上会出现什么现象？大家挤破脑袋去申请次级按揭，先白住六个月房子再说，第七个月把房子收走也没关系。更有甚者，借到第一套次按之后，再用第一套次按买的房子做抵押借第二套次按，再用第二套抵押去做第三套。银行为什么要这么做呢？难道他不知道风险吗？难道他就傻到这种地步吗？有几个因素促使银行继续发放次按。第一个因素我们已经讲过了，银行手里钱太多，手里的钱越多，亏损越大，因为他要支付储蓄者存款利息。

第二个因素，美国当时房地产价格节节上升，银行觉得没什么风险，大不了我把你房子拿来，然后到市场上卖了就完了。按揭成了商业银行投资房地产的工具。银行打这种如意算盘的前提条件是什么？前提条件是房价要不断上升。

房价节节上升的原因是什么？房价的上升和次按的增加两者互相促进，我们在经济学上把它叫做"正反馈"。房价的上升刺激银行发出更多的次按，而银行发出更多的次按推动房价走得更高，于是"泡沫"形成。这就是典型的银行资金所形成的资产"泡沫"。这个"泡沫"从2001年开始一直吹到2007年，大家想想这个泡沫有多大！

第三个因素，商业银行把次按打包做成资产证券化的债券（MBS），用次按还本付息产生的现金流作为基础，打包到市场上卖掉，回收现金，把次按的风险转移出去。

所以，商业银行为什么风险意识薄弱？第一，手里钱太多，第二，房价在不断上升，第三，它可以通过资产证券化把次按的风险转移出去，回收现金。资产证券化产品，大家一看好像不错，因为美国的房价还在涨，你买我买他也买，英国人也买，意大利人也买，法国人也买，德国人也买，美国房地产泡沫风险就通过资产证券化产品扩展到了全球，包括我们的银行。我们银行买得最多的是中国银行，买了几百亿美元[①]。

这就是泡沫的危害，而泡沫是从哪里产生的？是从美联储的货币政策中产生的。所以我最近一再强调一个观点，这次金融危机有市场失灵，但主要是政府失灵，特别是美联储错误的货币政策是这次危机的根本性原因。

---

① 目前来看，我们的银行总体来说是健康的。为什么能够扛住这次金融冲击？第一是因为资产证券化产品买得不多，更为根本的原因是我们前几年抓了银行的改革，国家投入了大量的资源核销国有银行数以万计的坏账。我们商业银行体系坏账率最高的时候估计高达40%，现在只有2%，改革前后是天壤之别，如果我们银行资产坏账率有40%的话，后果很难设想。所以，国际金融危机对我们的冲击是间接冲击非常大，直接冲击有限。

在任何时候，我认为都要改革当先，要把我们自己的工作做好，这是最重要的，是抗拒风险根本之策。短期利益和长期利益要找到一个很好的平衡，我觉得我们现在过于追求短期业绩。

回到上图，美联储宽松的货币政策一方面造成资产泡沫；另一方面由于信贷的滥发，刺激了美国国内旺盛的需求，这个旺盛需求的一部分又跨过太平洋回到中国，支持了国内的过度投资。到这儿形成了一个完整的国际经济循环，这就是全球化过程中一个完整的经济循环。这个经济循环看上去很完美，没什么问题，美国人高消费，我们这儿"高增长，低通胀"，有什么不好？问题在于这样的循环无法持续。因为在这个循环的过程中，有一个很重要的原动力即美联储宽松的货币政策以及美国银行体系放出来的大量信贷的要有支撑，而这个因素是无法持续的，银行不可能无限制地发放信贷。

金融危机从哪里爆发？首先从次按的违约率爆发。过去商业银行把次级按揭打包卖到市场上的时候，投资银行告诉他，说次按的违约率也就2%吧，不用担心。随着时间的推移，次按的借贷人违约率已经突破了2%，变成3%、4%了。当市场上次按的违约率超出投资者当初预期的时候，投资者纷纷抛售手上用次按做成的债券，债券价格暴跌，金融机构资产负债表上出现了大窟窿，投资亏损了。怎么办？它必须用自己的资本金去堵窟窿。雷曼兄弟怎么倒台的？就是用自己的资本金去补投资亏损，资不抵债。雷曼兄弟向美国政府申请援助，美国政府说不救，没想到不救雷曼引发了全球的金融恐慌。因为雷曼是美国第四大投资银行，如果雷曼可以破产，谁不会破产？花旗也会破产，美洲银行也会破产，市场上一片恐慌，西方金融体系差一点因为雷曼兄弟的倒台而崩溃，那真是千钧一发的危机时刻，差一点崩溃。美联储、美国财政部使出了吃奶的力气，把可动用的资源都动用起来才免于金融体系的全面崩溃。

雷曼之后，美国大型金融机构、投资银行，像高盛、摩根士丹利，商业银行，像花旗银行、美洲银行纷纷曝出了次按债券的巨额亏损。如果没有美国政府的救援，恐怕这些金融机构今天都不复存在，都破产了。在这种情况下，金融机构无法再像过去那样发放贷款，泥菩萨过江自身难保。贷款一停，这个国际经济循环怎么样？立即出问题。宽松的货币政策、宽松的信贷供给一停以后，旺盛的需求就没了。美国超前消费的生活方式建立在银行贷款的基础上，是借钱消费，贷款一停，整个经济陷入停顿。沿着这个逻辑圈走一圈下来，美国人的旺盛需求没了，中国这边过度投资的问题，过剩产能的问题如同水落石出一下子就暴露出来了。全球经济一体化推迟了我们过剩产能的暴露，但是并没有消除我们的过剩产能，因为全球的旺盛需求是靠美联储的货币政策支撑的，是靠美国的商业银行超发信贷支撑的。

2008年第四季度为什么我们国家经济下跌得这么厉害？突然之间，不光外向型企业订单没有了，就是国内的一些企业像钢铁企业订单都没有了，为什么？外部需求急剧减弱的时候，国内企业开始重新估计需求，先把现有库存消化，我们把它叫做库存周期，2008年第四季度短短一两个月的时间，我们生产资料价格跌了50%以上，下跌的幅度是近年来所没有的。

现在库存调整周期告一段落。消化到一定的水平之后，企业觉得库存太低了，又开始恢复进库存，订单又回来一些了，这是我们一季度经济回暖的原因。但绝不意味着中国经济就触底反弹了，因为更大的调整还在后边，一个更大的周期下行在后边，就是投资的调整、过剩产能的消化。

总结一下我这部分讲的内容就是全球化改变了世界经济的格局，改变了世界各国经济运行的方式（我不能说改变了规律，只是改变了经济运行的方式），使我们感到传统的经济周期要消失了（当然它不会消失的，只不过是推迟了）。美国的问题是什么？是在过于宽松的货币政策支持下，美国经济过度借债支持它过度的消费。和美国相对应的中国的问题是什么？我们的问题是过度储蓄、我们存钱存太多了，美国人借钱借太多了，我们存钱存太多了，美国人过度消费，我们的问题是过度投资。

今后应该进行的调整是什么？我们有两个词，叫做"去杠杆化"（Deleveraging）和"去库存化"（Destocking）。美国是要"去杠杆化"。这是一个经济学上的术语，意思是整个经济要降低负债率，我们叫做"去杠杆化"就是要消化过多的库存，不光是生产资料的库存，而且包括生产能力的过剩。这个调整一天不结束，可持续的经济复苏就是没有基础的，两边都要进行调整，两边的任务都很艰巨。

这个调整结束之后，国际经济循环还会不会继续下去？我还是引用总书记这句话，危机不会终止全球化的进程，还会继续下去，但是循环的水平要大大的降低。中美两国之间经济的互相依赖，互相融合，还会继续下去，但是不会在过去的高水平上进行了，而是要降到一个可持续的水平，降到一个不是过度依赖信贷的水平。中国还会有大量对美国的出口，但是出口的增长速度已经不可能像过去那样，因为支持出口高增长的美国信贷发放已经不会像过去那样了。

二　西方大幅调整但尚未见底

我们刚才介绍了这次危机产生的背景。现在两大经济板块都要进行调整，调整没有完成之前，经济的复苏、可持续的复苏是缺乏基础的。

而这两大经济板块如果推迟结构调整就会延长衰退期，调整进行得越快，复苏到来得越早，所以现在的政策，应该是尽快进行调整。调整中出现的痛苦，出现的短期问题，政府要解决，特别是民生方面。政府政策的着力点不应该是继续增加投资，而是把有限资源用于解决调整中的民生问题。

我们进入第二个问题，西方调整到什么程度了？调整的幅度应该说相当的大，西方金融体系最坏的情况也就是系统崩溃的危险已经过去了。这个危险是在去年年底达到高峰，以雷曼兄弟为标志，西方金融体系几乎全盘崩溃，但是最困难的金融重整工作还在前面。美国银行体系的不良资产率在继续攀升，信用市场仍旧低迷；在实体经济方面，失业率上升，消费继续下降。所以说它虽然经过了大幅度的调整，但还没有到底。我们的外贸形势，起码今年上半年不会乐观，甚至下半年都不会乐观。

给大家看一组数据，欧美工业生产指数。蓝线是欧盟 27 国，红线是美国。我们看到欧洲和美国 2009 年一季度还在大幅下跌，而且下跌似乎越来越深。欧盟 27 国工业生产指数 3 月份下跌了 17%，美国的工业生产指数在 3 月份下跌了 12%，都是两位数。我们看最右边这条线，下跌幅度，战后历史上甚至过去萧条期间都没有出现过这么严重的工业活动的萎缩。

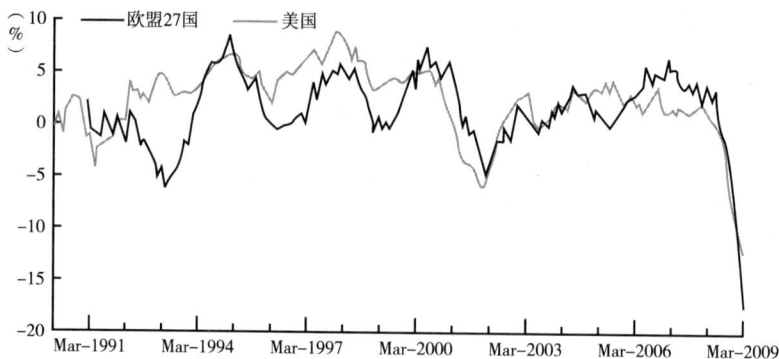

图 2　欧美工业生产指数（预示中国的出口前景）

资料来源：CEIC

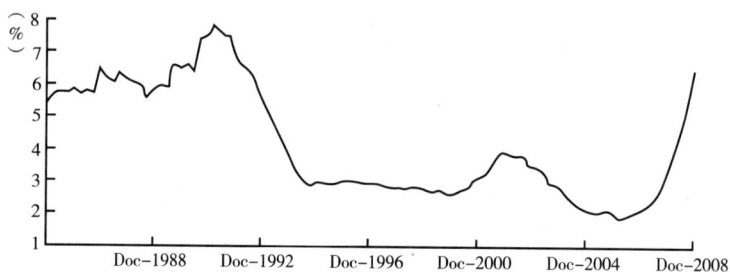

图 3　银行坏账率继续上升

资料来源：CEIC

　　我们看右边，银行坏账率继续上升，这里的数字是到 2008 年年底，银行坏账率已经接近 7%，比我们的坏账率高多了，今年一季度的数字还没出来，有可能是接近 10%。大家看右边上升的速度，金融危机影响上升速度非常高，估计坏账率要到两位数，这些坏账如何清理现在还不知道，美国政府推出一系列计划，包括中央银行购买银行坏账，吸引民间投资消化这些银行坏账。银行的坏账没有清理之前，和我们国家情况一样，银行无法恢复正常的信贷功能，而银行如果不恢复信贷功能。说美国经济复苏为之过早。

　　西方经济虽然进行了大幅度的调整，但是还没有到底。这是企业的借贷成本，可以看到企业债的利息，仍然是居高不下，而在历史上，每次企业借贷成本上升的时候都对应着萧条，所以美国经济萧条会继续下去，企业借贷成本居高不下，企业借不到钱，生产就没有办法恢复。

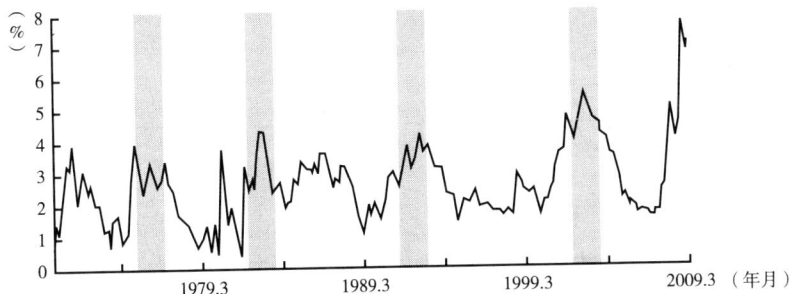

图 4　Baa 企业债息差对应萧条（美国）

资料来源：CEIC

对中国影响非常大的是美国人的消费，美国经济的结构跟中国不一样，美国经济结构中大头是消费，占 GDP70%，消费不旺，美国经济就无法恢复；美国消费不起来，中国的出口就没有办法恢复。收入下降，消费下降，在这张图上，蓝线是美国的私人消费，最右边可以看到下降的速度，为什么出现这么大幅度的下降？这条红线是美国的失业率，失业率上升。到 3 月底，美国的失业率是 8.5%，估计还会上升到 10%。失业的数据一个月比一个月坏，随着失业率上升，这条红线继续往上升，消费会继续往下跌。

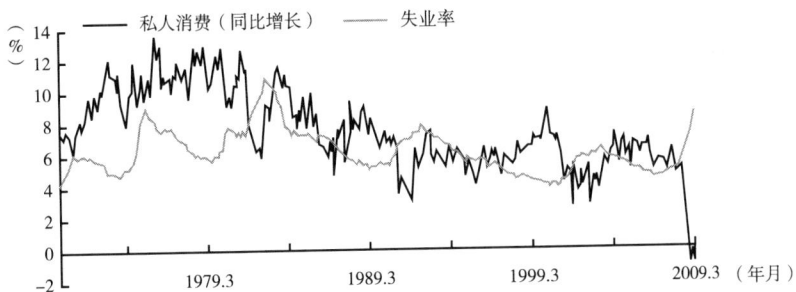

图 5　消费随失业的上升而下降

资料来源：CEIC

美国经济什么时候见底？见底要有几个条件，一个条件是资产价格要跌到底。但是现在资产价格我的判断还没有跌到底，特别是房价，可能要再跌 20%，时间可能要有一年，也就是说再经过一年的时间。另外一个条件就是金融机构的重整、金融机构坏账的清理。金融机构重新整合，能够恢复正常的信贷功能，美国经济才能恢复。

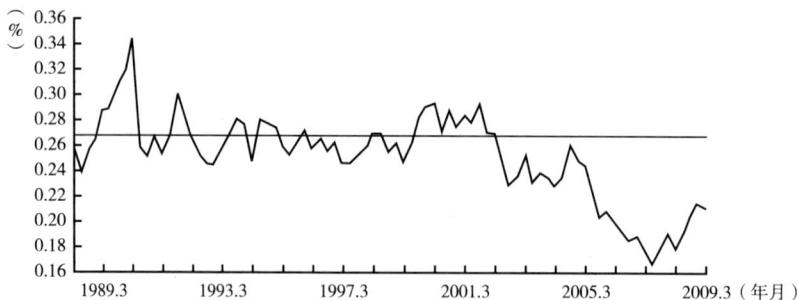

图 6   人均可支配收入／中位数房价

资料来源：CEIC

这是判断美国经济是否到底的一些指标。以这些指标来判断，我们可以看到，美国的房价还没跌到底。这张图显示的是人均收入除以房价，从中可以看得很清楚，这次金融危机的产生，就是因为美国出现了战后历史上最大的房地产泡沫。泡沫是怎么衡量的？房价的上升超出了老百姓收入的上升就叫泡沫。房价多高算合适？跟老百姓的购买力相适应就算合适。我们可以看这条线，在历史上很长的时间内，收入对房价比是一条水平线，意味着收入的增长和房价的上升基本同步，所以两者之比是一个水平线。为什么从 2001 年开始发生变化？因为从 2001 年开始美联储执行了宽松的货币政策，执行了低利率政策，低利率政策刺激了老百姓的借款，银行的资金进入楼市，房价的上升超过了收入的增加，这条曲线就开始往下走，一直走到 2007 年，对应了美国六年的泡沫。最低点的时候，金融危机爆发了，房价开始下跌，这条线就拐头向上。下跌的时间正好是 2007 年的年终金融危机爆发，房地产泡沫破灭，房价回归到老百姓能够买得起的位置上去。

调整结束没有？还没有。什么时候调整结束？这条线要回到历史平均线上，还有一个缺口，从 2007 年年终到现在已经调了两年，两年间房价在不断下跌，可是这个调整也只是进行了一半，还有另一半的缺口等在那儿呢，以此来判断，美国的房价还没到底。

再看一下美国老百姓的储蓄率，这是美国家庭的储蓄率。在上世纪 90 年代之前，美国家庭储蓄率基本上是 8%，从 90 年代开始储蓄率一路下降，

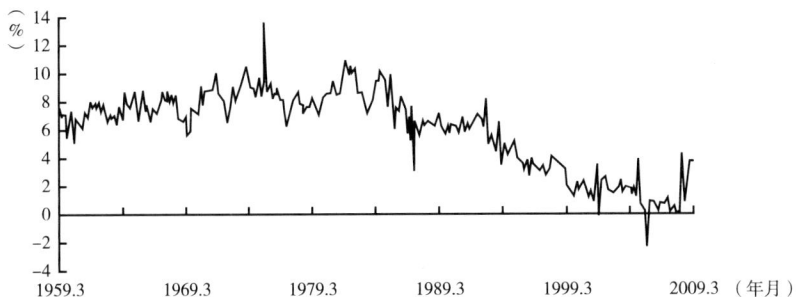

图 7　家庭储蓄率的回归有待时日

资料来源：CEIC

到美联储执行低利率政策的时候，美国的储蓄率终于历史性地掉到了零。金融危机爆发以后，储蓄率又回到了 4%，但美国家庭储蓄率要恢复到历史的 7%、8% 需要两年时间，也就是一两年内美国的消费回不来，会导致中国出口减少，因为中国出口中大头是低端消费品。

这是对西方经济的估计。虽然进行了大幅度的调整，但是还没到底，到底之后会在底部停留一段时间，因此我们对外贸形势的严峻要做一个非常充分的估计。

三　中国经济倒冬暖

2009 年一季度中国经济回暖。回暖的原因有两个。第一个原因是超量的信贷投放。

第二个原因是库存周期的调整告一段落。从 2008 年四季度开始到 2009 年一季度库存消化差不多了，企业感觉到库存水平有点偏低了，于是开始进库存，库存周期调整告一段落。

这是今年一季度经济回暖的两个主要的原因。但问题是这样的，信贷投放难以持续，银行资产质量将要恶化。所以我觉得一季度是一个短暂的回暖。原因：第一是这么大量的信贷投放无法持续。第二是大量投放的贷款都去了政府项目和基础设施投资，而基础设施投资没有显著的拉动效应。没有办法对其他行业产生显著的拉动作用。第三，我个人的判断，一季度经济回暖是暂时的，是因为库存周期后边是更大的投资周期。

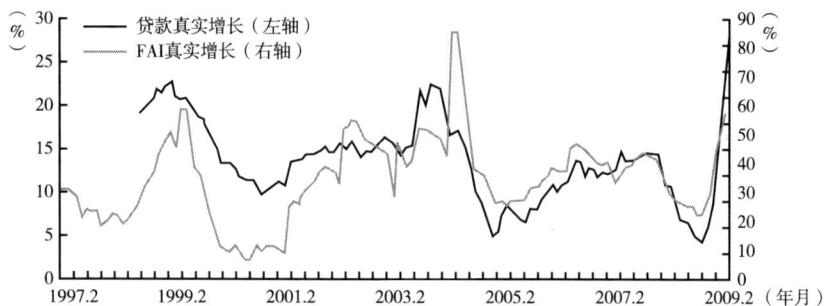

图8　财政刺激已变成信贷刺激

资料来源：CEIC

我们看一些数据，这些数据蓝线是贷款增长，红线是固定资产投资增长。两者什么关系？两者是高度的正相关。固定资产投资离开了银行就办不成事，银行贷款放多少，固定资产投资就增加多少。特别是一二月份，你看蓝线贷款增长有多高，投资就向上拉动了多少。

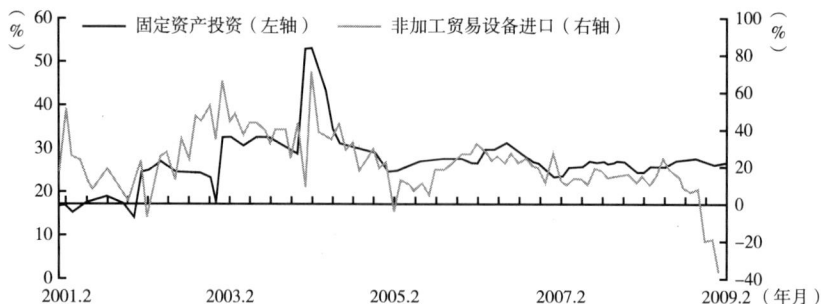

图9　假数还是仅买了库存？

资料来源：CEIC

再一个判断，这张图上蓝线是固定资产投资的增长，红线是设备进口。历史上固定资产投资的增长和设备进口基本是同步的，大家看这两条线，基本是同步的。但是从2008年下半年开始，两者出现了明显的分离，固定资产投资这条蓝线还保持在高位上，但是设备进口急剧下跌，到2月份设备进口下跌了 40%，这说明我们 2008 年下半年开始到 2009 年的一季度，固定资产投资集中在基础设施，而基础设施没有增加什么设备需求，因此，设备的进口在急剧的下降。我们固定资产投资估计就是买了一些钢铁、水泥的存货，目前市场上钢材的价格非常有意思，过去是板材价格上得快，建材建筑用钢上得快，现在是倒过来了，建筑用钢上去了，板材价格不行了。我们财政刺激基础设施的投资最多也就是买了一些钢材水泥的库存，对其他行业没有什么拉动作用。

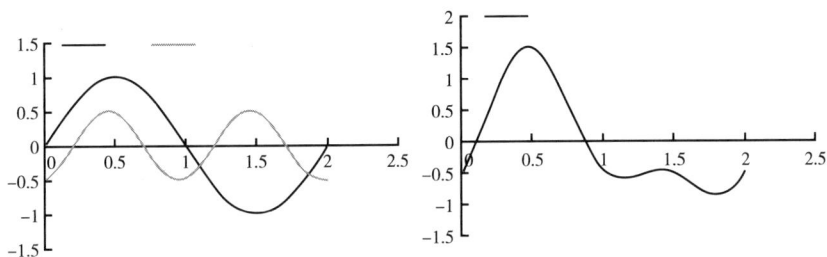

图 10　库存与投资周期叠加，虽浅但长的 W- 型底部

为什么讲更大的周期在后边？更大的周期就是投资周期。目前的暂时回暖是由于库存周期。我们在左边这张图上分别标明了库存周期和投资周期，粉红色的线是库存周期，蓝线是投资周期。现在经济的暂时回暖，是因为库存周期进入了上升阶段。一季度有暂时的回暖，但是不要以为这是 V 型的底部，它从这儿上去以后，又会滑下来。为什么会发生这样的现象？因为目前的暂时的上升是因为库存周期这条红线进入了上升阶段，它的上升阶段不足以抵消这条蓝线投资周期的下行，所以当投资周期下行的深度加大的时候，它会盖住库存周期的上行。这两个线的叠加就得到了右边这张图，结果是经过短暂的回暖之后，由于投资周期下行的深度加大，经济会二次探底。我们在这儿看到的是一个 W 型。很少有人解释 W 型从哪儿来的，只是经验的判断，原因在哪里？原因就在于基础设施的运行是由多种因素决定的，这里只给出了两个周期。经济学研究上的这种周期可以给出五六个，两个周期叠加就足以说明问题。当投资周期的下行阶段不断加深的时候，这条蓝线不断加深，尽管库存周期还在往上走，经济也会发生二次探底。

所以我的判断一季度是近期经济运行的一个高点，还会往下滑。下面一个问题，为什么投资周期还要往下滑？我们的依据是：第一，决定投资是企业基于对市场供需的预期。如果企业预期市场上供大于求，企业不会投资。第二，企业自有资金有多少？对未来的预期最好的指标就是价格，在一季度经济宏观数字回暖的时候，非常重要的价格数字还在下跌，给企业送去一个信号——供大于求。供大于求，企业为什么要投资？

市场的供需在金融危机的冲击下，使我们过剩产能的问题暴露出来。首先需要调整的就是降低投资的增长速度，消化过剩产能，而这个任务比消化过剩库存要艰巨得多。我们可以回想一下，朱镕基任总理的时候亲自带队，跑到南方一带去砸锭。前面领导视察，后面跟着的是推土机上去把厂房全给平了。这是消除过剩产能。

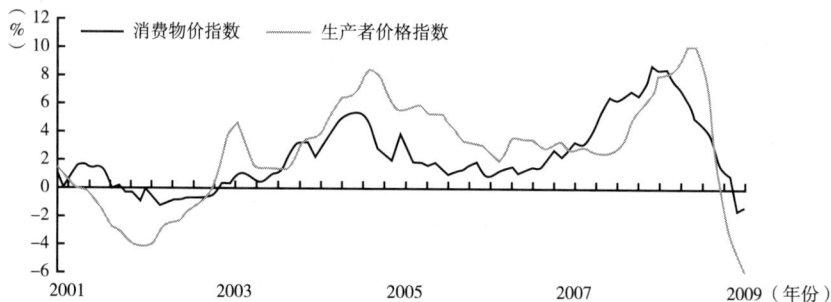

图11　供需失衡

资料来源：CEIC

过剩产能消化不是一件很容易的事儿，是需要时间的，在过剩产能没有消化完之前，投资不会起来。这张图给大家显示的是价格，红线是生产资料价格，蓝线是消费价格，2008年下半年以来，价格就在急剧的下降，这个趋势据说4月份还不会得到改变，生产资料价格指数和消费价格指数全都是负增长。意味着供大于求会继续下去。只要供大于求，企业为什么要投资？

四　改革开放　应对危机

我认为所谓财政刺激、所谓靠投资拉动内需，是值得商榷的政策。怎么样去应对危机？中国经济应该怎么办？我的一个观点是结构调整重于拉动短期需求。我们要从国家经济的全局和长远发展着想，不能只考虑短期业绩，不能只考虑短期的经济数据。

结构调整的含义有两个：一个驱动经济增长的三架马车中的投资、外部需求现在都指不上了，能指望的只有消费了，因此结构调整需要我们尽快地把经济增长的模式从投资转向消费。而从投资转向消费碰到一个很现实的问题：由于消费受到收入的制约，收入的增长速度不可能像投资那么高，投资可以每年增长 20% 以上，因为资金不够可以从银行借钱，但消费可不行，想从银行借钱消费在中国很困难的。消费增长每年也就 10% 左右，比投资明显低。这样，当我们从经济驱动转向经济拉动的时候，经济增长速度就会下降。我们已经习惯了 10% 以上的经济增长速度，现在要习惯 7%、6% 甚至 5% 的经济增长，2009 年一季度上海经济增长只有百分之三点几，上海同志压力很大。我说有什么压力？ 3% 并不意味着上海的工作没做好，可能正好相反，说明上海的工作又一次领先全国。为什么？因为上海正在进行深刻的结构调整，把经济增长的驱动力从投资转向了消费，把经济增长驱动力从制造业转向了服务业。而消费的增长和服务业的增长不可能像制造业，也不可能像投资那么增长。也许 3% 是上海不正常增长转向协调增长的过程。金融危机来了，是调整经济结构的大好时机。我们的 GDP 考核是产生所有问题的根源，考核 GDP？考核 GDP 逼着大家都是大干快上，只讲速度不讲效益，只讲增长不讲结构。如果上海需要学者写文章，我愿意写上海经济增长倒数第二应该是结构调整的正数第一，是一个好现象。

我们为什么不能接受 GDP 的低增长？还有一个就是 GDP 增长速度下降，大家都担心不能够保证充分就业。这样的顾虑是有道理的，又是没道理的。它有道理在于在现有经济结构下，确实没有一定的增长速度就保证不了就业；它之所以没道理就在于它没有想到改变结构。这就引出了第二个转变，当我们从投资驱动转向消费拉动的时候，经济结构要从制造业转向服务业为主。因为制造业不是劳动密集型产业，特别是这几年发展的重型制造业、钢铁、重化工、重型机械制造统统是资本密集型产业，不能够创造足够的就业机会。我们一季度资源又向大型制造业集中、向国有企业集中，对就业产生的是负面的影响。我不赞成简单地提保增长，我赞成保就业。因为保住就业才能保住老百姓的收入，保住老百姓收入才能保住消费，才能实现从投资到消费的转变。保住就业才能保住社会稳定，中国这么大的国家，经不起折腾。总书记讲的"不折腾"三个字，社会稳定一定是要维护住。

哪些行业是能够创造更多工作机会的？劳动密集型产业和服务业，这并不是排斥制造业。我们是认为现有的制造业是没有希望的，长期在低端的、低附加值、低科技含量的产业链上，制造业必须要升级换代。而制造业的升级换代靠的是物流的支持、生产组织、模式的更新，要靠研发，靠更好的金融服务，所有这些能够使制造业升级换代的都不是制造业本身而是服务业。

未来经济的发展方向应该是从制造业到服务业。有一些同志不同意我这个观点。在上一次研讨班上就有领导同志跟我讲说服务业不创造价值，服务业离开制造业是无法发展的。像这样的观点在历史上我们也看到过。历史上有一个理论叫做重农主义，认为在农业社会中，只有农业是创造价值的，其他行业特别是商业依附于农业，是从农业所创造的价值中分一杯羹。后来又有重商主义，认为一个国家财富积累只能够通过贸易顺差来实现，如果没有贸易顺差，这个国家的财富总量是不变的，财富只是在这个国家内部不同的人群间重新分配。重农主义、重商主义到现在仍然有着非常强的影响，在我们脑子里是根深蒂固的。我们现在是重工主义加重商主义，认为只有制造业创造财富，其他都是依附制造业，这和历史上我们的看到的陈旧观点、思路完全一样，认为只有贸易顺差才能增加国家的财富，所以拼命去出口，去积累贸易顺差，现在贸易顺差积累到了外汇储备多到无法消化的地步。

我们看一下世界经济发展的历史。工业化完成之后，下一个阶段是去工业化，是国民经济的全面的轻型化，全面向服务业转型。我们还是看数据，靠数据说话，世界各国服务业占 GDP 的比重。

最上面是美国，美国的服务业已经占 GDP 80% 了，而且比率还在上

经济全球化与对外开放

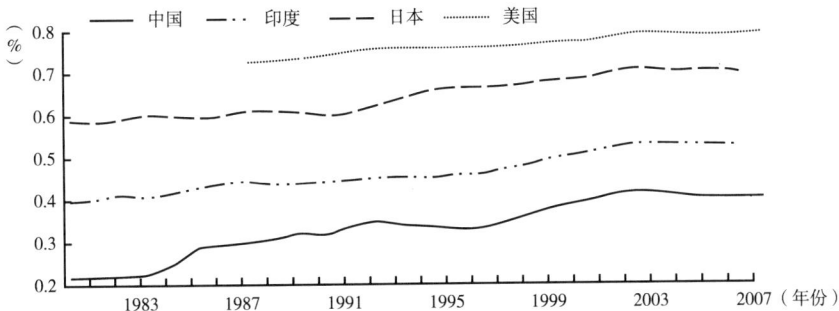

图 12　世界各国服务业占 GDP 的比重

资料来源：CEIC

升。下边粉红色的线是日本，日本服务业占 GDP 的比率已经接近 70%，而且在整个战后的历史上也是不断的上升。再下边的红线是印度，我们一般认为印度的经济发展水平还不如我们呢，它的服务业占 GDP50%。最下边这条线是我们，我们的服务业占 GDP 的比重不到 40%，尽管在一个长时间段上，这个比例是不断上升的，但最近几年出现了下降。最近几年，我们靠重工业、靠制造业拉动经济的增长，结果是服务业的比重出现了下降。这张图告诉我们什么？服务业的潜力巨大。

服务业是劳动密集型产业，如果我们把发展的重点转向服务业，我们可以在 GDP 增长速度降到 7% 或 5% 的时候，仍能实现社会的充分就业，维持社会稳定。出路不在于 4 万亿刺激计划、不在于基础设施投资，而在于调整经济结构，发展劳动密集型产业。

从世界各国的跨国比较也可以看出来，经济越发达，服务业的比重越高。美国人现在制造业占 GDP 比重已经是 15% 以下了，剩下来全是服务业。中国香港地区，服务业比重更高，超过 90%。李嘉诚的财富从哪儿来的？美国人的财富、日本人的财富从哪儿来的？你说服务业不创造财富吗？关键是要转变思想。要转变经济增长的模式，不能再依靠投资。我们可以看一下中国、美国、日本三个国家的投资比较，我国投资占 GDP 的比率已经是世界各国中最高的之一。这条绿线是日本，红线是中国，底下蓝线是美国，中国投资占 GDP 比重 40% 以上，日本是 25%，美国是 15%，经济越发达，投资占 GDP 比重越低，而不是越高。

所以，我们讲两个转变，在当前经济面临暂时困难的情况下，经济结构调整应该是重结构，轻速度，结构就是从投资转到消费，从制造业转到服务业。

为什么我们的服务业这么不发达？为什么我们服务业水平这么低？因为我们长期对服务业进行管制，阻碍了资源的自由流动。重要的服务业现在全都是行政准入壁垒，别人进不去。交通运输服务、医疗卫生服务、文化教育服务、媒体娱乐服务和金融服务有非常大的发展空间。我们80%的中小企业没有金融服务，我们农民没有金融服务。一季度4.5万亿的贷款中小企业根本拿不到，原因在于我们对于金融业的管制。现有的工、农、中、建这样的银行是不可能给中小企业贷款的，你再下贷款指标都没用。一笔20万的贷款和一笔20亿的贷款对于银行来说成本是差不多的，都要去研究企业的三张财务报表，都要去考察企业的产品销路，都要看企业的偿还能力，但是20亿的贷款和20万的贷款收益差一万倍，由规模经济效益所决定，大银行由于成本高，只能做大额贷款才有钱可赚，它不可能做小额贷款。

为了降低成本，小额贷款得谁做？小额贷款一定是要草根性的、社区性的、民营的这样的中小型金融机构来做，也就是现在东南沿海非常活跃的地下钱庄。解决中小企业融资难的问题，我建议可以让地下钱庄全都转到地面上来经营，政府可以监管、收税，阳光操作。它可以创造当地的就业机会，又可以为中小企业服务，过去几十年，它已经为中小企业提供了很好的服务。打掉这些民间的中小金融机构，也就断了中小企业的融资之路。我们要有改革的思路。

现在我们政府设计了小额贷款机构，我可以肯定地讲，小额贷款机构在实践中一定碰壁。现在政府规定它只贷不存，它没有资金来源，光靠资本金，赚不了钱的。金融机构一定要用社会的资金，光靠资本金贷款赚不了钱。

农民没有金融服务问题太多了，金融的严格管制，使民间的信用机构不能够自由地经营等等。还有一个重要问题，农村土地改革落后，不能适应现在农村经济发展需要。我们要尽快研究农村土地所有权调整问题，使农民能够拿土地所有权去做抵押，获得金融支持来做农业的集约化经营。

我们现在落后的不是政府花钱花得少而是落后的是制度改革，需要通过制度的调整来适应新的经济形式。如果我们能够把农村金融开发出来，能够把对中小企业的金融服务开发出来，这能创造多少需求？能够创造多少就业？能够创造多少投资机会？

中国还是一个发展中家，人均 GDP 只有 3000 美元，美国人均 GDP 是 4 万多美元。说我们需求不足那是开玩笑，我们不仅需求有的是，而且需求还有资金的支持，光老百姓存款就有 20 多万亿，如果能够把这些资金、把民间的需求释放出来，不需要政府花钱中国经济就可以走出困境。我们历史上的经验是 1997 年，亚洲金融危机冲击了中国经济，我们 GDP 增长从两位数很快下降到一位数，最后下降到 7% 左右。我们走出困境，不单单是靠扩张性的财政政策，1999 年开始执行的扩张性财政政策起到了一定的作用，但是数据分析显示，对于拉动需求作用更大的是两件事，第一件事是 1998 年的住房改革，第二件事是 2001 年加入世贸组织。这两件事实际上是我们这一轮经济高潮的基础，1998 年住房改革释放了巨大的民间需求，创造了非常活跃的住房市场，投资机会也出来了，就业机会也出来了，2001 年加入世贸组织，创造了巨大的海外需求。

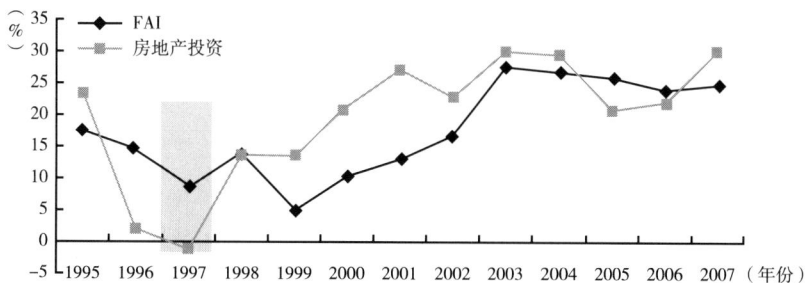

图 13　住房改革启动房地产投资

资料来源：CEIC

总之，需求有的是，看你怎么去找，在什么地方、采用什么政策把这些需求释放出来。不需要人为地花钱去创造需求。1998 年住房改革，我们看一下是什么结果？ 1998 年住房改革的当年，这条红线住房投资就从

以改革开放应对危机

前一年的负增长反弹到15%，在全国的固定资产增速还在下降的时候，住房投资一枝独秀，当年就反弹，几年之后上升到30%。在房地产投资的拉动下，这条蓝线是全国的固定资产投资，跟着上升。住房投资、房地产的产业链是比较长的，既可以拉动钢材、水泥、建筑材料、玻璃等产业，也可以拉动家用电器行业，甚至可以拉动道路的铺设，电网的扩展等等。因此，住房改革带来的是房地产投资的反弹，拉动了全国的固定资产投资。政府当时对那些低收入买不起房子的人给了补贴，把当时国有的存房以比较低的价格卖给了职工。2001年，中国加入世贸组织，结果是中国的出口占GDP的比重，短短七八年时间，上升了17个百分点，这对经济是什么样的拉动？

应对目前暂时的困难不靠凯恩斯主义，不靠政府花钱，要靠改革开放。住房改革当然是改革，加入世贸组织那是开放。应该继续改革、继续开放。在国内、国外的研讨会上我都说，你们现在都信奉凯恩斯主义，我不认为凯恩斯主义能解决中国和世界的问题。尽管在学校课堂上我教凯恩斯主义，但教的目的是为了批判它，中国不需要凯恩斯主义，中国需要的是邓小平理论。凯恩斯主义解决不了中国的问题，政府花钱解决不了中国的问题。解决中国的问题要靠邓小平理论，而邓小平理论的核心就是改革开放，说到底，就是相信民众、相信市场。

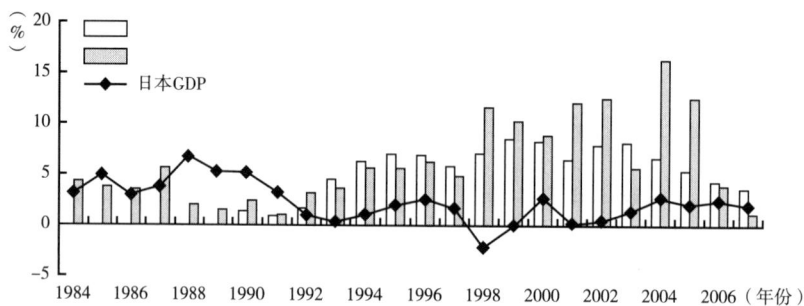

图14　凯恩斯主义的失败

资料来源：CEIC

为什么凯恩斯主义在全世界都是失败的？我们看一下日本，日本经济在上世纪90年代萧条之后，也是信奉凯恩斯主义，结果在过去近20年间，政府财政赤字占到 GDP5% 以上，有些年份，政府的财政赤字超过了 GDP 的 10%。但是这条红线 GDP 增长，再也没有回到 90 年代初 5% 的水平，而是在 1% 的平均线上下波动。最近，麻生首相推出了日本过去 20 年间第 14 个财政刺激计划。既然前 13 个都没用，第 14 个能有用吗？所以我还是不看好。麻生首相能不能善终？我很怀疑。

日本经济的希望在哪儿？我跟日本人就说，真正要解决问题一要改革，二要开放。对于我们来说，这是同样的结论。政府花钱效果是短期的、暂时的，长期的可持续发展一靠改革，二靠开放，不靠凯恩斯主义，靠邓小平理论。

我就讲到这儿，谢谢大家。

（根据讲课录音整理，有删节。）

中印经济
发展模式之比较

李坤望

演讲时间： 2008 年 9 月 16 日

作者简历： 李坤望，南开大学经济学院副院长、经济学博士、教授、博士生导师，中国世界经济学会常务理事。主要研究领域：世界经济、国际贸易理论与政策、经济增长。

曾获得教育部首届"青年教师奖"、第七届霍英东教育基金全国高校优秀青年教师（研究类）一等奖、天津市第二届"杰出青年人才奖"、教育部第三届人文社会科学优秀成果一等奖、安子介国际贸易研究二等奖等奖项；主持并完成多项国家社科基金项目、教育部人文社科项目及教育部人文社科重点研究基地重大项目等科研项目。

内容提要： 上世纪 80 年代以来，中国和印度成为世界上经济增长最快的两个新兴经济体大国。从两国经济振兴的历程来看，虽然经济改革和外向型经济在两国经济发展中都扮演了重要的角色，但两国在经济结构、经济增长方式以及其他许多方面都存在非常大的差异。中印两国如何融入到世界经济当中？两国在未来经济的可持续发展战略的差异在何处是当今世界非常关注的问题。演讲者从国际贸易的视角深入探讨并提出自己独到的见解。

今天，很荣幸能够有机会在中国浦东干部学院和大家一起探讨中国和印度经济发展模式之间的异同。上世纪 80 年代以来，中国和印度成为世界上经济增长最快的两个新兴经济体大国，标准普尔评比机构认为，中国和印度这两个国家能否成功实现经济现代化，将给全球经济的振兴带来不可估量的影响。从两国经济振兴的历程来看，经济改革和外向型经济为主的对外开放，是中国和印度经济起飞的两大推动力。但两国在经济结构、经济增长方式以及其他诸多的微观和宏观的因素方面都存在非常大的差异。现在，中国制造成为中国经济发展的标签，而服务业则成为印度经济增长中的最大亮点和推动力。

对于中印经济表象差异背后的深层因素，我主要讲四个方面。

第一，中印两国为什么要进行比较。在这个问题上，主要从两国在世界经济中的相似性来说明中印两国为什么在世界经济当中引起了如此多的关注和重视。

第二，中印经济的总体比较。主要是概括和总结中印两国发展经济各个方面的差异。

第三，中印两国如何融入世界经济当中，也就是全球化道路。从这个角度进一步挖掘中印两国在经济发展道路上的主要差别。

第四，两国在未来经济的可持续发展战略上分别需要面对的问题和挑战。

一　中印两国经济发展的基本共性

在相当长的时间里，中国可以说是世界经济增长的一个亮点。所谓中国奇迹得到了很多人的关注。尤其在西方，西方学者从上世纪 90 年代早期就开始关注中国经济。因为中国从改革开放以来，经历了三十多年的高速增长，无论从速度上还是持续的时间上，在整个战后世界经济中是绝无仅有的。即使是之前的亚洲"四小龙"所经历的发展历程也是无法同中国

80 年代以来的发展相比的。所以，把中国作为一个发展中大国的典型，作为一个榜样或经济发展模式，这在全球可以说是一个共识。

最近几年，特别是 2006 年以后，世界上突然出现了一个热潮，就是对印度经济的关注。举一个例子。我们知道，从 2001 年开始，每年有一个达沃斯世界经济论坛，在瑞士达沃斯举行。2006 年前，在这个世界经济论坛中，中国每年都是主要的话题。但是，到了 2006 年，这个风向发生了很大的变化。在当年的达沃斯论坛，印度成为论坛的主题。当时有一句话，叫做"India Everywhere"，就是"印度无处不在"。事实上，印度经济得到西方学者的关注，一方面是因为印度从 80 年代以来，也经历了一个经济快速增长的过程。虽然跟中国相比还有一定的差距，但跟其他的发展中国家和一些新兴经济体大国相比，是有着骄人业绩的。印度经济受到关注，更重要的是因为印度的经济增长模式。

国外有许多学者非常关注甚至看好印度未来的经济发展，认为印度有可能要超过中国，这已经成为一些学者津津乐道的话题。这其中不仅包括西方的学者，也包括西方的华人学者。典型代表就是美国 MIT 的黄亚生。他的观念很极端，认为印度在将来肯定会超过中国。西方人关注中印经济并且形成目前的主流观点背后的根源是什么呢？这涉及西方所推崇的民主制度问题。过去很长的一段时间以来，西方之外的所谓的"民主"国家好像很难能够和经济上的这种骄人业绩挂上钩，特别是发展中国家，比如说亚洲的菲律宾，民主制度和经济增长两者之间往往是负相关关系，民主并未给很多发展中国家或地区带来所企望的经济快速发展。现在，西方人终于找到一个成功的例子，就是印度。从这一点来看，他们实际上从内心里看好并且希望印度将来能够在经济发展上超过中国。为什么呢？大家都知道，中国经济的发展给西方经济带来更多的是忧虑和警惕，他们经常讲"中国威胁论"。这种观点不仅涉及经济，还涉及政治、军事、安全、文化等等。相比之下，我觉得他们可能也是从意识形态上更加偏爱印度的经济发展模式。

正是因为西方学者的关注和西方一些政治家的极力鼓吹，所以中国的一些学者和政府也开始对印度的经济发展投入了关注的目光。可以说，在很长一段时间里，中国对印度不是很关注，甚至是有些不屑的。但是现在中国对印度经济的关注是越来越多，对印度经济发展的看法和态度也有所改变。

在比较印度和中国的经济发展之前，我们首先看到两者的共性。中印两国是世界经济增长最快的新兴经济体大国，并且已经成为推动世界经济增长的发动机。换句话来讲，不光是在世界范围，而且在新兴经济体中，中印两国是经济绩效增长上表现最突出、最优异的两个国家。尤其是上世纪80年代以来的经济增长速度。

实际上，追溯历史，从独立以来印度的经济增长一直比较稳定，只不过她的增长开始不是很引人注目。比如，在80年代以前，大概也就是50年代到70年代末，它的平均增长速度年均大概在3%—3.5%，跟当时的亚洲四小龙相比，这个速度不是很明显，但是它的速度一直非常稳定。印度的另一个特点是很少发生巨大的社会动荡。这点体现在经济上，就是经济发展基本上比较稳定。还有一点，他们的心态普遍比较好。很多的问题，就像我们经常讲的"面包会有的，问题终会解决的。"

从历史的角度来看，中国和印度呈现的共同特点是什么呢？从经济增长上来看，两国都呈现出不断加速的过程。而且可以看出，相比之下印度的发展势头是越来越快。比如，上世纪80年代、90年代，印度的平均经济增长速度和中国有不小的差别，但是从2000年之后，特别是从2004年之后，它的经济增长一直维持在8%以上、不低于8%的增长速度。印度在经济增长上与中国的差距在逐步地缩小。

我们可以简单估算两个国家加起来对世界经济增长的贡献。也就是看看每年或每个时期，世界GDP的新增部分有多少是来自于这两个国家，两国所占的比重就是所谓的贡献度。我们这里用PPP（就是所谓的购买力平价）来衡量。一般来讲，现在进行国际比较的时候，除了用现行汇率进行折算，更多或者更流行的是采用"购买力平价"。因为这里面存在一个问题——现行汇率往往偏离了所谓的真实汇率，就是我们经济学概念上讲的均衡汇率。大多数发展中国家虽然也号称实行浮动汇率，但实际上这些国家对汇率的操控、干预还是非常明显的。所以，这个汇率并不是真实

经济全球化与对外开放

的受市场因素决定的均衡汇率。对于大多数发展中国家来讲，它的经济发展都要经历工业化，就是以工业的发展、工业的增长来带动整个经济的增长，而工业的发展是需要市场的。除了本国市场，更主要的是依赖外国的市场，所以至少从目前来看，外向型经济是发展中国家的普遍道路。因此，出口对经济增长就很重要。在这样的情况下，汇率政策成为鼓励出口的措施之一。具体来说，就是低估本币，高估外币，通过货币贬值的方式，来促进出口。所以现行汇率往往存在这样一个扭曲。所以，为了更好地进行跨国比较，普遍都采用购买力平价这个指标。购买力平价是一个国家的货币实际购买力。我们举个例子来讲，同样一个东西，在开放的情

> **名词解释**
>
> **购买力平价**
>
> 　　就是对于一定数量的商品和服务两种（或多种）货币的购买力之比，亦即在购买相同数量和质量商品时两种（或多种）货币的价格之比。购买力平价可用于汇率决定理论，汇率由一组商品的购买力平价决定。以牛奶为例，中国5元人民币一袋，美国1美元一袋，则人民币与美元的汇率应是5比1。但在实际计算购买力平价时，需要考虑一揽子标准商品和劳务。购买力平价也可用于国内生产总值比较。

况下，在国际贸易情况下，由于商品的自由流动，它在世界各地的价格应该一样，比如说汉堡包；假如在中国10块钱，在美国2块钱，那么换句话来讲，就相当于5块人民币等于1美元。也就是说，如果把人民币折成美元的话，按照购买力平价就除以什么呢？就除以五。但按现行汇率我们知道，是六点多。也就是就说，购买力平价折算之后，中国的实际实力要比按现行汇率有所提升。我们会发现，一般用购买力平价之后，发展中国家的经济比按现行汇率衡量普遍有所提高。从这个趋势上我们可以看出，中印两国对世界经济的贡献在逐渐地提升。到了2007年，对世界经济的增长，贡献度达到了35%。这意味着在2007年世界经济的新增的产出有35%来自于这两个国家的贡献。

　　所以我们说，中印两国是推动世界经济增长的发动机，这个说法是毫不过分的，也确实体现出它们在世界经济中的作用。当然这个作用是它们长期的高速经济增长的结果。在世界经济中的作用是两国共同的特点。而且，从购买力平价来看，这两个国家的经济地位近年来有了明显的提升。

我们可以选两个时期对比一下，1993 年和 2006 年。上世纪 90 年代初期，按照现行汇率来算，中国在世界经济中的排序是第九位，中国的 GDP 占全世界 GDP 比重的 1.8%，这个比重是很高的；印度是 1.1%。但是到了 2006 年，我们可以看出，这两个发展中大国，在世界经济中的地位都提升了。中国 GDP 占世界的比重是 5.4%，印度也由原来的 1.1% 提升到 1.9%，它们在世界经济中的排位，也分别上升到第四位和第十二位。2007 年，世界第一大国美国占世界总产值的比重是 19.8%，中国是世界第二大国，占世界 GDP 的比重是 15%，而印度则上升到第四位，仅次于美国、中国和日本。也就是按照购买力平价来看，这两个发展中国家已经分别成为世界第二大经济大国和第四大经济大国，两个加起来比重占世界总比重的 21%。所以有人认为说，中印两国终于在世界经济当中崛起。当然，有的人说用"崛起"（emerging）这个词不恰当。因为这两个国家在历史上就曾经是世界经济大国。比如说按照购买力平价来讲，在 19 世纪 20 年代，这两个国家的 GDP 占当时全世界 GDP 成长 50% 以上。所以有的人把这个词改成"reemerging——重新的崛起"。

大家可能听过一个词，叫"金砖四国"，BRICs。所谓金砖四国是指什么呢？巴西、俄罗斯、印度和中国，四个新兴经济体大国。把这四个国家英文的第一个字母拿出来组合在一起，就是一个英文单词，BRIC。这个词在英文中是"砖头"的意思，当然叫砖头不好听，金砖更有奇迹的色彩。我们也可以看到，在金砖四国中，目前从各个方面的评价来讲，中印两国的地位是领先的，起到引领的作用。

另外一个方面，因为中印两国人口众多，两国经济的发展，除了带动整个世界经济的增长之外，还有一个更重要的贡献就是降低了世界范围的贫困化。目前，印度的贫困人口已经由原来的将近一半，比如说上世纪 70 年代上半叶，超过 50% 的人口是生活在贫困线之下的，到现在减少到不到 1/3，20% 左右。到 2004 年，中国的贫困人口也减少到 10% 以下。当然，这个是按照世界银行的人均日均的生活标准，也就是每天每个人的生活费用为 1 美元来算的。换句话来讲，在中国，目前仍然有 10% 的人口每天的生活费不足 1 美元，在印度这个比例要高一点。贫困化的减少，这

经济全球化与对外开放

个现象在中国要更加显著一些。这说明高速的经济增长带来了社会福利的普遍提高。经济的增长和规模，有利于人民生活水平的提高，有利于贫困人口的减少。所以，这两个国家经常作为联合国减少贫困化的典范，尤其是中国。

表1 主要经济大国人均收入：2006 年

单位：美元

	人均GDP（现行汇率）	人均GDP（PPP）
美　　国	43890	37798
澳大利亚	38569	31527
加拿大	38069	30732
英　　国	39061	28756
日　　本	34205	27764
法　　国	35805	27734
德　　国	35145	27050
意大利	31845	26740
西班牙	30314	25591
韩　　国	18180	20636
俄罗斯	6892	10364
墨西哥	7813	9570
巴　　西	5123	7664
中　　国	1989	6605
印　　度	824	3300
世　　界	7395	8834

尽管两个国家已经成为世界第二大国和第四大国，而且可能到2020年左右，按照购买力平价中国就会超过美国，成为世界第一大国，但是由于两个国家人口比较多，所以两国的平均收入水平仍然比较低，这是两个国家共同的特点。世界银行对一个国家的发展程度有一个衡量的标准，即按照人均GDP分三等：高收入国家、中等收入国家和低收入国家。所谓高收入国家，人均GDP在11115美元以上。中等收入国家是人均收入在11115美元之下，在905美元之上；人均收入在905美元之下的就是低收入国家。目前，世界低收入国家主要集中在非洲，集中在撒哈拉以南的非

洲国家；还有拉美，拉美比较少，只有一个，就是海地；另外就是南亚，包括像印度、孟加拉国、阿富汗、斯里兰卡等。按照这个标准，印度现在还是属于低收入国家，这是按照现行汇率算的。

但是我们可以看到，如果研究购买力平价，中国的人均收入已经达到了6000多美元，印度也达到了3000多美元。但是，即便是这样，和世界的平均水平相比，中印仍然处于世界平均水平线之下很多。也就是说，规模上虽然是一个经济大国，但是人均收入水平仍然是一个比较低的水平。不光是和这些高收入国家相比，就是和所谓的新兴经济体大国，比如说俄罗斯、巴西相比，人均收入水平也是偏低的。从这一点来说，两国经济发展的潜力仍然有比较大的空间。

正是由于这些共同的因素，所以我们说，中印两国成为世界经济中的一道亮丽的风景线，受到大家的普遍关注。这里，我们引用诺贝尔奖获得者福格尔对未来两国的经济发展所作的一个预测，这个预测比较有影响。他预测：到2040年，按照购买力平价来讲，中国的人均收入将会达到8.5万美元，印度将达到2.4万美元。可以看到，在2004年，按照购买力平价来看，中国的GDP占世界总GDP的比重16%加上印度的5%，达到了21%；但是到了2040年，两国占世界的总的GDP的比重将超过一半，达到52%，其中中国将会达到40%，印度会达到12%。这是一个西方的主流学者对未来两国发展前景的预测。可以看出，两国还是被普遍看好的。

中印两国经济的快速发展，都跟两个因素有关。一个是经济改革，一个是对外开放。大家都很清楚，正是因为1978年的经济改革和对外开放，中国才走上了一个高速发展的道路。印度也是一样。只不过印度比中国大概要晚了10年。印度的市场化改革大概开始于1991年，当时印度遭受严重的国际收支危机。国际货币基金组织（IMF）愿意向它提供贷款支持，但是有一个条件，要求印度以市场化为导向进行改革。于是，印度在IMF贷款的支持下，从1991年拉开了经济改革的大幕。

印度的经济改革跟中国也有很多的相似性。首先，是渐进性。所谓的渐进性是什么呢？不是像苏联东欧转型经济体那样的休克式，而是一步一步进行的。相比之下，中国的经济改革除了渐进性，还带有试验性。先找个地方试验一下，成功了再推广。因为中国涉及从计划经济向市场经济的过渡，就像邓小平当时讲的"摸着石头过河"，谁也没有经验。所以过程是比较长的。而印度则由于是民主体制国家，要考虑各种利益集团的影响，为了使经济改革能够顺利，所以它也采用渐进性的改革方式。当然，印度虽然是一个民主国家，但是在改革前长期受苏联的影响，所以国有经济在其经济中占有重要比重，当时还有所谓的混合经济。它的企业，尤其是银行业，国有经济占主导地位。所以改革初期，首先减少公有经济的成分进行私有化，这一点它做得比中国要好，要彻底。后面我们会讲到很重要的一点，即西方国家认为中国的经济改革在效率上、在微观环境上和印度相比有差距，其主要原因就是中国的经济改革缺少相配套的政治改革，而印度不存在这个问题。另外，印度比较注重保护中小企业的作用。我们知道，印度人口比较多，就业压力比较大，在就业上，中小企业能发挥很大的作用。另外在企业的运行环境上，印度也做了大量工作，比如税制改革。当然，印度在立法上也做了非常多的工作。所以印度的法律体系比中国要完善得多。当然这个不是我们重点讲的，所以我就不展开讲了。另外，我们看外向型，印度也是从上世纪 90 年代开始放松了对外资流入的管制，也对 FDI 即外国直接投资打开了一扇大门。和中国相比，印度在这一方面没有那么多优惠性政策。我们经常讲，中国对外商 FDI 采用的是一种"超国民待遇"，印度基本上就是一个所谓的"国民待遇"。总的来说，中印两国在经济发展过程中走的都是经济改革外向型经济的道路，这种模式成为触发和引发两个国家经济高速增长的契机。这也是两国的共同特点。

二 | 中印两国经济发展的总体差异

中印两国经济发展的差异是大家比较关注的。根据两个国家的差别，很多人往往会得出不同的结论。有学者认为，印度将来有可能会超过中国，赶超中国。这是从印度的优势方面来推断的。也有学者认为，未来还是中国一枝独秀，印度不可能，现在、未来都不可能赶上中国。

中印两个国家有那么多的共性，但是在经济发展的模式上又有很明显的差异，而且这个差异就像镜像关系一样，就是一个人照镜子，左边变成右边。也就是说，印度的优势往往是中国的劣势，而中国的优势又恰恰是印度的劣势。这也导致了一个什么问题呢？两个国家同样是发展中大国，但是在世界经济舞台上，尤其在国际贸易这个领域，它们的相互竞争并不是很明显，它们之间竞争的程度也远远不如中国和东亚的一些经济体的竞争，比如说亚洲"四小龙"和东盟。

首先，从经济增长来讲，目前中国还是明显地优于印度。尽管现在印度有加速的趋势，跟中国的差距在缩小，但是在经济增长的速度方面它仍然低于中国。第二，在经济规模上，中印之间的差距在不断地扩大。在改革开放初期，中国的规模大概是印度的 2/3，但是现在反过来，中国大概是印度的 2 至 3 倍。刚才我们说过，按照购买力平价（PPP）来看，中国的份额是 16%，印度是 5.4%，这个差不多是 3 倍。第三，从社会发展指标来看，两国也有差异。首先是贫困化的差异。中国的贫困化相对来讲解决得比印度要好得多。刚才我们讲到，印度仍然有将近 1/3 的人口在贫困线之下，但是中国只有不到 10%。另外，印度文盲的比例要比中国高。所以，从总体上来讲，现阶段从经济增长的绩效、规模以及主要的反映社会福利的这样一些指标来看，中国还要明显地好于印度。换句话来讲，即便在将来赶超的话，印度还有相当长的时期。从刚才福格尔的预测来看，即便到 2040 年，中印两国之间的差异仍然还是在继续扩大的，一个是占世界的 40%，一个是 12%。

另外，两个国家在经济结构上存在很大的差别。发达国家因为经济的发展水平比较相似，它们的经济结构也具有一定的相似性。发达国家的经济结构往往是以服务业为主，服务业的比重在整个国民经济中的比重会超过制造业，制造业又会超过农业。在就业上，农业的人口是最少的。比如说美国，农业就业人数不到 3%。这是发达国家的普遍特点。对于发展中国家来讲，在经济发展水平比较低的情况下，要经济发展，就要走工业化道路。因而相对来讲，它的工业在国民经济中的比重应该是比较高的，这是发展中国家的一个共性。中印两国都是属于发展中国家，而且在新兴经济体中，相对于巴西、俄罗斯和墨西哥，人均收入水平是相对偏低的。因此，按道理来讲，中印两国应该在经济结构上有很大的相似性。但是，我们看到，恰恰是这个经济结构反映了两个国家在经济增长模式上的巨大差异。

表2　2005年中印经济产业结构（%）

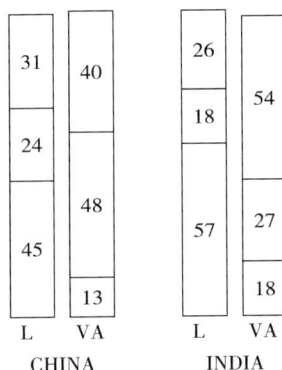

CHINA		INDIA	
L	VA	L	VA
31	40	26	54
24	48	18	27
45	13	57	18

这里我们以图示的方式看一下两个国家的三产（农业、工业和服务业）在2005年的结构分布。我们看两个指标，一个是就业，即劳动力的分布；一个是附加值。首先，农业在两个国家都是主要的就业行业。其中，印度比中国要表现得更明显一点，将近60%的劳动力都集中在农业。这个跟印度农业的生产力比较低下，发展比较迟缓有关。在生产力比较低，效率的改进程度比较缓慢的情况下，农业的生产主要是依靠人，所以农业的就业需求也比较多。在印度，服务业的人口要比制造业的要多。关于这点，我们后面还会提到。中国是以制造业来带动经济增长的，这存在一个很大的问题，就是在就业创造方面表现得不是很充分。比方说，在上世纪整个90年代，甚至在有些年份，制造业的增长速度平均达到12%，要超过了经济增长速度，但是就业人口不仅没有增加反而下降了。当然，这跟生产力的不断改善有关。从生产附加值来看两国的差别，两国正好是相反的。在中国，第一大行业是工业，工业占整个GDP比重48%，而服务业只有40%，但是印度的情况正好反过来。由此我们可以看到，两个国

家经济增长模式的很大差异在于，中国以工业的增长来带动经济增长，而印度强调以服务业的发展、服务业的增长带动整个经济的增长。

印度以服务业带动经济增长，和我们刚才提到的发展中国家的典型事实不一样。这意味着工业化并不一定是发展中国家的唯一出路。当然，这本身也有问题，所以印度从 2002 年开始已经开始注重制造业的发展。在 2002 之前，它的服务业的增长速度是快于制造业的，但是从 2002 年之后，它的制造业的增长速度已经超过了服务业。而且，在 2007 年到 2012 年，也就是印度的第十一个五年规划，它也优先提出要大力发展制造业。有意思的是，中国相反地提出要改变经济增长的方式，要改变过度依赖制造业的生产和出口。后面我会讲到，这种粗放式的经济增长方式会带来一系列的问题。

另外一个方面，中国的对外开放程度要远远地高于印度。在国际贸易中，开放的程度粗略地可以从两方面来衡量。一个是对外经济活动在本国经济当中所占的比重，我们通常可以用进出口比国民生产总值。比如 2005 年，中国的商品贸易和服务贸易的这个比重高达 70%，其中商品贸易的进出口总和占 GDP 比重 63%。这个比重是非常高的。而印度总的只有 48%，其中进出口总额占 GDP 比重是 35%，服务贸易占 3%。近年来，中国经济增长的两个主要推动力，一个是投资，一个是出口。出口占中国 GDP 的比重要高达 40%。当然，这个比重不一定科学，因为 GDP 是一个附加值的概念，是新增的东西；出口是一个产值的概念。但是有人估算，即便是按照附加值来算，出口所创造的附加值占整个 GDP 大概比重也在 20% 左右。从这里我们可以看出对外开放对中国经济的重要性。相比之下，中国对外部市场的依赖性要比印度高得多。反映对外开放程度的另一个指标是我们经常说的全球化程度。在这一点上，两国之间存在巨大的差异，并且这个差距是逐渐拉大的。2006 年，中国在商品贸易上的出口占整个世界出口的比重是 8.2%，这个比重非常高，现在已经是第二了，仅次于德国。而印度的商品贸易在世界中的比重现在还只有 1.0%，与中国差 8 倍，在世界中的比重则排在第二十八位。由此也可以看出，中国在世界经济中的参与程度要远远高于印度。不管是国内的外向型经济还是在世界经济中的融入的程度，中国都要远远地高于印度。两国对外开放程度的重大差异还表现在对外直接投资（FDI）。比如，2005 年，中国达到了 790 亿美元，印度很低，只有 65 亿美元，中国大概是印度的 12 倍。由此可以看出，中国对外部世界的依赖性明显地大于印度。

名词解释

FDI

对外直接投资（Foreign Direct Investment），亦称为国际直接投资，是指一国的投资者将资本用于他国的生产或经营，并掌握一定经营控制权的投资行为。FDI 可分为创办新企业和控制外国企业股权两种形式。跨国公司是 FDI 的主要形式。

前面提到的宏观经济指标，中国明显地要比印度好。但是在微观经济的指标上，尤其企业的经营管理方面，印度要优于中国。前面说过，印度在经济改革中的一个很重要的措施是私有化，就是减少国有经济的成分，增加私营企业的比重。在这个方面，它做得比中国要彻底得多，因而印度企业的经营环境，即所谓的微观经济指标要明显地好于中国。世界经济论坛有一份全球竞争力报告，里面有几个数据。一个是宏观经济指标，中国排在第二十五位，印度排在第五十二位。但是在微观经济指标方面，印度明显地要领先于中国：在企业竞争力指数的排名上，印度是第三十位，中国是第四十七位。可以这样讲，改革开放以来，印度已经成功地培育出一批具有国际竞争力的公司。

印度的另一个优势在于其金融体系要比中国更加完善。印度金融体系的优势体现在效率上。中国引进外资大概是印度的 10 至 12 倍，从资本的投入上看，中国比印度要高得多。但是两国经济增长差距并没有那么明显。中国的经济增长在 10% 以上多一点；印度现在也达到了 8% 以上。换句话讲，中国用那么多的资源、那么多的投入取得了 12% 这样的增长速度，印度用不到中国 1/2 的储蓄和不到中国 1/10 的 FDI，也可以达到 8% 的增长速度。这和印度完善的金融体系有关。金融体系的完善可以改善资源的配置效率。比如，印度的银行呆账比中国要低得多。我们也看到，几乎每一次的金融危机，其他的新兴经济体几乎都分别经历了，唯独印度到现在还没有经历过。印度的外国资本到目前来讲高达 700 亿，但是从来没有发生过资本外逃的情况。有人甚至把印度金融体系的完善性和发达国家相媲美。在我看来，除了很多的改革措施之外，很重要的原因在于印度的人才素质。金融业作为一种生产性服务业来讲，是人力资本密集型的。另外，印度金融体系的国际化程度也明显高于中国。

在基础环境上，中国比印度好得简直是没法比。所有到过印度和中国的人，最明显的体验就是中印两国的基础设施相差悬殊。这使我们联想到印度的经济增长方式和经济结构。印度为什么没有将制造业作为发展重点呢？我们知道，相比服务业来讲，制造业工业的发展对于基础设施的要求比较高。换句话讲，基础设施的好坏会成为工业化和制造业发展的重要的平衡点。如果没有很好的交通运输、港口这些基础设施，工业的发展就会受到很大的影响。相比之下，服务业受这部分的影响就小一点。

在经济发展中，中国在硬件方面比印度好，而印度则主要体现在制度优越。关于这一点，国际上有评价。2008 年，贝塔斯曼基金会评价了 125 个国家的社会经济制度。在总体排名上，印度排在第二十五位，中国排在第八十五位。换句话讲，在制度方面的优势，印度明显要高于中国。

从管理水平来看，中国和印度也存在明显的差异。比如，印度在管理水平上的排名在世界上大概是第十九位，而中国是在六十七位。它的微观指标跟制度也有很大的关系。在人的素质方面，印度明显比中国强。虽然印度有这么高的文盲率，是中国的 3 至 4 倍，但是印度的高等教育是极其发达的。它的高等教育的体系比较完整，高等教育的质量可以和发达国家相媲美。我们在大学里，知道这个情况，中国和印度在这个方面的差距是非常悬殊的。印度从一开始就国际化，因为它是殖民地国家，所有的教育都是西方式的。但是中国的高等教育，我们感觉不仅没有改善的迹象，反而出现明显的滑坡。人才培养的质量，学术创新的能力等等，跟社会体制也有很大的关系。如果激励机制比较好，人们自然就会努力做自己的工作；如果现在人们跟你期望的不一样，那说明激励机制出问题了。

整个社会体制最主要的差距在于政治体制。就市场的自由度和市场的激励化来讲，实际上中国和印度差不多，甚至可以说没有什么差距，分别是 6.2 和 6.61。说明经过了市场化改革以后，两个国家在市场化方面都做得比较成功。主要的差距还在于所谓的民主制度。为什么民主制度对经济有大的影响？实际上，有一点大家感受很明显，就是很多经济改革最后总是好像没有到位，一开始挺好，但最后效果不太好，似乎总有些好的东西没有办法实现，这里面很大的原因就是缺少配套。配套主要来自于哪里？来自于政治层面，来自于政府。如果这一方面能够保证，那么很多东西你就做起来比较好了。我想，中印两国之间的差别可能就体现在这里。不见得就是我们讲的，有民主就一定经济怎么样，中国台湾是最典型的。台湾民主了，但是它的经济出现了下滑。台湾为什么做得不好呢？因为大家都想当家做主，民主的参与意识太强了，最后弄得像一个大杂烩，像一个闹剧一样。

社会制度的优势，可能是将来影响印度长期发展的一个很重要的指标。中国有可能在这方面慢慢改进。

三 | 中印两国经济全球化的差异

前面我们对两个国家的共性和差异有了初步的理解。下面我想通过国际贸易的视角更深入地探讨一下中印两国这种经济发展模式的差别。也就是说，在通过国际贸易融入世界经济的过程中，两个国家所走的全球化道路有什么不同？差异背后的根源是什么？其中的经济含义、政治含义又是什么？这是今天要讲的重点。

表3 中印对外开放（贸易和投资）

商品贸易	比　重（％）							
	1983 年		1993 年		2006 年			
	出　口	进　口	出　口	进　口	出　口	排　名	出　口	排　名
中　国	1.2	1.1	2.5	2.8	8.2	3	6.5	3
印　度	0.5	0.7	0.6	1.4	1	28	1.4	17

资料来源：WTO（2007a），TableI-6，I-7 and I-8.

首先，中国在开放程度上要远远高于印度，因此通过贸易融入到全球经济当中，中国做得比印度更加深入一点。从图上我们大致可以看到这个简单的趋势。上世纪80年代以来，中国在世界贸易中的比重不断上升，总体而言中国比印度要高。

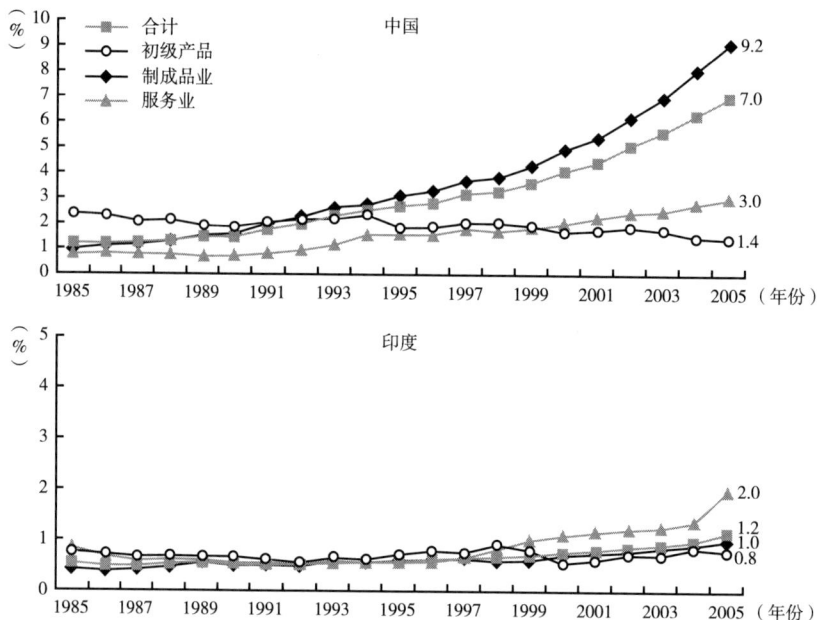

表4　中印两国在世界贸易中的比重

但是，我们可以看到两国在结构对比上的特点。按照结构划分，一个是初级产品的出口占世界贸易的比重，一个是制成品的出口，还有一个是服务业。中国制成品的贸易在世界中的地位要比中国服务业的地位明显高得多，一个是9.2%，一个是3.0%；但印度正好是反过来，印度服务业贸易的全球地位要比制成品贸易高一点。这说明一个问题，在外向型经济也就是国际贸易的发展过程中，两国所走的道路是不一样的：中国依赖于制成品的出口，依赖于制成品的出口带动整个出口的扩张，而印度则通过服务贸易，也就是服务业来带动它的外向型经济的发展。这在跟前面两国在经济结构上的差异和整个经济增长的差异是一致的。可以看出，对外贸易的国际分工反映了经济发展的模式和战略上的不同。

可以看出，在制成品贸易中，中国是一个主要的出口大国。比如说在

1999 年的时候，中国在制成品贸易中所占的比例只有 3.5%，到了 2005 年中国制成品出口的比重已经达到了 10.3%，成为世界第二大出口国，仅次于德国。在几个新兴经济体大国中，中国对制成品出口的依赖要高于其他国家。

在服务贸易方面，中国的服务贸易地位明显比制成品贸易逊色很多。中国在制成品贸易中马上要超过德国成为世界第一大国了，但是在服务贸易上的差距还是非常大的。换句话说，在中国，服务贸易相对制成品贸易的发展要滞后很多。中国的出口主要集中以制成品出口为主，制成品是带动中国出口增长的主要战略源泉，服务贸易在这里面起的作用微乎其微。在 2005 年之后，中国的总体贸易位置有所上升，但是上升不很明显，由原来的 1.6% 上升到 3.0%，但印度有了越来越明显的上升，到了 2.0%。我们讲的服务贸易这一部分剔除了传统的服务贸易，包括交通和旅游，因为这跟自然禀赋的差异相关；我们指的是所谓商业或者专业服务贸易。商业（专业）服务贸易主要是一些生产性的服务，也就是我们讲的劳务出口，包括建筑的劳务，包括银行业、金融业、保险、技术贸易，还包括计算机与信息服务，是技术含量比较高的。所谓生产性服务，就是说服务是一种特殊的产品。商品的用途有两个：一个是用于最终消费，直接被人所消费；一个是用于中间品，就是被其他的产业和厂商作为一个投入品来使用。那么服务也可以这么来分：一种是最终消费，比如说餐饮业就是一种消费性的；还有一种是被其他行业作为中间投入使用，这种服务我们称为生产性服务，最典型的代表就是金融业、银行、保险、电信、通讯等，它们为其他的行业生产提供中间投入。生产性服务的好处在于关联效应较大。

在专业服务贸易这一部分，中国跟印度之间有什么大的差别？我们看到，在专业性服务中，印度的比重是 2.9%，中国的比重是 2.4%，印度已经超过了中国，印度在服务贸易发展上比中国要发展得更加快速。在 1995 年的时候，是中国在前，印度在后，但到了 2005 年的时候，两个位置发生了一个对调，说明印度在这方面的步伐要比中国快得多。做一个对比。印度和中国在服务贸易中的作用与发达国家还有明显的差距，但是在发展中国家，特别是新兴经济体大国中，印度和中国扮演了重要的角色。五个大的发展中国家，除了中印还包括俄罗斯、墨西哥和巴西，在整个服务业中的比例是7.3%，其中有5%也就是2/3以上来自中印两个国家。也就是说，中印两国在发展中国家的服务贸易上是起到引领作用的，在专业服务方面表现得更加明显。而在发展中国家里面，在这一方面印度又走在了中国的前列。也就是说，中国在对外贸易发展中主要是依赖于制成品的出口，印度主要依赖于服务贸易的出口。服务贸易是印度走向世界、走向全球化的主要渠道，这一点和中国是不同的。

再看一下贸易结构。我们把整个贸易分成三块：初级产品的出口、制成品的出口、服务业的出口。2005年，中国贸易的总出口是8850亿美元，以制造业为主，达到了90%，服务业不到10%。印度制造业的比重虽然是主导的，但是比重只有56%，而服务贸易的比重占整个出口的36%。比重的相对差异反映出服务业在印度对外贸易中的重要性远远要高于中国。另外从竞争力上来看，中国的贸易顺差主要来自于制成品的顺差。可以看出，两国在初级产品上都是逆差，说明两个国家在能源和食品上主要依赖国外市场。因为国内的需求大于国内的供给，所以处于逆差，这也是大国的典型特征。在这一点上，中印两国作为发展中大国表现出共同之处，就是资源对外。但是中国相对来讲更多，因为中国的逆差比印度更大。主要的差别在于，就制成品跟服务业对比而言，中国服务业是处在逆差的，印度则是处于顺差，而且印度服务业的顺差比制成品的顺差还要高，尽管制成品贸易的比重比服务贸易要高。这说明印度在服务贸易上出口大于进口，表明它在全球具有竞争优势。中国在服务业上目前来看竞争力还是偏低的，从贸易的差额上可以表现出来。中国的竞争优势主要是反映在制成品这一块。另一方面，中国在服务贸易的逆差主要是商品贸易所引发的。在中国，服务贸易逆差最大的是交通，交通的逆差是13%。为什么交通逆差比较大呢？因为中国大量的制成品出口，出口就需要运输，远洋运输，雇佣别国就相当于是进口。这也说明，中国服务贸易的竞争优势比较差。其逆差主要是制成品贸易的快速扩张导致的。再一个比较大的逆差是保险，是7%。保险也跟商品贸易有关，出口得越多，运输的成本，保险的费用就会越高。第三个是许可证贸易。许可证贸易就是技术引进。这说明

经济全球化与对外开放

中国是一个主要的技术引进国。我们可以看到两国在技术含量较高的服务出口方面的差异。在中国，金融服务业的出口是零，根本就没有任何的出口，在信息技术服务方面的出口中国也是比较少的；印度服务业出口最多的恰恰来自于计算机与信息服务。所以，通过这个结构一下就可以看出来，中国的服务业虽然规模比印度要稍微高一点，但是竞争优势却远远落后于印度。

影响国际贸易分工的一个很重要的因素就是比较优势。所谓比较优势，就是在某个产品上的生产成本相对较低，就意味着产品在国际上的竞争力会比较强，那么这种产品就会成为主要的出口产品。反过来，如果某产品生产成本相对较高，在国际上没有竞争地位，那么别国的产品就会进入你的国内市场，所以在这个产品上你就是进口。一个国家参与国际分工必然会遵循这样一个比较优势的原则，作为中印两国也毫不例外。但是，前面我们说过，中印两国在资源禀赋、要素禀赋上有很强的相似性。首先，人口众多，劳动力比较低廉，印度的工资水平比中国还要低。从未来的前景上看，可能到2030年，印度的人口会超过中国。那么按道理讲，中印两个国家都应该是生产和出口劳动密集型的产品，然后进口资本和技术密集型产品。中国在国际贸易中基本上就反映了这样的格局。但是，我们看到印度有所不同。

为什么两国的要素禀赋相似，但是在国际分工中走了不同的道路？这里面有一个很重要的外部条件，就是国际分工发生了革命性的变革。典型表现就是从上世纪90年代初期开始的外包和离岸生产、离岸服务。为什么这导致中印两国走向了不同的道路？我们知道，传统的生产方式，是产品从生产到完成都是在一个企业中进行的，在制造业中典型的生产组织形式就是流水线。随着世界经济的发展，催生了国际生产分工，有时候也称为分散化。这影响了经济的国际分工。发展中国家劳动力比较丰富，生产和出口劳动密集型产品，发达国家资本比较丰富，所以生产出口技术密集型产品，然后进行交换。这种分工是产业间贸易，也就是说分工发生在不同的产业之间。但是，战后从六七十年代开始，这种分工逐渐由产业间的分工深化到产业内部。每个国家在一个行业内生产不同的品种，比如在汽车行业，美国生产大排量的汽车，日本生产小排量的汽车，这种分工发生在相同的行业内部但是不同的品种之间。到了上世纪90年代之后，这种国际分工又由产业间、产业内细化到产品内，出现了产品内分工。产品内分工就是产品不同生产工序之间的分工。过去整个生产过程是在一个企业或者是一个国家内完成的，现在出现了生产环节的分散，就是说不同的生产环节不是由一个企业而是很多家企业来承担；不是由一个国家来完成，而是由多个国家来完成。出现这种细化的一个重要原因就是技术革命。战后以信息技术为代表的技术革命是改变这种生产模式和分工模式的主要原因。首先，生产环节模块化具有可分离性，生产环节会变得越来越多，生产环节多的好处在于可以专业化分工，过去一个人要做好几项工作，现在就干一项工作，效率可以更高，所以分离性越强效率就越高。最早亚当·斯密提出社会分工与财富增加也是这个道理。

为什么技术进步导致这个结果？以计算机为核心的信息技术使得FMS，即柔性制造或者CAD辅助设计成为可能，这使得模块化条件越来越成熟；另一方面，这种以信息技术为代表的技术革命使得通讯、交通、运输、物流等协调成本和贸易成本不断下降。生产模块化了，生产工序变多了，并不意味着分工就一定细化了；从一个生产工序转移到另一个生产工序，中间需要一个转换成本或者叫交易成本。比如说，一个厂商生产一个零部件，生产完之后到另外一个企业进行再加工，这里面有一个交通运输成本。过去，这种成本比较高，生产的分工不可能深入到工序内，所以那时候我们讲内部化，由一个企业完成就可以减少中间环节的代价。但是后来，随着技术的进步，特别是信息技术的进步，恰恰可以降低这种相互转换的成本，这时生产工序的分工就出现了。原来必须由一个企业承担的现在可以由多个企业承担，每个企业只生产其中的一部分，就是零部件，别的不生产。随着网络技术的发展，跨国的通讯、交流、沟通的成本就进一步下降，于是生产环节的分工又跨越了国界，从而导致了生产环节的国际分工分割。在这样一个分工体系下，中国成为制造业垂直分工体系的引领者，而印度成为服务业的引领者。所以有人把中国称为世界工厂。但是严格来讲，中国不能叫世界工厂，而应该叫世界工厂的窗口。

我们来看一下其中的原因。随着生产分割的出现、外包的兴起，在世界贸易中产生了零部件贸易。生产环节分布在不同的国家，需要跨国流动，就引起了零部件贸易。中国在其中扮演了重要的角色。因为中国的劳动力廉价优势，在生产工序的末端，也就是经常讲的组装阶段里具有这样的竞争优势，最后导致全世界的零部件经过很多的环节转移，最后就转移到中国来了。零部件在中国加工、组装之后再出口到其他的国家。世界零部件贸易在三个地区，主要集中在亚太地区，亚太地区零部件贸易在世界贸易中的比重超过了50%，而亚太地区主要集中在东亚，从上世纪90年代开始日本的作用在急剧下降，而发展中经济体的作用在急剧上升，这里面表现最明显的就是中国。无论是进口还是出口，中国在零部件贸易中扮演着越来越重要的角色。中国的零部件进口占世界的10%，于是就出现了这样一个分工格局：美国和欧洲的一些发达国家，它们就负责设计，然后将这些生产的环节外包给东亚其他的国家，像亚洲四小龙，生产加工之后，由这些国家流到中国进行加工组装，中国加工组装之后的产品再出口到发达国家。所以说中国的加工贸易在世界上是独一无二的。中国的加工贸易占整个贸易比重超过了50%，原因就在于此。在国际生产分割中，中国扮演了一个非常重要的角色，正是基于它的资源禀赋或劳动力优势。

这从贸易结构上也可以看得出来。中国的进口主要以中间品贸易为主，在中间品贸易里零部件的比重在急剧上升，由1997年的不到20%上升到2002年将近30%。中国的出口是以最终产品为主。于是就出现这样一个情形，中国成了一个中转站，进口60%以上为中间品，而60%以上的出口都是最终品，中国成了国际资产分割的最后一个链条。不仅是贸易结构发生了变化，贸易流向也发生了变化。中国的中间品主要来自东亚，最终产品主要流向发达国家。如果没有外包，可能美国的零部件直接进入到中国加工组装然后返回去，但是现在有外包就不一样了，零部件生产被外包到东亚一些国家，经过东亚之后再进入到中国，结果就使得中国原来从美国进口变成现在从东亚进口了。中国的贸易逆差对亚洲，尤其对日本一直是上升的，但是对美国，对欧盟的顺差在不断扩大。其中的一个重要原因在于，分工格局所引发的中国对发达国家的贸易不平衡实际上并不是中国一家所造成的，而是中国背了东亚其他经济体的债务。原来中国的零部件直接由美国或者欧洲出口到中国，中国加工再返回去；有了外包之后，发达国家的零部件直接指定外包给东亚。这样一来，中国从发达国家的进口就会受到影响，中国从东亚国家的进口就会增加。而这些产品到中国进行组装之后，再出口到美国，使得原来在东亚这些国家加工并出口美国的产品最后由中国来出口了，于是东亚一些国家对美国，对欧盟的贸易就会消失，最后全部集中到中国一家身上。所以，中国对美国是顺差，对东亚是逆差，我们看到，其他发展中国家对美国的不平衡最后全转移到中国身上了。

严格来讲，东亚是世界的加工厂，中国是加工厂的中心，而且中国是世界工厂的窗口。之所以这么说，是因为最后的产品全从这个窗口出去。目前，中国在国际分工中引领了这样一个格局。但是，印度不是这样的。印度在引领着服务业的全球化，成为全球服务贸易外包的中心。

印度也是劳动力比较丰富，成本比较低。但为什么它没有出现在制造业的这种生产分割中，而是引领了服务业。这里面有很多原因。首先，印度的制造业生产率偏低，比中国低。这导致印度的工资水平虽然比中国低，但是产品成本却比中国高。比如，印度一个工人一天生产两件衣服，中国人一天要生产10件衣服，虽然印度工资水平比中国低，但是中国平均每件衬衫的成本却比印度低。由于生产效率的差异，表面上印度有着丰厚的劳动力，实际上是中国在这方面具有优势。因此，两个都是人口大国，都是发展中大国，但是中国在制造业垂直分工中处在中心地位，印度却没有。第二，基础条件是制约印度制造业发展的一个瓶颈。基础落后也使得印度在国际生产分割的外包（制造业的外包）中无法和中国相竞争。不是说它不想，而是它无法跟中国相竞争。

那么，为什么印度成了服务业的中心呢？为什么印度在信息产业（ICT）上成为全球服务业外包的中心呢？一方面，我们刚才提到了，印度服务业的劳动力价格比较低；另一方面，印度在信息技术产业的劳动力素质比中国高。印度有一个体系完整、质量比较高的高等教育为之提供了大量的从事软件开发的国际化人才。在美国留学生中流传这样一句话，说中国人学习比较强，实际上更强的是印度人。人才是印度发展的基础，同时印度的工资又比发达国家便宜得多，不到发达国家的1/4，这就导致在发达国家外包服务业的工序分工中，印度处在一个比中国有利的地位。为什么讲印度是世界的办公室？因为世界500强有300多家企业的软件都是由印度提供的，可想而知它的软件行业怎么样。其软件行业出口达到了850亿美元，成为印度出口的主要推动力。也就是说，在信息产业方面，印度已经成为世界顶尖的出口大国，完全可以跟发达国家相媲美。另外，服务业对基础设施要求没有那么高，比较少涉及运输等，这不像制造业。所以，印度在基础设施上的瓶颈对服务业来讲就不存在。但这里面主要还是人才的优势，在这方面印度比中国强得多，而且印度培养的是国际化的人才。除了印度语之外，英语也是印度的官方语言。实际上印度的英语语言能力比英美国家还要强。举个例子，世界银行（IMF）每年都要出一份发展报告，这个发展报告是很具有权威性的，其英文版本的主要撰写人是谁？不是英国人，也不是美国人，是印度人。据说印度人的英语还属于英国维多利亚时代的英语，就相当于咱们的古汉语一样。在英文修辞、文字等方面，它在世界上都是有优势的，中国根本就没法相比。

在新一轮的国际分工当中，两个国家由于刚才讲的这些原因实际上是走了不同的道路。这不是人为的因素，也不是说印度对制造业不太关心，而是印度无法和中国竞争制造业的发展；相比之下，印度在服务贸易、服务贸易外包方面成为全球的推动力。我们可以看一下中印两国的比较优势（表5）。这个指数越高说明在国际贸易中的竞争优势也就越高，一般来讲，如果一个国家在某个产品上指数大于1，说明具有比较优势。1995年，双方具有比较优势的产品就有重复，但是到了 2005 年，重复的就减少了。中印两国虽然在要素禀赋上比较相近，经济发展水平上也比较相似，但实际上在出口产业结构上的趋同性并不明显，反而是呈分离的趋势。中国在皮革和消费电子产品上领先；印度则在计算机和信息服务上有比较优势。这也就说明了两个大国相互间的竞争实际上并不是很激烈。

表 5　中印产品比较优势分布

	China		India
	1995		1995
Leather Products	9.7	Jewellery, works of art	12.3
Clothing	7.5	Carpets	8.9
Clock making	5.6	Cereals	7.9
Miscellaneous manuf articles	5.5	Clothing	7.3
Carpets	5.3	Yams fabrics	6.6
Knitwear	5.2	Animal food	6.1
Yams fabrics	4.2	Leather products	5.3
Preserved Meat/fish	3.7	Unprocessed minerals n.e.s.	4.7
Unprocessed minerals n.e.s.	3.6	Cement	4.1
Cement	3.2	Meat	3.6
	2005		2005
Leather Products	5.4	Computer &information serv	18.1
Consumer electronics	4.3	Jewellery, works of art	9.9
Clothing	4.2	Iron ores	6.8
Carpets	3.9	Carpets	5.6
Knitwear	3.8	Cement	3.6
Computer equipment	3.8	Clothing	3.3
Miscellaneous manuf articles	3.8	Cereals	3.2
Domestic electrical appliances	3.7	Communication services	3.0
Fumintre	3.4	Unprocessed minerals n.e.s.	2.9
Metallic structures	1.0	Yams fabrics	2.6

下面我们再举一个例子说明两国在传统的劳动密集型产品上的竞争并不是很激烈。比如，服装、纺织品是两个国家在传统优势产品上的主力。但是即便在传统产品上，两个国家之间的贸易模式也有很大的区别。看看中印两国在 2005 年纺织品出口的品质结构。中国有 70% 以上的纺织品是

经济全球化与对外开放

属于品质比较低的，将近 20% 是属于中等质量的产品，高质量的产品不到 10%；再看印度，品质低的产品比中国少，但是高价格的比中国多，中等的也比中国多。所以，即便是传统产品，印度的品质也要比中国高。可见，中国传统的制成品更多依赖于价格竞争，就是以低价取胜；而印度则是以质取胜。在传统产品上两国有这样的区别，在其他市场也是如此。

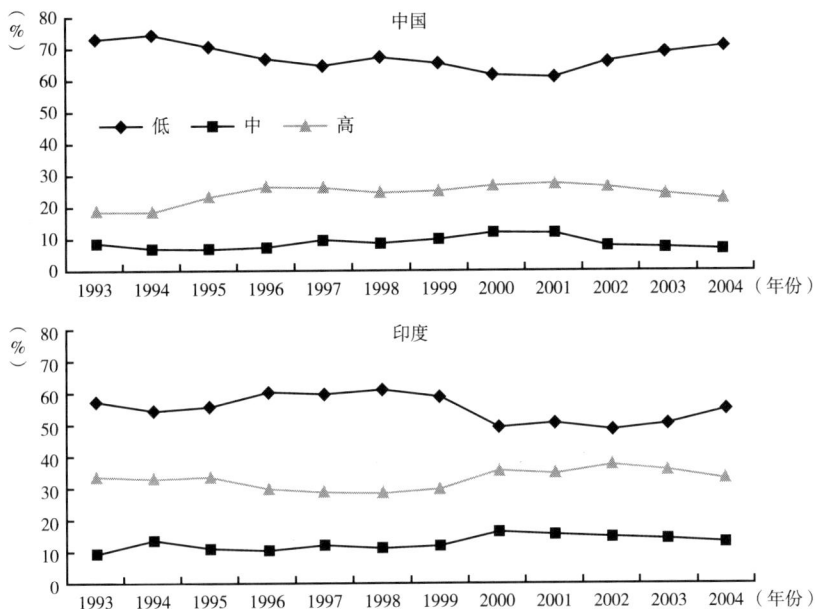

表6　中印纺织品出口品质

在高新技术产品上，两国发展水平都很快，中国的高新技术产品出口比重已经上升到 30%，印度也到 10%，绩效上中国要优于印度。但是，我们看到，两国在高新产品上也有很大不同。在中国占绝大部分比重的是办公设备和计算机；在印度，67% 的是化学和化学制品，主要是制药产品。也就是说，中国的高新技术产品主要以电子产品为主，印度的高新产品主要以制药产品为主。表面上的不同实际上反映了一个问题：中国的高新技术产品以电子产品为主，而电子产品又过多依赖于国外的技术和资本，因为中国的高新技术产品主要是由外资企业承担的。2004 年，外资企业的高新产品出口占 80%，进口也有 71% 由外资企业完成，这个比例是上升的。在高新技术行业，内外资企业的技术差距实际上是在不断扩大的。也就是说，中国的高新技术虽然占的比重很高，到了 30%，但主要还是依赖于外国的资本和外国的技术。而印度，以生物制药为例，主要是从模仿到创新，这是印度的特点。可见，在高新技术产业，中国较多依赖国外，印度则更多地靠自己。

为了比较总体竞争模式，我们把中国和其他的新兴经济体进行对比，比如跟印度、墨西哥、巴西、俄罗斯比，跟亚洲市场比。在出口产品结构上，中国跟墨西哥比较相似，低端产品的比重达到了 72%，中端 17%，高端只有 10%；相比之下，印度虽然低端产品比较多，但是跟中国相比，在产品的档次上有所提高和改善。这是总体差异。具体来看，在高新技术产品上，中国的出口比重达到了 30%，但是其中 77% 是属于质量低端的。换句话说，在高技术产品的分工体系中，中国是处于质量最低端的。中国想通过外资或者说通过高新技术产品的出口来提升中国的整体经济质量，要赶超与发达国家的技术差异，但做得并不成功。虽然高新技术产品占的比重很高，但是整体上还是以低档次、以低价竞争为主。相比之下，印度虽然没有那么多外资，但是通过出口带动整体经济质量的提升做得比中国要好。这是背后的两个模式。我们经常讲透过现象看本质，如果这种结构不改变，我们有理由相信，印度将来在赶超效益上会做得比中国更好。

刚才我们说，跟印度相比，中国主要是以价格竞争为主，靠低价来竞争，无论是普通的制成品还是高新技术产品，这都是普遍存在的现象。从贸易发展角度看，这可能面临一个不利的情况，就是贸易条件恶化。下面我想简单从经济学的角度解释一下它的经济含义。

以价格竞争和以非价格竞争，两者的影响是不同的。以低价竞争，那么生产的产品越多，要卖出去就必须降低价格，价格降低才能不断卖出更多的产品。中国现在的出口就面临这样的问题。以低品质的产品为主，主要采用低价竞争的策略，导致中国的出口价值的增加赶不上数量的增加。其中的原因就是贸易条件在不断恶化。这条直线就是贸易条件，这是进口价格，但是出口价格的上升幅度比进口价格要小得多。所谓贸易条件，即出口的价格指数与进口的价格指数之比，它的含义是用一个单位的本国产品能够换取的其他国家产品数的量。贸易条件的改善意味着在国际贸易中

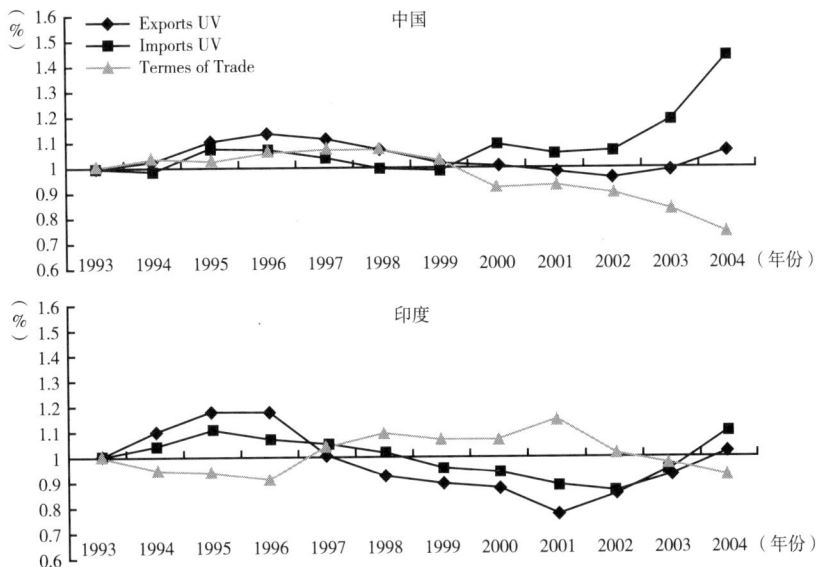

表7　　按质量划分中印高新技术产品出口结构

获利能力的提高。也就是说，与原来相比，一个单位的本国产品现在能够得到更多的外国产品，就会获得更多的贸易利益。而中国的出口模式面对的很大一个问题就是贸易条件恶化。虽然印度也有这样的趋势，但是中国比印度要严重得多。这是中国未来经济一大难题。

　　另一方面，两国面对的贸易保护主义也越来越严重。从表中我们可以看出，中国主要是遭受美国的贸易保护，集中在反倾销，即美国对中国反倾销、反补贴，即"两反一保"。美国认为中国是低价竞争，但关税已经很低了，非关税壁垒也没有了，靠传统的方式没法限制，就只能采取新的形式，就是反倾销。我们看一下最近五年的情况。首先，美国对外贸易保护针对的两个主要国家就是这两个发展中大国，中国和印度。反倾销案件的数量，中国排第一，印度排第二，但中国是印度的将近三倍。什么是反倾销案件？反倾销案件是由企业提起诉讼的，经过两个机构，一个是ITC，即美国国际贸易委员会，一个是美国国际贸易代表所，前者负责裁定是否存在倾销，主要看是不是存在低价竞争，后者要看是否存在实质性的损害。只有这两个条件都具备，才开始征收倾销税，可以看到，在反倾销案件中，最终被征收了倾销税的，中国的比例最高，是67%，这个比例明显比其他国家都高，其次就是印度。因此，美国的主要目标还是中国，美国对中国是带有歧视性的。比如，在美国市场上销售的电视机，不仅有中国的，还有埃及、印度等国的，但美国只针对中国。美国专门针对中国的产品有多少呢？17个，占比重45%。另一个贸易保护主义体现在税率上。中国企业在美国被征收反倾销税的25个案件中，税率平均高达150%。换句话说，产品价格比原来翻番还要多。另外一个受税率影响较大的国家是南非。从中国的情况我们可以看出，中国以制成品出口为主，制造业的增长带动经济增长，这种经济增长模式过分依赖外部市场。另外，竞争模式又以低价竞争为主，以低品质的产品为主。因此，中国面临的贸易保护的损害会越来越高。

四 | 中印两国经济可持续发展所面临的问题和挑战

现在，我们讲讲未来中印两国经济的可持续增长。简单提两个问题。

第一，印度是否可以跳过工业化阶段？印度改革开放以来，基本上由过去的以农业为主最后跳向了以服务业为主的经济发展、经济增长以及外向型经济的道路，那么将来这种模式还能够继续成功吗？对这个问题，有很多争议。要回答这个问题，我们需要审视印度未来可能面对的挑战。

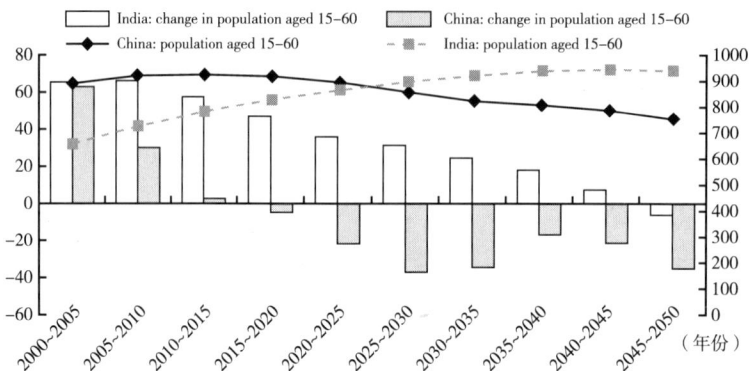

表8 中印劳动人口变化趋势

印度是一个人口大国，而且从未来来看，人口的变化会超过中国。这是对中印两国未来五十年劳动人口的变化趋势预测。我们可以看出，2015年之后，在15岁至60岁范围之内的劳动人口上，印度会超过中国；而且，从变化趋势来讲，印度的劳动人口总体是上升的，而中国在2015年至2020年之后就开始出现缓慢的下降。换句话说，将来印度的就业压力会比中国更大。那么，印度目前这种经济增长的方式能否长期解决就业机会的问题？答案很明显。印度目前的人口57%集中在农业，而服务业虽然发展得很快，占的比重很高，但是它所创造的就业机会并不是很高，这是他面对的很大一个问题。实际上，印度也意识到这个问题了。所以，印度现在发展制造业，通过制造业的发展来解决未来的就业压力。另外，印度开始在基础设施投资上增加力度，一方面基础设施的投资可以创造出很多就业机会；另一方面，基础设施的完善可以解决刚才我们说的制造业发展的瓶颈，为制造业的发展创造基础物资条件。对印度来讲，服务业目前取得了成功，但这并不是可持续的发展道路，它需要考虑一个重新的平衡。印度如何发展制造业，如何改善基础设施，如何提高制造业效率？如果将来在制造业上能够创造一些就业机会，能够改善制造业效率，那么推动经济增长的就不仅是服务业，还有制造业，这样经济增长才能持续下来。

对中国来讲，也一样要实现经济增长方式的转变。中国长期以来经济增长保持在9%以上，2002年之后基本上是在10%左右。要保持经济增长的可持续，我们可以从投入的角度考虑几个问题。在生产方面，能够生产多少产品和劳务取决于投入的多少。中国有多少要素，能否支撑起这样一个产出的增长？首先，在人口上，到2025年，中国仍然可以继续享受所谓人口红利，维持目前这种高增长没有太大的问题。目前，农业的就业人口仍然是排第一位的，也就是说从效率较低的农业释放出来的就业转移潜力还是很大的。第二，中国的资本积累有着高储蓄率支持。有一种说法，认为中国的储蓄率高往往是由于居民储蓄，实际上不是。中国的居民储蓄实际上只占1/3，更多的来自于企业和政府。也就是说，中国的高储蓄率原因主要不在于老百姓，而在于政府税收和企业利润的快速增长。第三，中国面临的最大问题就是资源的约束。从理论上讲，经济的增长一方面需要要素的投入，另一方面需要生产、技术的进步。在技术水平不变的情况下，要素投入的增加意味着产出的增加；同样，在要素投入不变的情况下，技术效率的提升也可以导致产出的增加。但是，长期来讲，技术进步才是经济增长的最根本动力。因为如果没有技术进步，资源的约束是随着经济的增长而变大的。随着要素投入的积累增加，会出现经济学上讲的边际收益递减。马克思在《资本论》中也讲过，资本有机过程增加，企业的利润率就会下降，道理是一样的。如果没有技术进步来弥补的话，这种下降的趋势是无法更改的。换句话讲，随着收益的下降，人们的投入投资热情就会下降，终有一天经济增长会停止。要想改变这种规律和趋势，必须要技术进步。所以，技术进步才是经济增长的动力。

> **名词解释**
>
> **边际收益递减**
>
> 边际收益递减或边际效应递减，是指在消费者已经消费掉足够的商品之后，从每一个增加的商品数量中得到的效用是不断趋向减少的。对生产商而言，是指在技术水平不变的条件下，当某种生产要素投入数量增加到一定程度以后，增加一单位该要素所带来的产量增加量越来越少。

> **名词解释**
>
> **TFP**
>
> 全要素生产率，也叫总和要素生产率。是衡量单位总投入的总产量的生产率指标，即总产量与全部要素投入量之比。全要素生产率的增长率常常被视为科技进步的指标。

上世纪八九十年代，中国的技术进步是经济增长很重要的推动力。有一种估算，每年达到了百分之六点几，同期的印度只有 2.4% 左右；2000 年以后，中国的 TFP 从百分之六点几下降到百分之二点几。这说明中国的经济增长如果完全靠要素的投入，没有技术进步的支持，是很难持续下来的。这从高新技术的发展可以看出来：国内外的差距在不断扩大，同时过分依赖国外的资本跟技术。对中国来讲，自主创新才是真正的技术进步的源泉。所以，讲经济增长，要看技术进步能不能保证。技术进步的根本在于 R&D，即研究与开发，和人才的培养。相比之下，我国 R&D 占 GDP 的比重比印度高，大概是 1.2%，印度是 0.8%，也就是在研究与开发的支出占比上，中国还比较高，但是在人才上，印度比我们有优势。

经济全球化与对外开放

目前我们面对的一个最大问题就是资源的约束，如能源和矿产。中国的资源优势导致中国对外部的依赖。我简单举个例子。石油价格2008年翻了一番。实际上全世界的需求增加不多，2004年石油的需求增加了4%，而2006年至2007年石油需求的年增长只有1%，石油需求的上升趋势总体是下降的。石油需求下降为什么价格上涨呢？因为新增的大部分来自于中国。另外，石油的供给对价格反映不明显。一方面欧佩克限产，另一方面非欧佩克成员生产潜能有限，前者生产成本高，后者劳动力比较缺乏；还有好多老油田到期了，新油田的开发勘探代价越来越高。一般来讲，价格高了供给就要涨。现在成本提高了，油价涨了，但需求却不见少，这与中国有关。这意味着中国对外部有着明显的依赖性。再有就是需求。中国的需求主要来自两个方面：一是投资，二是出口。相对来讲，印度的国内需求对经济增长的拉动作用比中国要大得多。也就是说，印度的经济发展相对中国更依赖于本国，而中国更依赖于外部世界；当世界经济面临衰退和动荡的时候，中国所受的影响要大于印度，尽管现在所受的影响还不是很大。

最后，中印两个国家是否能够引领世界经济的增长？虽然两国在世界经济的比重慢慢会超过50%，但是跟美国相比，这种所谓的溢出效应还没有像美国这么明显。一方面，两国的经济增长比整个世界的经济增长要更多；但另一方面，两个国家的经济增长对其他国家的带动作用现在还没法与美国相比。中印之间各有各的特点和优势。相比之下，中国在经济起飞上要比印度早十年，目前两个国家在经济绩效上的差异与此有关。但从长远上来讲，印度自身的经济赶超效应要优于中国依赖于外国的赶超效应。所以，我觉得印度确实还是有比较好的增长和发展的前景。中国现在已经意识到了这个问题，也提出了经济增长方式的转变，减少对资源的使用密度，也提出了自主创新，减少对国外技术和资本的依赖等等。谢谢大家。

编后记

    从美国访问回来，接到整理《经济全球化与对外开放》专辑书稿的任务，甚是诚惶诚恐。书中作者皆是高级领导或著名学者，我等小辈如何敢班门弄斧？几经请示，领导一再鼓励，大胆冒险一试。如何整理录音、调整文字等琐事相信出版过大作的前辈们比我体悟更深，不再赘述。

    编辑专辑煞是辛苦，但收获却超出预期。有几点不成熟的感悟分享给读者：

    何谓高屋建瓴？王梦奎主任在《后危机时期的世界和中国经济》一文中指出，大国的兴起或者衰落，世界大格局的根本性改变，往往要经历比较长的过程。虽然本次金融危机将引起国际经济金融秩序的调整，近期不会全面推翻"洗牌"，中国由经济大国变为经济强国，必须有强大的国际化的金融。

    何谓振聋发聩？鲁炜社长在《经济全球化背景下国家话语权与经济信息安全》中用大量数据和事实分析在世界格局中的"信息歧视"和"信息鸿沟"现状，提出"三个迫在眉睫"：增强国家话语权迫在眉睫；维护国家信息安全迫在眉睫；普及金融知识迫在眉睫。其文风和气势如同毛泽东所说，"新华社要把地球管起来，让全世界都能听到我们的声音"。

何谓大家风范？高虎城部长在《当前国际贸易发展的新特点及对我国的启示》文中指出我国的外贸形势机遇前所未有，挑战也前所未有，机遇大于挑战，中国要主动承担与我国能力相符的国际责任。

何谓由表及里？王新奎副主席在《经济全球化进入调整期条件下我国经济转型面临的新情况和新问题》一文中，依据经济全球化的内在规律指出经济全球化面临调整期，中国作为前一阶段经济全球化的最大受益者，由国内和国际的诸多因素所决定，我国的经济和社会发展将面临一个十分艰难的转型期。

何谓引领未来？张景安秘书长在《科技全球化与自主创新战略》一文提出我国的科技事业将在发展路径上向加强自主创新转变；在创新方式上向加强以重大产品、新兴产业为中心的集成创新转变；在创新体制上向整体推进国家创新体系建设转变；在发展部署上向科技创新与科技普及并重转变；在国际合作上向全方位主动利用全球资源转变等方面走向创新型国家为发展道路。

何谓忧患意识？王国良主任在《全球化背景下的中国扶贫开发事业》一文中大声疾呼全球金融危机加剧了全球贫困状况，对我国的影响已经逐渐传递到贫困地区，需要引起高度重视，完善国家的扶贫战略和政策体系，对贯彻落实科学发展观、构建社会主义和谐社会至关重要。

何谓超前意识？李向阳所长在《全球范围内产业变迁与我国产业结构调整》一文中强调中国产业结构的调整和升级并不是一朝一夕能够完成的，制约中国经济产业结构调整和升级更多的是体制方面的约束，既有国内的经济体制调整不到位，更有现行的国际经济规则的约束。我们现行的产业结构调整必须放在全球化开放的条件下进行。

何谓本土产业？许罗德总裁在《经济全球化背景下本土产业的发展》一文中通过中国银联作为自主品牌成长过程以及中国银行卡产业的国际化战略强调加快国际化进程，必须打造一批与中国国际地位相称的强大、自主的产业和品牌。

何谓深入浅出？曹远征博士在《国际金融危机及其对中国经济的影响》中用幽默的语言分析了金融危机后全球结构正在发生重大调整，新的结构尚未显现，各国在这个重新洗牌的过程中间，重新调整自己的定位，重新塑造一个新的结构，这个冬天不太冷，但是这个冬天可能非常长！金融危机绝对不是一时之危，可能是一个结构的长期转变的开始。

何谓良药苦口？许小年教授在《以改革开放应对危机》一文中认为，目前的经济现状不过是一个"中国经济倒冬暖"，需要通过制度的调整来适应新的经济形式。中国经济的发展不靠凯恩斯主义，而靠邓小平理论靠改革开放。

何谓比较借鉴？李坤望教授《中印经济发展模式之比较》一文分析了中印之间各自的特点和优势。相比之下，中国在经济起飞上要比印度早十年，目前两个国家在经济绩效上的差异与此有关。但从长远上来讲，印度自身的经济赶超效应要优于中国依赖于外国的赶超效应。

何谓指点迷津？未曾与本书编辑柏裕江谋过面，但从他对稿件文字的几百处的修改，以及为活泼版面而要求我等增加的多处注释足见他的文字功底何等了得，用心何等良苦！这还没完，二审的张振明编辑又来电商榷文章用词。遇到这等编辑，除了精益求精，别无他路！

何谓自臻完美？本书中收录的文章跨越五个年度，世界已发生新的变化，我们的大领导、大学者们鼎力支持本书出版，根据最新态势对文章进行了必要修订。相信读者能从文章中体察这一点。

何谓雪中送炭？本书中有大量的金融术语需要用通俗、简练的语言注释，感谢新华社同志赠送《新华08汉英金融词典》帮了大忙！

一本书的出版，特别是在人民出版社这样的高等地方，自是需要众人帮助。要感谢的人太多，要表达的谢意难以笔述，只好用浓缩版的办法处理。

感谢领导的信任让我能有机会编辑《经济全球化与对外开放》专辑。感谢文中的全体领导和专家对本书出版的大力支持。感谢我的同仁周望博士在我生病期间帮助我整理稿件。感谢在整理修订录音稿中同仁王丹、林颖老师的支持。感谢所有帮助过本书出版的人，他们是（排名不分先后）：韩燕、王华、赵泉民、杨志强、夏荔、荣梅、张海涛、钱春海、祝丹涛、陈荣光、高峰、刘志春、欧青平、王小平、周圻山、徐承彦。

编后记

张泽慧庚寅年于沪

责任编辑:柏裕江
装帧设计:肖　辉
责任校对:张　红

图书在版编目(CIP)数据

经济全球化与对外开放/张泽慧 周望　编.
　－北京:人民出版社,2010.3
(中浦院书系·大讲堂系列)
ISBN 978－7－01－008756－6

Ⅰ.经…　Ⅱ.①张…②周…　Ⅲ.①经济一体化-研究②金融危机-研究
　③金融危机-影响-经济发展-研究-中国　Ⅳ.F114.41　F830.99　F124

中国版本图书馆 CIP 数据核字(2010)第 038317 号

经济全球化与对外开放
JINGJI QUANQIUHUA YU DUIWAI KAIFANG

张泽慧　周　望　编

人民出版社 出版发行
(100706　北京朝阳门内大街 166 号)

北京新魏印刷厂印刷　新华书店经销

2010 年 3 月第 1 版　2010 年 3 月北京第 1 次印刷
开本:710 毫米×1000 毫米 1/16　印张:17.5
字数:259 千字　印数:0,001－5,000 册

ISBN 978－7－01－008756－6　定价:34.00 元

邮购地址 100706　北京朝阳门内大街 166 号
人民东方图书销售中心　电话 (010)65250042　65289539